应用型教育数智化财会专业"十四五"系列教材
校企合作精品教材

出纳岗位工作手册

主　编　吴宏远　董晓秋
副主编　徐　丽　姚　瑶　李彩霞
　　　　王雪梅　夏近秋　陆晓蓉

中国·武汉

图书在版编目（CIP）数据

出纳岗位工作手册/吴宏远，董晓秋主编. —武汉：华中科技大学出版社，2023.6
ISBN 978-7-5680-9478-8

Ⅰ.①出… Ⅱ.①吴…②董… Ⅲ.①出纳—会计实务—手册 Ⅳ.①F231.7-62

中国国家版本馆 CIP 数据核字（2023）第 090019 号

出纳岗位工作手册
Chuna Gangwei Gongzuo Shouce

吴宏远　董晓秋　主编

策划编辑：聂亚文	
责任编辑：段亚萍	
封面设计：孢　子	
责任监印：朱　玢	
出版发行：华中科技大学出版社（中国·武汉）	电话：（027）81321913
武汉市东湖新技术开发区华工科技园	邮编：430223
录　　排：武汉创易图文工作室	
印　　刷：武汉科源印刷设计有限公司	
开　　本：787 mm×1092 mm　1/16	
印　　张：18	
字　　数：479 千字	
版　　次：2023 年 6 月第 1 版第 1 次印刷	
定　　价：48.00 元	

本书若有印装质量问题，请向出版社营销中心调换
全国免费服务热线：400-6679-118　竭诚为您服务
版权所有　侵权必究

前言

出纳岗位是企业财务部门的基本岗位之一,主要负责现金收付、银行结算以及现金、票据、有价证券、印章等财物的保管工作。编者从企业出纳岗位对出纳人员职业道德与职业技能的实际需要出发,以培养实际工作能力为重点,以根植职业素质为目标,以互联网为载体,以信息技术为手段,将数字资源和纸质教材充分融合,编写了这本新形态"立体化"教材。

本书是产教融合、校企合作开发的新型工作手册式教材,基于企业真实工作场景,以典型工作任务为载体,聚焦出纳人员应具备的知识、能力和素质,遵循学生的认知规律,采用点、线、面结合的方式,围绕出纳岗位的基本技能(点)、出纳岗位的工作任务(线)以及出纳岗位的综合素质(面)构建教材内容。本书具体包括七个方面的工作任务:项目一,走近出纳;项目二,出纳岗位的基本技能;项目三,出纳岗位的会计技能;项目四,现金业务办理;项目五,银行业务基础知识;项目六,银行结算业务办理;项目七,出纳岗位其他业务的办理。各项目按具体任务布局,每个项目之下均列示了项目导读、知识目标、技能目标、思政目标、课后习题,每项任务均包括任务目标、任务导入、任务准备、任务实施,充分体现了"理实一体化"教学理念。

本书的特点主要体现在以下几个方面:

1. 情境案例逼真

本书是以企业真实案例为背景,模拟实际工作中办理某项业务的场景,通过教学平台实施工作流程,让初学者有身临其境的感觉,能够有效提高实操能力。

2. 单据仿真性强

出纳是会计工作中的前线,在实际工作中,出纳人员需要接触现金、各种单据、银行票据和账簿等,本书在编写过程中,尽量使用真实表单、票据的仿真图片,让学习者在学习过程中获得真实的业务操作体验,方便其学习理解,提高学习兴趣。

3. 业务流程性强

本书为了凸显"理实一体化"课程特色,在"任务实施"环节,采用"业务流程式"编写模式,让学生更能切身体会出纳办理业务的具体流程步骤。例如"现金支出业务",分为6个步骤:受理付款业务→审核相关原始凭证→审核记账凭证→签"现金付讫"章→当场支付现金→登记现金日记账,每一步骤都进行了精心讲解,步骤环环相扣。

4. 配套资源丰富

本书针对教材内容,配套了相关视频二维码资源,学习者可以通过扫描书中的二维码,利用碎片化时间,随时随地观看微课视频,并可对照视频进行实操练习,激发学习者的学习热情,提高学习效率。

本书由吴宏远、董晓秋担任主编,徐丽、姚瑶、李彩霞、王雪梅、夏近秋、陆晓蓉担任副主编。吴宏远完成全书的统稿,蒋永华完成全书的审核。

本书在编写过程中参考了国内外有关专家和学者的理念和成果,在此深表感谢。

由于编者水平有限、经验不足,本书的不足之处在所难免,恳请广大读者批评指正,以便我们在今后的修订和重印中及时修正。

编者

目录

项目一　走近出纳 (1)
任务一　认识出纳岗位 (2)
任务二　出纳的职责与权限 (6)
任务三　出纳岗位的工作流程 (9)
任务四　出纳人员的岗位要求 (11)

项目二　出纳岗位的基本技能 (16)
任务一　数字的书写技能 (17)
任务二　点钞技能 (20)
任务三　假币识别与处理技能 (25)
任务四　出纳机具的使用 (29)
任务五　出纳财物的保管 (34)

项目三　出纳岗位的会计技能 (40)
任务一　原始凭证的填制与审核 (41)
任务二　记账凭证的填制与审核 (53)
任务三　日记账的登记 (59)
任务四　出纳报告表的编制 (70)

项目四　现金业务办理 (79)
任务一　库存现金管理 (80)
任务二　现金提取业务办理 (84)
任务三　现金支出业务办理 (90)
任务四　现金收入业务办理 (98)
任务五　现金缴存业务办理 (105)
任务六　现金清查业务办理 (110)

项目五　银行业务基础知识 (122)
任务一　支付结算办法概述 (123)
任务二　银行结算账户的开立与使用 (126)
任务三　银行结算收付款业务概述 (134)

I

  任务四 银行存款的核对 ……………………………………………………（140）

项目六 银行结算业务办理 …………………………………………………（150）

  任务一 支票业务办理 ………………………………………………………（151）
  任务二 银行本票业务办理 …………………………………………………（165）
  任务三 银行汇票业务办理 …………………………………………………（177）
  任务四 商业汇票业务办理 …………………………………………………（190）
  任务五 委托收款业务办理 …………………………………………………（218）
  任务六 托收承付业务办理 …………………………………………………（226）
  任务七 汇兑业务办理 ………………………………………………………（233）

项目七 出纳岗位其他业务的办理 ……………………………………………（255）

  任务一 空白凭证的购买 ……………………………………………………（256）
  任务二 员工工资的发放 ……………………………………………………（260）
  任务三 税款缴纳 ……………………………………………………………（262）
  任务四 备查簿登记 …………………………………………………………（267）
  任务五 出纳工作交接 ………………………………………………………（270）

参考文献 …………………………………………………………………………（279）

项目一 走近出纳

☆ **项目导读**

出纳是按照《现金管理暂行条例》《人民币银行结算账户管理办法》《中华人民共和国票据法》(以下简称《票据法》)等有关法律规定,管理企业库存现金、银行存款、票据和有价证券,办理现金收付、银行结算并进行序时核算与监督的一项重要工作。本项目主要介绍企业出纳的工作内容、岗位职责与权限、工作流程、岗位基本素质等基础知识,初步认识出纳岗位工作。

☆ **知识目标**

1. 理解出纳的概念和工作特点;
2. 理解出纳与会计的关系;
3. 熟悉出纳的工作内容;
4. 掌握出纳的职责与权限;
5. 熟悉出纳岗位的工作流程;
6. 掌握出纳的基本素质要求。

☆ **技能目标**

1. 熟悉出纳机构的设置及人员配备方法;
2. 能履行出纳岗位的工作职责;
3. 明确出纳的人生规划。

☆ **思政目标**

1. 具备与岗位工作相适应的沟通交流能力;
2. 建立出纳工作的操作流程标准化意识。

出纳岗位工作手册

任务一　认识出纳岗位

任务目标

工作任务		认识出纳岗位
学习目标	知识目标	1.理解出纳的概念和工作特点； 2.理解出纳与其他会计之间的关系； 3.熟悉出纳的工作内容
	技能目标	识别出纳与收银员、总账会计、明细账会计的区别与联系
	思政目标	具备与岗位工作相适应的沟通交流能力

任务导入

2021年10月，某高职院校会计专业大三学生王晓雯通过智联招聘网向淮阴华天商贸股份有限公司投递了个人简历和求职信。几天过后，公司通知小王面试。小王紧张而兴奋地来到公司，她待人礼貌，谈吐文雅，给招聘人员留下了好印象。面试官在了解了她的基本情况以后，进行了常识及专业知识技能测试，然后说："根据你的基本资料和面试情况，现在提供给你的岗位是财务处的出纳岗位，你愿意吗？"小王开心极了，赶忙说："我愿意！会计工作就是要从出纳做起。"几天以后，小王接到淮阴华天商贸股份有限公司的录用通知，并要求她半个月内能来公司上班。

任务准备

一、出纳的概念

在"出纳"一词中，"出"即支出的意思，"纳"则是收入的意思，这两个字合二为一则非常准确地表明了出纳业务的核心要义，也就是货币资金的收入与支出。从会计学的角度出发，出纳显然是一个会计名词，出纳职业至少含有出纳工作和出纳人员这两个方面的含义。

1. 出纳工作

出纳工作是管理货币资金、票据、有价证券进进出出的一项工作。实务中，出纳工作是指按照有关规定和制度，办理本单位的现金收付、银行结算及有关账务，保管库存现金、有价证券、财务印章及有关票据等工作的总称。从广义上讲，只要是票据、货币资金和有价证券的收付、保管、核算，都属于出纳工作。它既包括各单位会计部门专设出纳机构的各项票据、货币资金、有价证券的整理和保管，货币资金和有价证券的核算等各项工作，也包括各单位业务部门的货币资金收付、保管等方面的工作。而从狭义上讲，出纳工作则仅指各单位会计部门专设出纳岗位或人员所负责的各项工作。

2. 出纳人员

出纳人员也有广义和狭义之分。从广义上讲，出纳人员既包括会计部门的出纳工作人员，也包括各单位业务部门的各类收银员。狭义的出纳人员，仅指财会部门从事资金收付和核算工作的出纳人员。在平时的实际工作中，出纳人员仅指会计部门的出纳人员。需要注意的是，收银员与出纳人员还是有一定区别的。收银员一般指超市、商场、宾馆、酒店等经营场所给顾客结账收款的工作人员，属普通业务内勤岗位，不需要太多的会计专业知识；而出纳人员不仅负责收款工作，还负责付款工作，以及办理各种票据的填制与收付业务、账簿登记和重要财物的保管，是需要学习专门会计知识的财务人员。

二、出纳的工作特点

任何工作都有自身的特点和工作规律，出纳是会计工作的组成部分，具有一般会计工作的本质属性，但它又是一个专门的岗位、一项专门的技术，因此，具有自己专门的工作特点。出纳工作的主要特点有：

1. 社会性

出纳工作担负着一个单位货币资金的收付、存取任务，而这些任务的完成是置身于整个社会经济活动的大环境之中的，是和整个社会的经济运转相联系的。只要这个单位发生经济活动，就必然要求出纳员与之发生经济关系。例如出纳人员要了解国家有关财会政策法规并参加这方面的学习和培训，出纳人员要经常跑银行等。因此，出纳工作具有广泛的社会性。

2. 专业性

出纳工作作为会计工作的一个重要岗位，有着专门的操作技术和工作规则。凭证如何填，日记账怎样记都很有学问，就连保险柜的使用与管理也是很讲究的。因此，要做好出纳工作，一方面要求经过一定的职业教育，另一方面也需要在实践中不断积累经验，掌握其工作要领，熟练使用现代化办公工具，做一个合格的出纳人员。

3. 政策性

出纳工作是一项政策性很强的工作，其工作的每一环节都必须依照国家规定进行。例如，办理现金收付要按照国家现金管理规定进行，办理银行结算业务要根据国家银行结算办法进行。《中华人民共和国会计法》（以下简称《会计法》）、《会计基础工作规范》等法规都把出纳工作并入会计工作中，并对出纳工作提出具体规定和要求。出纳人员不掌握这些政策法规，就做不好出纳工作；不按这些政策法规办事，就违反了财经纪律。

4. 时间性

出纳工作具有很强的时间性，何时发放职工工资，何时核对银行对账单等，都有严格的时间要求，一天都不能延误。因此，出纳员心里应有个时间表，及时办理各项工作，保证出纳工作质量。

三、出纳人员与其他会计人员的关系

会计，从其所分管的账簿来看，可分为总账会计、明细账会计和出纳。三者既相区别又有联系，是分工与协作的关系。

(1)各有各的分工。

总账会计负责企业经济业务的总括核算,为企业经济管理和经营决策提供总括的全面的核算资料;明细分类账会计分管企业的明细账,为企业经济管理和经营决策提供明细分类核算资料;出纳则分管企业票据、货币资金以及有价证券等的收付、保管、核算工作,为企业经济管理和经营决策提供各种金融信息。总体上讲,必须实行钱账分管,总账会计和明细账会计不得管钱管物。

(2)既互相依赖又互相牵制。

出纳、明细分类账会计、总账会计之间,有着很强的依赖性。它们核算的依据是相同的,都是会计原始凭证和会计记账凭证。这些作为记账凭据的会计凭证必须在出纳、明细账会计、总账会计之间按照一定的顺序传递,它们相互利用对方的核算资料,共同完成会计任务,缺一不可。同时,它们之间又互相牵制与控制。出纳的现金和银行存款日记账与总账会计的现金和银行存款总分类账,总分类账与其所属的明细分类账,明细账中的有价证券账与出纳账中相应的有价证券账,有金额上的等量关系。这样,出纳、明细账会计、总账会计三者之间就构成了相互牵制与控制的关系,三者之间必须相互核对、保持一致。

(3)出纳与明细账会计的区别是相对的,出纳核算也是一种特殊的明细核算。

出纳要求分别按照现金和银行存款设置日记账,银行存款还要按照存入的不同户头分别设置日记账,逐笔序时地进行明细核算。"现金日记账"要每天结出余额,并与库存数进行核对;"银行存款日记账"也要在月内多次结出余额,与开户银行进行核对。月末都必须按规定进行结账。月内还要多次出具报告单,报告核算结果,并与现金和银行存款总分类账进行核对。

(4)出纳工作是一种账实兼管的工作。

出纳工作,主要是现金、银行存款和各种有价证券的收支与结存核算,以及现金、有价证券的保管和银行存款账户的管理工作。现金和有价证券放在出纳的保险柜中保管;银行存款,由出纳办理收支结算手续。既要进行出纳账务处理,又要进行现金、有价证券等实物的管理和银行存款收付业务,在这一点上和其他财会工作有着显著的区别。除了出纳,其他财会人员是管账不管钱、管账不管物的。

(5)出纳工作直接参与经济活动过程。

货物的购销,必须经过两个过程:货物移交和货款的结算。其中货款结算,即货物价款的收入与支付就必须通过出纳工作来完成;往来款项的收付、各种有价证券的经营以及其他金融业务的办理,更是离不开出纳人员的参与。这也是出纳工作的一个显著特点,其他财务工作一般不直接参与经济活动过程,而只对其进行反映和监督。

四、出纳的工作内容

出纳工作涉及库存现金收付、银行结算等活动,出纳业务概括起来可分为以下10个方面的内容:

(1)设置库存现金和银行存款明细科目,负责日常的现金日记账和银行存款日记账的登记工作。

(2)办理现金收付业务和银行结算业务。出纳人员要按照《现金管理暂行条例》和《票据法》办理各项业务,并在收付款原始凭证上加盖收讫、付讫戳记,以避免重复收付。

(3)填制和审核原始凭证。比如员工出差需要预借差旅费,出纳必须审核其借款单填写的正确性和审批手续的完整性,确认无误后方可付款。

(4)发放工资。出纳根据批准的工资计划,会同人力资源部门,根据实有职工人数、工资等级和工资标准,审核工资奖金计算表,办理代扣款项(包括计算个人所得税、住房基金、社保基金、失业保险金等),计算实发工资、发放工资,并编制有关工资总额报表。

(5)清查工作。出纳人员应每日盘点库存现金,定期与开户银行核对银行存款,做到日清日结,以保证账实相符。

(6)编制出纳报告。出纳人员要根据库存现金日记账、银行存款日记账、银行对账单等资料,按规定编制出纳报告,及时提供货币资金收、支、存情况,提出合理化建议和工作方案,以便于企业做出科学合理的经营决策。

(7)登记相关备查账簿。比如支票领用登记簿、有价证券登记簿。

(8)保管库存现金、有价证券、空白支票、收据以及财务印章,并建立登记制度,以保证其安全完整。

(9)出纳资料归档。出纳人员要按照企业出纳工作管理制度的要求,科学地进行资料的传递、分类和存放保管。

(10)工作交接。如果出现出纳人员的调离,应当按照《会计法》规定进行出纳工作交接。

任务实施

任务实施如表 1-1 所示。

表 1-1　任务实施

序号	知识点	角色	注意事项
1	出纳的工作特点	求职者	
2	出纳与收银员的区别与联系	求职者	
3	出纳与总账会计的区别与联系	求职者	
4	出纳与明细账会计的区别与联系	求职者	
5	出纳的具体工作内容	求职者	

通过学习,小王对出纳工作有了初步的认识,明确了自己未来的工作内容,以及出纳和其他职能会计之间的区别和联系。小王给自己定了两个目标:一是尽快融入企业工作环境,与同事建立友好合作关系;二是尽快熟悉自己的岗位职责和权限,为下一步开展出纳工作做准备。

任务二　出纳的职责与权限

任务目标

工作任务	出纳的职责与权限
学习目标	知识目标	1. 掌握出纳的岗位职责； 2. 熟悉出纳岗位的内部控制制度； 3. 理解出纳岗位的工作权限
	技能目标	明确出纳的具体岗位职责和工作权限
	思政目标	通过学习岗位工作手册树立正确的价值观

任务导入

2021年11月3日，王晓雯如期来到淮阴华天商贸股份有限公司人力资源处，由人力资源处办理了入职手续，并带她来到财务处。财务处处长赵丹带她来到事先准备好的工位并向财务处其他同事介绍了小王的基本情况，然后把一本出纳岗位工作手册递给小王说："小王，这位是小朱，跟你一样，也是出纳。你先认真学习这本工作手册，有不懂的或者不明白的可以问我。再给你安排一位师父——稽核会计丁惠惠，她是多年老会计了，你要多向她讨教。"小王开心极了，非常礼貌地向赵处长表示感谢，又向丁会计弯腰鞠躬说："麻烦师父了！"她来到自己的工位，开始认真学习赵处长给她的工作手册。基于前面对自己的规划，小王很快明白了出纳的岗位职责与权限。

任务准备

一、出纳的岗位设置

企业应当结合自身的经济规模和业务量的大小设置符合本单位实际需要的出纳机构，同时配备必要的出纳人员。

（1）机构的设置。以工业企业为例，大型企业可在财务处下设出纳科；中型企业可在财务科下设出纳室；小型企业可在财务股下配备专职出纳员。有些主管公司，为了资金的有效管理和总体利用效益，把若干分公司的出纳业务（或部分出纳业务）集中起来办理，成立专门的内部"结算中心"，这种"结算中心"，实际上也是出纳机构。

出纳岗位的设置与人员配备

（2）出纳人员的配备。出纳人员配备的多少，主要决定于本单位出纳业务量的大小和繁简程度，要以业务需要为原则，既要满足出纳工作量的需要，又要避免徒具形式、人浮于事的现象。一般可采用一人一岗、一人多岗、一岗多人等几种形式。

二、出纳的岗位职责

出纳是会计工作的重要环节,涉及的是现金收付、银行结算等活动,而这些又直接关系到职工个人、单位乃至国家的经济利益,工作出了差错,就会造成不可挽回的损失。根据《会计法》《会计基础工作规范》等财会法规,出纳员具有以下职责:

出纳的职责与权限

(1)按照国家有关现金管理和银行结算制度的规定,办理现金收付和银行结算业务。出纳员应严格遵守现金开支范围,非现金结算范围不得用现金收付;遵守库存现金限额,超限额的现金按规定及时送存银行;现金管理要做到日清月结,账面余额与库存现金每日下班前应核对,发现问题,及时查对;银行存款账与银行对账单也要及时核对,如有不符,需查明原因并编制银行存款余额调节表。

(2)根据会计制度的规定,在办理现金和银行存款收付业务时,要严格审核有关原始凭证、收付款凭证,然后根据稽核过的收付款凭证逐笔序时登记现金日记账和银行存款日记账,并结出余额。

(3)按照国家外汇管理和结汇、购汇制度的规定及有关批件,办理外汇出纳业务。外汇出纳业务是政策性很强的工作,出纳人员应熟悉国家外汇管理制度,及时办理结汇、购汇、付汇,避免国家外汇损失。

(4)掌握银行存款余额,不准签发空头支票,不准出租出借银行账户为其他单位办理结算,这是出纳员必须遵守的一条纪律,也是防止经济犯罪、维护经济秩序的重要方面。出纳员应严格遵守支票和银行账户的使用管理规定,从出纳这个岗位上堵塞结算漏洞。

(5)保管库存现金和各种有价证券(如国库券、债券、股票等),保证其安全与完整。要建立适合本单位情况的现金和有价证券保管责任制,如发生短缺,属于出纳员责任的要进行赔偿。

(6)保管有关印章、空白收据和空白支票。印章、空白票据的安全保管十分重要,在实际工作中,因丢失印章和空白票据给单位带来经济损失的不乏其例。对此,出纳员必须高度重视,建立严格的管理办法。交由出纳员保管的出纳印章要严格按规定用途使用,各种票据要办理领用和注销手续。

三、出纳岗位的内部控制制度

《会计法》第三十七条规定:"会计机构内部应当建立稽核制度。出纳人员不得兼任稽核、会计档案保管和收入、支出、费用、债权债务帐目的登记工作。"钱账分管原则是指凡是涉及款项和财物收付、结算及登记的任何一项工作,必须由两人或两人以上分工办理,以起到相互制约作用。出纳岗位的内部控制制度内容如下:

(1)货币资金支付,应由会计主管人员或其授权的代理人审核、批准,出纳人员付款,记账人员记账;

(2)工资发放,应由工资核算人员编制工资单,出纳人员向银行提取现金和分发工资,记账人员记账;

(3)支票与预留银行印鉴不能由同一人保管;

(4) 支票签发与支票审核不得由同一人办理；

(5) 财务专用章与法人代表印章，不得由同一人保管。

四、出纳岗位的工作权限

根据《会计法》《会计基础工作规范》等财会法规，出纳员具有以下权限：

(1) 维护财经纪律，执行财会制度，抵制不合法的收支和弄虚作假行为。《会计法》是中国会计工作的根本大法，是会计人员必须遵循的重要法律。《会计法》第四章中对会计人员如何维护财经纪律提出具体规定。这些规定，为出纳员实行会计监督、维护财经纪律提供了法律保障。出纳员应认真学习、领会、贯彻这些法规，充分发挥出纳工作的"关卡""前哨"作用，为维护财经纪律、抵制不正之风做出贡献。

(2) 参与货币资金计划定额管理的权利。现金管理制度和银行结算制度是出纳员开展工作必须遵照执行的法规。这些法规，实际上是赋予了出纳员对货币资金管理的职权。例如，为加强现金管理，要求各单位的库存现金必须限制在一定的范围内，多余的要按规定送存银行，这便为银行部门利用社会资金进行有计划放款提供了资金基础。

(3) 管好用好货币资金的权利。出纳工作每天和货币资金打交道，单位的一切货币资金往来都与出纳工作紧密相连，货币资金的来龙去脉、周转速度的快慢，出纳员都清清楚楚。因此，提出合理安排利用资金的意见和建议，及时提供货币资金使用与周转信息，也是出纳员义不容辞的责任。

任务实施

任务实施如表 1-2 所示。

表 1-2　任务实施

序号	操作步骤	角色	注意事项
1	支票签发的要求	出纳	
2	支票与印章的保管要求	出纳	
3	现金使用范围的要求	出纳	
4	出纳岗位的不相容职位要求	出纳	
5	出纳岗位的工作权限	出纳	

小王通过学习工作手册，知道了出纳的岗位设置，明确了出纳岗位的职责和权限，她深深地感到出纳岗位的责任，也激起了做好出纳工作的热情。她向同行出纳请教了财务印章的保管情况，知道本单位的财务专用章是财务处长赵丹保管的，法定代表人的印章是在另一位出纳手里保管的，支票、印章、现金必须放在保险柜里……小王感觉书本上的知识真的跟现实工作对接上了，她无比期待接下来的具体工作！她决定先观察其他出纳都是怎么工作的！

任务拓展

如何理解出纳的职责和权限？出纳在实际工作中如何合理运用出纳的权限？

任务三　出纳岗位的工作流程

任务目标

工作任务		出纳岗位的工作流程
学习目标	知识目标	1. 了解出纳一天的工作流程； 2. 掌握出纳的账务处理程序
	技能目标	明确出纳的工作流程
	思政目标	建立出纳工作的操作流程标准化意识

任务导入

2021年11月5日,淮阴华天商贸股份有限公司新任出纳王晓雯开始了新的一天的工作,她今天想向师父稽核会计丁惠惠请教如何开展出纳工作,在实务中需要注意哪些关键问题。丁会计首先问她:"出纳手里需要保管很多财物,对于出纳而言,哪种财物最重要?"小王毫不犹豫地回答:"现金啊!"丁会计说:"是的,出纳是唯一一个跟现金打交道的会计岗位,那么,如何防止出纳办理业务过程中发生差错呢?你今天可以观察一下出纳小李的工作流程。"小王开心地说:"好的,谢谢师父!"

任务准备

一、出纳人员的工作流程

"凡事预则立,不预则废",出纳的日常工作纷繁复杂,因此,出纳对自己的工作要有时间概念,要合理安排,以保证出纳业务得到及时处理,信息得到及时反映。具体可以分为三个部分:

出纳人员的一天

第一部分:日常时间安排。

(1)上班第一时间检查现金、有价证券及其他贵重物品;

(2)向有关领导及会计主管请示资金安排计划;

(3)列明当天应处理的事项,分清轻重缓急,按顺序办理收付款业务;

(4)将日常收到的零星收入款及时送存银行;

(5)领用支票、收据需要登记有关备查簿,及时办理核销;

(6)根据所有的货币资金收付原始凭证和会计转来的收付款记账凭证,登记现金日记账和银行存款日记账,并结出当天的余额。

第二部分:下班前的工作。

(1)盘点现金实有数,进行账实核对,必须保证现金实有数与日记账、总账相符;

(2)整理好办公用品,锁好抽屉及保险柜,保持办公场所整洁,无资料遗漏或乱放现象;

(3)将超过库存现金限额的现金送存银行;

(4)因特殊事项或情况造成工作未完成的,应列明未尽事项,留待次日优先办理;

(5)收到银行对账单的当天,出纳人员进行核实,报告主管会计及时编制银行存款余额调节表,使银行存款日记账、总账的账户余额与银行对账单的余额核对相符。

第三部分:其他时间安排。

(1)在每月初结转现金日记账和银行存款日记账期初余额;

(2)定期或不定期进行现金日记账与现金总账、银行存款日记账与银行存款总账核对,保证账账相符;

(3)定期或不定期接受会计人员或上级主管对现金和银行存款的实地盘点检查;

(4)对其保管的支票、发票、有价证券、重要结算凭证进行清点,按顺序登记核对;

(5)保管出纳会计资料。

二、出纳的账务处理程序

账务处理程序是指会计数据的记录、归类、汇总、呈报的步骤和方法。目前,会计常用的账务处理程序主要有四种,即记账凭证账务处理程序、汇总记账凭证账务处理程序、科目汇总表账务处理程序、多栏式日记账账务处理程序。各种账务处理程序的主要区别在于对汇总凭证、登记总分类账的依据和办法的要求不同。在各种程序下,对于出纳人员来说,出纳业务处理的步骤和方法基本相同。

出纳人员的工作内容

(1)设置现金日记账、银行存款日记账及有价证券等有关备查账簿;

(2)根据与现金和银行存款有关的经济业务,填制或审核原始凭证;

(3)直接根据原始凭证或根据会计转来的记账凭证,登记现金日记账、银行存款日记账和有关备查账簿,每天都必须结出余额;

(4)定期或不定期进行现金、银行存款和有价证券的清查,保证账实相符、账账相符;

(5)期末结账,结出现金日记账和银行存款日记账的期末余额;

(6)编制出纳报告,一般要求出纳人员编制出纳日报、周报、旬报和月报;

(7)报告出纳资料,定期按规定办理移交。

任务实施

任务实施如表 1-3 所示。

表 1-3　任务实施

序号	操作步骤	角色	注意事项
1	出纳的收款流程	出纳	
2	出纳的付款流程	出纳	

续表

序号	操作步骤	角色	注意事项
3	出纳的账账核对	出纳	
4	出纳的账实核对	出纳	
5	出纳的账务处理程序	出纳	

通过观察出纳小李的具体的业务操作流程和账务处理程序，小王对大二阶段学习的出纳业务操作课程有了更深层次的理解和认识，并将自己对业务办理流程的理解跟师父丁惠惠做了交流，小王感觉自己又长了一些本领！

任务四　出纳人员的岗位要求

任务目标

工作任务		出纳人员的岗位要求
学习目标	知识目标	1. 明确出纳人员的任职要求； 2. 理解出纳人员的素质要求； 3. 了解出纳人员的职业发展
	技能目标	具备与岗位工作相适应的职业素质
	思政目标	深刻理解出纳岗位的职业素质要求

任务导入

新任出纳王晓雯入职一周后，对出纳的工作流程、工作内容都已经非常熟悉了，已经正式上岗办理出纳业务了。这天，财务处长来出纳室了解出纳的工作情况，看到王晓雯正在办理一笔现金收入业务，王晓雯娴熟地使用单指单张点钞法清点现金，整个收款过程流程顺畅、热情有礼，财务处长对小王的工作态度和工作过程非常满意！

任务准备

一、出纳人员的任职要求

出纳人员是有任职要求的，需要具备一定的会计、税收法律法规知识，需要不断参加专业继续教育和培训,了解和掌握会计政策、专业知识及税法、财经法规等变化,提高业务水平,满足企业经营管理的需要。出纳的具体任职要求有以下5点:

(1)具有会计、财务等相关专业中专以上学历;

(2)了解国家财经政策和会计、税务法规,熟悉银行结算业务;

(3)熟练使用各种财务工具和办公软件,且电脑操作娴熟,有较强的责任心,有良好的职业操守,作风严谨;

(4)善于处理流程性事务,具有良好的学习能力、独立工作能力和财务分析能力;

(5)工作细致,责任感强,具备良好的沟通能力、团队精神。

二、出纳人员的岗位素质要求

《会计基础工作规范》第十四条规定:"会计人员应当具备必要的专业知识和专业技能,熟悉国家有关法律、法规、规章和国家统一会计制度,遵守职业道德。"作为出纳人员,应当满足以下5点岗位素质要求:

出纳的素质要求

1. 政策水平

不以规矩,不能成方圆。出纳工作涉及的"规矩"很多,如《会计法》《票据法》《现金管理暂行条例》《人民币银行结算账户管理办法》《会计基础工作规范》《中华人民共和国发票管理办法》,还有本单位的财务管理规定,等等。这些法规、制度如果不熟悉、不掌握,是绝对做不好出纳工作的。因此,做好出纳工作的第一要务就是学习、了解、掌握财经法规和制度,提高政策水平。出纳人员只有熟练掌握政策法规和制度,明白哪些该做,哪些不该做,哪些该抵制,工作起来才能得心应手,少犯错误。

2. 业务技能

"台上一分钟,台下十年功。"这对出纳工作来说是十分适用的。出纳工作需要很强的操作技巧,电脑操作、票据填制、清点钞票等都需要深厚的基本功。作为专职出纳人员,不但要具备处理一般会计事务的财会专业基本知识,还要具备较高的处理出纳事务的出纳专业知识和较强的数字运算能力。出纳的数字运算往往在结算过程中进行,要按计算结果当场开出票据或收付现金,速度要快,又不能出错。这和事后的账目计算有着很大的区别。账目计算错了可以按规定方法更改,但钱算错了就不一定说得清楚,不一定能"改"得过来了。

3. 工作作风

要做好出纳工作首先要热爱出纳工作,要有严谨细致的工作作风和职业习惯。作风的培养在成就事业方面至关重要。出纳每天和金钱打交道,稍有不慎就会造成意想不到的损失,出纳人员必须养成与出纳职业相符合的工作作风,概括起来就是:精力集中,有条不紊,严谨细致,沉着冷静。精力集中就是工作起来就要全身心地投入,不为外界所干扰;有条不紊就是计算器具摆放整齐,钱款票据存放有序,办公环境洁而不乱;严谨细致就是认真仔细,做到收支计算准确无误,手续完备,不发生工作差错;沉着冷静就是在复杂的环境中随机应变,化险为夷。

4. 安全意识

对于现金、有价证券、票据、各种印鉴的保管,既要有内部分工,各负其责,并相互牵制,也要有对外的保安措施,比如,办公用房的建造、门、屉、柜的锁具配置,保险柜密码的管理,都要符合保安的要求。出纳人员既要密切配合保安部门的工作,更要增强自身的保安意识,学习保安知识,把保护分管的公共财产物资的安全完整作为首要任务来完成。

5. 道德修养

出纳人员必须具备良好的职业道德修养,要热爱本职工作,敬业、精业;要科学理财,充分发挥资金的使用效益;要遵纪守法,严格监督,并且以身作则;要洁身自好,不贪、不占企业财产;要实事求是,真实客观地反映经济活动的本来面目;要注意保守机密;要竭力以本单位为中心工作,为单位的总体利益、为全体员工服务,牢固树立为人民服务的思想。

三、出纳人员的职业发展

出纳岗位是会计职业的入门岗位,业务相对简单,但地位非常重要。如果走纯会计职业道路,出纳未来的晋升岗位一般有资金主管、资金经理等职位。这些岗位与出纳岗位是有很强的相关性的,这些职业都需要一定的投融资知识和银行、金融机构人脉关系,出纳经过几年岗位锻炼,走向这些岗位就比较顺畅了!

合格出纳的养成

同时,由于出纳岗位和财务的其他岗位都有业务交集,如果出纳在办理业务过程中,夯实基础知识,摸透岗位本质,日常工作能够分清轻重缓急,通过业务办理把握宝贵的学习机会,提升自己的实操能力,提高财务处理能力,增进自己的税务知识,那么,出纳的职业方向也有可能走到诸如费用会计、资产会计,或者应付、应收、税务等会计岗位。因此,出纳应在工作中多与同事交流学习,为未来的财务工作打好基础。

任务实施

任务实施如表 1-4 所示。

表 1-4 任务实施

序号	操作步骤	角色	注意事项
1	出纳的任职要求	出纳	
2	出纳不得出任的情形	出纳	
3	出纳的岗位技能	出纳	
4	出纳的职业道德	出纳	
5	出纳的职业规划	出纳	

出纳岗位工作手册

☆ 项目内容结构

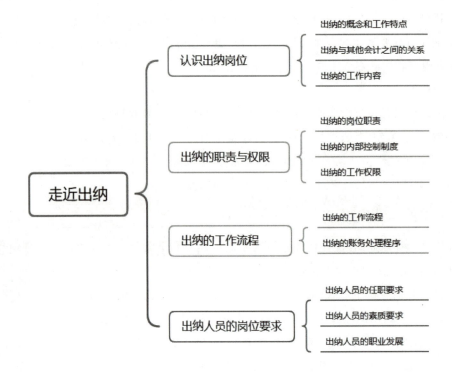

课后习题

一、单选题

1. 出纳员可以从事的工作是(　　)。
   A. 保管会计档案　　　　　　　　B. 登记债权、债务账目
   C. 登记收入、费用账目　　　　　D. 登记现金日记账和银行存款日记账

2. 下列有关企业办理现金收支业务的规定,叙述正确的是(　　)。
   A. 企业支付现金时不得从本单位的库存现金限额中直接支付
   B. 企业现金收入应于当日送存开户银行
   C. 企业从开户银行提取现金,应当写明用途,由本单位财会部门负责人签字盖章,经开户银行审核后,予以支付现金
   D. 企业因采购地点不固定、交通不便以及其他特殊情况必须使用现金的,可根据情况自主使用

3. 根据现金收支日常管理的有关规定,下列说法正确的是(　　)。
   A. 企业现金收入应于当日送存开户银行,当日送存有困难的,由开户银行确定送存时间
   B. 企业可用"白条顶库",但最长时间不得超过1个月
   C. 企业可用"白条顶库",但最长时间不得超过1天

D. 企业支付现金时,可以从本单位的现金收入中直接支付

4. 某企业对总务部门实行定额备用金制度。总务部门备用金保管人员持有关凭证向会计部门报销,会计部门以现金补足定额,则应(　　)。

A. 借记"库存现金"　　　　　　　　B. 贷记"库存现金"

C. 借记"其他应收款——备用金"　　D. 贷记"其他应收款——备用金"

5. 下列不属于不相容职务的是(　　)。

A. 出纳与现金保管　　　　　　　　B. 出纳与记账

C. 财物保管与记账　　　　　　　　D. 业务经办与财物保管

二、多选题

1. 库存现金的管理一般涉及(　　)三个方面。

A. 使用权限　　B. 使用范围　　C. 限额　　D. 收支控制

2. 一个单位是否需要设置会计机构,一般取决于(　　)。

A. 单位规模大小　　　　　　　　　B. 经济业务和财务收支繁简

C. 单位性质　　　　　　　　　　　D. 经营管理的要求

3. 出纳工作中必须遵守的货币资金内部控制制度有(　　)。

A. 职责分工和职权分离制度　　　　B. 授权和批准制度

C. 内部记录和核对制度　　　　　　D. 货币资金安全制度

4. 出纳不得兼任(　　)工作。

A. 稽核　　　　　　　　　　　　　B. 登记收入费用、债权债务账目

C. 登记现金、银行存款日记账　　　D. 会计档案保管

三、判断题

1. 根据《内部会计控制规范——货币资金(试行)》的规定,出纳人员可以兼管收入费用、债权债务账目的登记工作。(　　)

2. 不具备设置会计机构和会计人员条件的企业,可委托专门机构代理记账。(　　)

3. 出纳人员应明确授权审批的制度规定,并按照审批人的批准意见办理货币资金业务,对于审批人超越授权范围、违反审批程序或以不当的方式进行审批的货币资金业务,出纳人员有权拒绝办理。(　　)

4. 各种收付款业务应集中到会计部门办理,任何部门和个人不得擅自出具收款或付款凭证。(　　)

5. 出纳岗位是进行货币资金收付业务记录的专门岗位。(　　)

6. 会计可以兼任出纳;出纳不得兼任稽核、会计档案保管以及收入费用、债权债务账目的登记工作。(　　)

7. 出纳人员应与货币资金清查人员相分离,即货币资金清查必须指定其他的专门人员,不能由出纳人员一人完成。(　　)

8. 大型企业单位可在财务处下设出纳科;中型单位可在财务科下设出纳室;小型单位可在财务股下配备专职出纳员。(　　)

项目二

出纳岗位的基本技能

☆ **项目导读**

出纳作为会计工作的一个重要岗位,每天都需要与钱打交道,没有过硬的工作技能,将无法胜任出纳这个工作,它有着专门的操作技术和工作规则。本项目主要介绍企业出纳岗位需要具备的基本技能,包括会计数字书写技能、点钞技能、假币识别与处理技能、出纳机具的使用以及财物的保管。通过本项目的学习,能够较好地掌握出纳工作所需的基本业务技能,胜任出纳岗位工作。

☆ **知识目标**

1. 掌握会计数字书写技能;
2. 掌握点钞的技能;
3. 掌握假币识别与处理技能;
4. 掌握出纳常用机具的使用方法和注意事项;
5. 熟悉出纳财物的保管。

☆ **技能目标**

1. 能正确书写会计数字;
2. 会运用多种方法进行点钞;
3. 能准确识别真假人民币及处理假币;
4. 会操作出纳常用机具。

☆ **思政目标**

通过对出纳人员的基本技能要求的学习,建立客观公正、依法办事、实事求是、公私分明、不贪不占、诚实守信、廉洁自律的职业道德,努力提高出纳技能并钻研出纳业务,不断提高理论水平和业务能力。

任务一　数字的书写技能

任务目标

工作任务		数字的书写技能
学习目标	知识目标	1.掌握阿拉伯数字大小写的书写规定； 2.掌握数字大写在会计中的应用； 3.掌握数字小写在会计中的应用
	技能目标	能正确书写会计数字
	思政目标	具备与出纳岗位工作相适应的基本技能，提高理论水平

任务导入

李青青是某高职院校大三会计专业的毕业生，2021年8月10日她应聘淮阴振华鞋帽有限公司出纳，并于12日上岗。工作的第一天，她需要填写一张现金支票。李青青回忆了上学时学的知识，并请教了公司的会计人员，很快填制完成，大家都夸奖她学习扎实，上手快，她也虚心地表示还有很多地方需要向前辈们学习。那么在会计处理过程中，对于数字的书写有什么样的要求呢？

任务准备

一、阿拉伯数字书写要求

1. 顺序

阿拉伯数字书写顺序是从左到右，从高位到低位，逐个地认真书写，且同行的相邻数字之间要空出半个阿拉伯数字的位置，要各自独立成形，不连笔、不潦草，并要大小均衡、排列整齐、字迹工整、美观清晰。

阿拉伯数字书写要求

2. 斜度

阿拉伯数字在书写时应有一定的斜度。倾斜角度的大小应以笔顺书写方便、好看易认为准，不宜过大或过小。倾斜角度一般可掌握在60度左右，即数码的中心斜线与底平线为60度的夹角，各个数字的倾斜方向、程度要保持基本一致。

3. 高度

数码字书写应紧靠横格底线，其上方留出全格1/2，即数码字沿底线占全格的1/2，不得写满格，以便留有改错的空间。另外"6"的上端比其他数码高出1/4，"7"和"9"的下端比其他数码伸出1/4。

4. 间距

会计在书写阿拉伯数字时要大小一致,要一个一个书写,数字间的空隙要均匀,不得连笔写。需遵循三位一节和同位数对齐的书写要求。

注意:

"同位数对齐":在印有数位线的会计凭证、会计账簿、会计报表上,每一个格子只能写一个数字,不得几个数字挤在一个格子里,也不得在数字中间留有空格,数字书写时要同位数对齐,就是按个位对个位、百位对百位书写。

"三位一节":如果没有账格数位线,数字书写的整数部分,可以从小数点向左按照"三位一节"用","隔开,或空半个阿拉伯数字的位置,以便读数和汇总计算,数字之间的空隙应均匀。

手写体阿拉伯数字书写示范如图 2-1 所示。

图 2-1　手写体阿拉伯数字

具体要求:

①"0"要写成椭圆形,要由右上角起笔按逆时针方向画出,既不要写得太小,也不要开口,不要留尾巴。

②"1"应居中写,并不可写得过短,以防被改为"4""6""7""9"。

③"2"的底部上绕,以免被改为"3"。

④"4"的顶部不封口,写第一笔时,应上抵中线,下至下半格的 1/4 处,并注意中竖是最关键的一笔,斜度应 60 度,否则就成正体了。"4"的中竖要明显比"1"短。

⑤有圆的数字,如 6、8、9、0 等,圆圈必须封口。

⑥"6"的上端比其他数码高出 1/4,"6"的竖画应偏左。书写"6"时下圆要明显,以防止改写为"8"。"7"和"9"的下端比其他数码伸出 1/4。"4""7""9"的竖画应偏右。

⑦"8"的上边要稍小,下边大,注意起笔应写成斜"S"形,终笔应成菱形,以防将"3"改成"8"。

二、阿拉伯数字书写在会计上的应用

1."￥"的用法

"￥"是人民币的符号,是汉语拼音"Yuan"的缩写。

符号含义:代表人民币的币制,含有人民币的意思。

符号用法:用于人民币小写金额前,小写金额前填写人民币符号"￥"以后,数字后面不写"元"字。

小写金额在会计中的书写规则

"￥"主要应用于填写票证(发票、支票、存单)和编制会计凭证,在登记账簿和编制报表时一般不用"￥"。

"￥"会计电算化输入方法:中文输入法状态下按"Shift+$",智能ABC里按V3就可以找到"￥"。

2. 有数位线的凭证和账表上的标准写法

(1) 对应固定的数位填写,不得错位;

(2) 只有分位金额,在元和角位上均不能写"0"字;

(3) 只有角位和分位金额的,在元位上不写"0"字;

(4) 分位是"0"的,在分位上写"0",角分位都是"0"的,在角分位上分别写一个"0"字。

3. 没有数位线的凭证、账表上的标准写法

(1) 阿拉伯小写金额数字前应填写货币币种符号,币种符号和阿拉伯数字之间不得留有空白。

(2) 凡阿拉伯数字前写有币种符号的,数字后面不再写货币单位。

(3) 以元为单位的阿拉伯数字,除表示单价等情况外,一律写到角、分;无角、分的,角位和分位应写"00"或者"—";有角无分的,分位应写"0",不得用符号"—"代替;只有分位金额的,在元和角位上各写一个"0"字并在元与角之间点一个小数点;元以上每三位要空出半个阿拉伯数字的位置书写。

三、中文大写数字的书写

中文大写是由数字和数位两部分组成,两者缺一不可。中文大写数字要以正楷或行书字体书写,不得连笔写。不能使用一、二、三、四、五、六、七、八、九、十、廿、毛、另(或〇)等字样,不得自造简化字。

数字:零、壹、贰、叁、肆、伍、陆、柒、捌、玖、拾。

数位:佰、仟、万、亿、圆(元)、角、分、整。

四、中文大写金额数字书写在会计上的应用

中文大写数字主要用于支票、发票、现金缴款单、进账单、商业汇票等重要票据的填写。具体注意事项如下:

数字大写在会计中的应用

(1) "人民币"的使用规则。在中文大写金额前要标明"人民币"字样,且其与首个金额数字之间不留空白,或添加":"。

(2) "整(正)"字的用法。凡是大写金额到元为止的,一律在金额后面加上"整"字或"正"字。中文大写金额到"角"为止的,可以在"角"之后写"整"或"正"字,也可以不写。大写金额数字有分的,分字后面不写"整"字或"正"字。如"¥110.00",大写应为"人民币壹佰壹拾元整";"¥110.35",大写为"人民币壹佰壹拾元叁角伍分"。

(3) 关于"零"的书写。

①小写金额数字中间有一个"0"时,中文大写金额数字中间要写一个"零"字;

②小写金额数字中间连续有几个"0"时,中文大写金额数字中间可以只写一个"零";

③小写金额数字元位是"0"、角位不是"0"时,中文大写金额数字可以只写一个"零"字,也可以不写"零"字。

(4) 表示数位(十位、十万位)的文字前的数字"壹"必须读出来、写出来。

(5) 发票大写金额的书写。在印有大写金额万、仟、佰、拾、元、角、分位置的凭证上书写大写金额

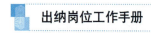

时,金额前面如有空位,可划"×"注销;阿拉伯小写金额数字中间有几个"0"(含分位),汉字大写金额就写几个"零"字。

(6)中文大写票据日期的书写规范。为防止变造票据的出票日期,票据的出票日期必须使用中文大写数字;票据出票日期使用小写填写的,银行不予受理;票据和结算凭证金额以中文大写和阿拉伯数码同时记载的,二者必须一致,否则票据无效,银行不予受理。

规范的具体内容:月为壹月、贰月和拾月的,应在其前面加"零";月为拾月、拾壹月、拾贰月的,应在其前加"壹";日为壹至玖和壹拾、贰拾、叁拾的,应在其前面加"零";日为拾壹至拾玖的,应在其前加"壹"。如"1月12日"应写成"零壹月壹拾贰日";"10月30日"应写成"零壹拾月零叁拾日"。

任务实施

任务实施如表 2-1 所示。

表 2-1 任务实施

序号	操作步骤	角色	注意事项
1	阿拉伯数字书写要求	出纳	
2	中文大写数字书写要求	出纳	
3	数字大小写在会计中的应用	出纳	

李青青通过一段时间的学习,对于大、小写金额数字的书写有了更深入的认识,能够熟练填写各类型票据,这让她在公司更快地得到了周围同事和领导的认可,她也对未来的出纳工作充满了期待。

任务二 点钞技能

任务目标

	工作任务	点钞技能
学习目标	知识目标	1.熟悉点钞的基本要求; 2.熟悉点钞的基本程序; 3.掌握手工点钞的方法; 4.熟悉硬币清点方法
	技能目标	能熟练运用多种方法进行点钞
	思政目标	通过学习岗位工作手册树立正确的价值观

任务导入

王丽华是某高职院校会计专业 2021 届毕业生,毕业季开始,她向多家公司投递了简历,由于她本人实践操作能力较强,受到了多家公司的青睐。最终于 2021 年 11 月,王丽华被淮阴华天商贸股份有限公司录用,并从事出纳工作。某天上午,员工赵军交来销售部门的零星收入678元,王丽华应如何运用手工点钞方式接收这笔款项呢?

> 任务准备

一、点钞的基本要求

在人民币的收付和整点中,要把混乱不齐、折损不一的钞票进行整理,使之整齐美观。整理的具体要求如下:平铺整齐,边角无折;同券一起,不能混淆;券面同向,不能颠倒;验查真伪,去伪存真;剔除残币,完残分放;百张一把,十把一捆;扎把捆捆,经办盖章;清点结账,复核入库。

二、点钞的过程要求

点钞要求是"五好钱捆"的标准,票币查点要做到"点准、挑净、墩齐、捆紧、盖章清楚",即查点出来的票币要符合以上五个方面的基本要求。要掌握好票币整点技术,应该从端正姿态、操作定型、用品定位、开扇均匀、点数准确、票子墩齐、扎把捆紧、盖章清晰、动作连贯等环节上下功夫。

手工点钞操作规范

三、点钞的基本程序

在整点票币的过程中,一般都必须经过拆把、持票、清点、记数、墩齐、扎把、盖章这几个步骤。

四、手工点钞的方法

点钞指的是整点纸币和清点硬币。概括而言,点钞可以划分为手工点钞和机器点钞两大类。手工点钞又可具体分为手持式单指单张点钞法、手持式单指多张点钞法、手持式多指多张点钞法以及扇面式点钞法等。

手持式单指单张点钞法

1. 手持式单指单张点钞法

用一个手指一次点一张的方法叫单指单张点钞法。这种方法是点钞中最基本也是最常用的一种方法,使用范围较广,频率较高,适用于收款、付款和整点各种新旧大小钞票。这种点钞方法由于持票面小,能看到票面的四分之三,容易发现假钞票及残破票,缺点是点一张记一个数,比较费力。具体操作方法:

(1)持票。左手横执钞票,下面朝向身体,左手拇指在钞票正面左端约四分之一处,食指与中指在钞票背面与拇指同时捏住钞票,无名指与小指自然弯曲并伸向票前左下方,与中指夹紧钞票,食指伸直,拇指向上移动,按住钞票侧面,将钞票压成瓦形,左手将钞票从桌面上擦过,拇指顺势将钞票向上翻成微开的扇形,同时,右手拇指、食指做点钞准备。持钞姿势如图2-2所示。

(2)清点。左手持钞并形成瓦形后,右手食指托住钞票背面右上角,用拇指尖逐张向下捻动钞票右上角,捻动幅度要小,不要抬得过高。要轻捻,食指在钞票背面的右端配合拇指捻动,左手拇指按捏钞票不要过紧,要配合右手起自然助推的作用。右手的无名指将捻起的钞票向怀里弹,要注意轻点快弹。手持式单指单张点钞姿势如图2-3所示。

(3)记数。与清点同时进行。在点数速度快的情况下,往往由于记数迟缓而影响点钞的效率,因此记数应该采用分组记数法。把10作1记,即1、2、3、4、5、6、7、8、9、1(即10)、1、2、3、4、5、6、7、8、9、2(即20),以此类推,数到1、2、3、4、5、6、7、8、9、10(即100)。采用这种记数法记数既简单又快捷,省力又好记。但记数时要默记,不要念出声,做到脑、眼、手密切配合,既准又快。

图2-2 单指单张点钞法持钞　　　　　　图2-3 单指单张点钞法清点

(4)墩齐。两手的拇指放在钞票的正面,其他手指放在钞票的背面,使钞票的正面朝身体横执在桌面上,左右手松拢墩齐,再将钞票竖起墩齐,使钞票四端整齐,然后用左手持钞做扎把准备。

(5)扎把。点钞速度的快慢,很大程度上取决于扎把。

①缠绕式扎条法。将钞票墩齐横执,左手拇指在前,其余四指在后,横握钞票上侧左半部分,使其略呈瓦状。右手拇指和食指捏住腰条纸的一端,并送交左手食指将其压住,右手拇指与食指由怀里向外缠绕两圈,注意在上方要拉紧,左手食指在钞票的上侧压住拉紧的腰条纸不要松动。然后右手拇指与食指将腰条纸余端向右方平行打折成45度,然后用右手食指或中指将腰条纸的头向左掖在凹面瓦形里,再用右手拇指压紧,把钞票抚平即可。

②双端拧结法。扎把时将钞票墩齐,左手横执钞票,拇指捏在票前,中指、无名指和小指捏在钞票后面,食指伸直压在钞票上侧。右手拇指和食指捏住腰条纸1/3处,将腰条纸的另一端放在钞票上侧中间的位置,使腰条纸短的一头在钞票后,长的一头在钞票前,即身体这一边,左手食指尖在钞票的上侧压住腰条纸。右手的拇指和食指将腰条纸在钞票的下面由里向外缠绕半圈至钞票后面,再用右手拇指和食指捏住腰条纸的两端,然后将左手松开换位,从正面捏住钞票两侧,右手从钞票背面中间向里顶住钞票,使其呈小瓦形,并捏紧腰条纸两端,左手腕向外转180度,右手捏住腰条纸的两端向里转180度,用食指将腰条纸头掖在凹面瓦形里,再把钞票抚平,使腰条纸压在下面。扎完后腰条纸的结一定要在钞票的背面,如果是100张,腰条纸必须在钞票的中间。

扎把是点钞的一道重要程序,有一定的技术要求和质量标准。操作时要达到快而不脱、紧而不断。一般以每2 s扎一把为快速,扎把后最上面一张用手自然提起以抽不出为紧。

(6)盖章。每扎完一把钞票,都要加盖点钞人的名章,名章要盖在钞票上侧的腰条纸上,印章要清晰。

2. 多指多张点钞法

多指多张点钞法是指点钞时用小指、无名指、中指、食指依次捻下一张钞票,一次清点四张钞票的方法,也叫四指四张点钞法。这种点钞法适用于收款、付款和整点工作。这种点钞方法不仅省力、省脑,而且效率高,能够逐张识别假钞票和剔除残破钞票。

(1)持票。用左手持钞,中指在前,食指、无名指、小指在后,将钞票夹紧,四指同时弯曲将钞票轻压成瓦形,拇指在钞票的右上角外面,将钞票推成小扇面,然后手腕向里转,使钞票的右里角抬起,右手五指准备清点。持钞姿势如图 2-4 所示。

(2)清点。右手腕抬起,拇指贴在钞票的右里角,其余四指同时弯曲并拢,从小指开始每指捻动一张钞票,依次下滑四个手指,每一次下滑动作捻下 4 张钞票,循环操作,直至点完 100 张。手持式多指多张点钞姿势如图 2-5 所示。

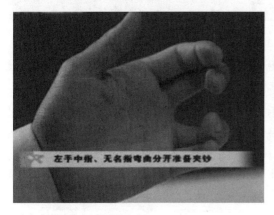
图 2-4　多指多张点钞法左手持钞准备

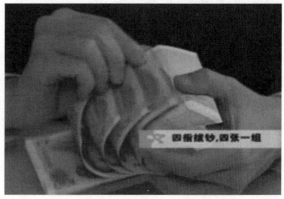
图 2-5　多指多张点钞法清点

(3)记数。采用分组记数法。每次点 4 张为一组,记满 25 组为 100 张。

3. 扇面式点钞法

把钞票捻成扇面状进行清点的方法叫扇面式点钞法。这种点钞方法速度快,是手工点钞中效率最高的一种,但它只适合清点新票币,不适于清点新、旧、破混合钞票。

(1)持钞。钞票竖拿,左手拇指在票前下部中间票面约四分之一处。食指、中指在票后同拇指一起捏住钞票,无名指和小指拳向手心。右手拇指在左手拇指的上端,用虎口从右侧卡住钞票成瓦形,食指、中指、无名指、小指均横在钞票背面,做开扇准备。

(2)开扇。开扇是扇面点钞的一个重要环节,扇面要开得均匀,为点数打好基础、做好准备。其方法是:以左手为轴,右手食指将钞票向胸前左下方压弯,然后再猛向右方闪动,同时右手拇指在票前向左上方推动钞票,食指、中指在票后面用力向右捻动,左手指在钞票原位置沿逆时针方向画弧捻动,食指、中指在票后面用力向左上方捻动,右手手指逐步向下移动,至右下角时即可将钞票推成扇面形。如有不均匀的地方,可双手持钞抖动,使其均匀。

打扇面时,左右两手一定要配合协调,不要将钞票捏得过紧。如果点钞时采取一按十张的方法,扇面要开小些,便于点清。手持式扇面开扇点钞姿势如图 2-6 所示。

(3)点钞。左手持扇面,右手中指、无名指、小指托住钞票背面,拇指在钞票右上角 1 cm 处,一次按下五张或十张;按下后用食指压住,拇指继续向前按第二次,以此类推。同时左手应随右手点数速度向内转动扇面,以迎合右手按动,直到点完 100 张为止。手持式扇面点钞法点数如图 2-7 所示。

　　图 2-6　扇面式点钞法开扇　　　　　　图 2-7　扇面式点钞法点数

　　(4) 记数。采用分组记数法。一次按 5 张为一组，记满 20 组为 100 张；一次按 10 张为一组，记满 10 组为 100 张。

　　(5) 合扇。清点完毕合扇时，将左手向右倒，右手托住钞票右侧向左合拢，左右手指向中间一起用力，使钞票竖立在桌面上，两手松拢轻墩，把钞票墩齐，准备扎把。

五、硬币清点方法

1. 拆卷

　　将清点后使用的包装纸平放在桌子上，右手持硬币卷的 1/3 处放在新的包装纸中间，左手撕开硬币卷的一头，然后用右手向下从左端到右端压开包装纸。包装纸压开后，用左手食指平压硬币，右手抽出已压开的包装纸，这样即可准备清点。

2. 清点

　　清点用右手，从右向左分组清点。清点时，以右手拇指和食指将硬币分组清点，每次清点的枚数因个人技术的熟练程度而定，可一次清点 5 枚或 10 枚，也可一次清点 12 枚、14 枚、16 枚等。为保证清点准确无误，可用中指在一组的中间分开查看，使两边的数量很快看清，如一次点 10 枚，即从中间分开，一边为 5 枚，依此类推。

3. 记数

　　手工清点硬币采用分组记数法，一组为一次，一次清点 5 枚，数到 20 次，即为 100 枚；一次清点 10 枚，数到 10 次，即为 100 枚；一次清点 12 枚，数到 8 次余 4 枚，即为 100 枚；一次清点 14 枚，数到 7 次余 2 枚，即为 100 枚；一次清点 16 枚，数到 6 次余 4 枚，即为 100 枚。

4. 包装

　　清点完毕后即可包装。包装时用双手的无名指分别顶住硬币的两头，用拇指、食指、中指捏住硬币的两端，双手拇指从包装纸底端将纸掀起，接着用食指将硬币卷在纸内，然后用右手掌心用力向外推卷，随后用双手的拇指、食指和中指分别把两头包装纸向中间方向折压紧贴硬币，再用拇指将后面的包装纸往前压，食指将前面的包装纸往后压，使包装纸与硬币贴紧，最后用拇指和食指向前推币，包装完毕。

5. 盖章

硬币包装完毕后,整齐地放在桌上,卷缝的方向一致。右手拿名章,用左手掌心滚动硬币卷,右手将名章顺着硬币卷滚动的方向依次盖在各卷上。

任务实施

任务实施如表 2-2 所示。

表 2-2 任务实施

序号	操作步骤	角色	注意事项
1	手持式单指单张点钞	出纳	
2	手持式多指多张点钞	出纳	
3	手持式扇面点钞	出纳	
4	硬币清点	出纳	

小王分别用手持式单指单张点钞法、手持式多指多张点钞法以及扇面式点钞法点钞 100 张,共清点 10 次,每清点完一次分别采用缠绕式扎条法和双端拧结法等不同的扎把方法进行扎把,并记录每次点钞及扎把的时间,收获颇丰。经过一段时间的练习,她已经熟练掌握点钞技术,真是件开心的事情。

任务三 假币识别与处理技能

任务目标

	工作任务	假币识别与处理技能
学习目标	知识目标	1. 掌握 2005 版假币识别技巧; 2. 掌握 2015 版假币识别技巧; 3. 理解识别假币的责任
	技能目标	能准确识别真假人民币及处理假币
	思政目标	通过学习岗位工作手册树立正确的价值观

任务导入

吴昊天在北京春秋商贸有限公司任职,担任出纳工作。这天公司员工孙明明出差回来,退回出差借款 356 元,吴昊天拿到其中的 100 元纸钞后感觉到了异常,仔细鉴别后怀疑是假币,此时他该如何处理呢?他又是如何鉴别出这是一张假币的呢?

第五套
人民币简介

任务准备

一、货币小常识

人民币的单位是元,辅币是角和分。1元为10角,1角为10分。元和角有纸币,元、角及分也有铸币。元的票面有1元、5元、10元、20元、50元、100元,角的票面有1角、5角,分的面额有1分、5分。人民币元的缩写符号是CNY。现在中国有人民币、港币、澳币、台币几种币种。

二、2005年版第五套人民币的主要特征

人民币的主要特征从纸张、水印、制版、油墨、印刷、安全线等方面识别。

1. 纸张

印制人民币的纸张,使用的是纤维较长的棉、麻为主的印钞专用纸。其特点是:用料讲究,工艺特殊,预置水印。

1999版人民币
假币识别技巧

2. 水印

2005年版第五套人民币各券别纸币的固定水印位于各券别纸币票面正面左侧的空白处,迎光透视,可以看到立体感很强的水印。100元、50元纸币的固定水印为毛泽东头像图案。20元、10元、5元纸币的固定水印为花卉图案。

2005版第五套
人民币识别方法

3. 安全线

2005年版第五套人民币纸币在各券别票面正面中间偏左,均有一条安全线。100元、50元纸币的安全线,迎光透视,分别可以看到"RMB100""RMB50"微缩字符,仪器检测均有磁性;20元纸币,迎光透视,是一条明暗相间的安全线;10元、5元纸币安全线为全息磁性开窗式安全线,即安全线局部埋入纸张中,局部裸露在纸面上,开窗部分分别可以看到由微缩字符"￥10""￥5"组成的全息图案,仪器检测有磁性。

4. 光变油墨面额数字

2005年版第五套人民币100元券和50元券正面左下方的面额数字采用光变油墨印刷。将垂直观察的票面倾斜到一定角度时,100元券的面额数字会由绿色变为蓝色;50元券的面额数字会由金色变为绿色。

5. 阴阳互补对应图案

100元、50元、10元券别的正面左下方和背面右下方都印有一个圆形局部图案。迎光透视,两幅图案准确对接,组合成一个完整的古钱币图案。

6. 微缩文字

用5倍以上放大镜观察票面,各券别正面胶印图案中,多处均印有微缩文字。100元微缩文字为"RMB"和"RMB100";50元为"50"和"RMB50";20元为"RMB20";10元为"RMB10";5元为"RMB5"和"5"字样。

三、2015年版第五套人民币的主要特征

下面介绍百元新版人民币防伪特征,如图2-8所示:

(1)光变镂空开窗安全线:位于票面正面右侧,垂直票面观察,安全线呈品红色;与票面成一定角

度观察,安全线呈绿色;透光观察,可见安全线中正反交替排列的镂空文字"100",如图2-9所示。

(2)光彩光变数字:位于票面正面中部,垂直票面观察,数字以金色为主;平视观察,数字以绿色为主。随着观察角度的改变,数字颜色在金色和绿色之间交替变化,并可见到一条亮光带上下滚动,如图2-10所示。

新版第五套人民币
识别方法

(3)人像水印:位于票面正面左侧空白处,透光观察,可见毛泽东头像,如图2-11所示。

(4)胶印对印图案:票面正面左下方和背面右下方均有面额数字"100"的局部图案,透光观察,正背面图案组成一个完整的面额数字"100",如图2-12所示。

(5)横竖双号码:票面正面左下方采用横号码,其冠字和前两位数字为暗红色,后六位数字为黑色,右侧竖号码为蓝色,如图2-13所示。

图2-8　百元2015版人民币防伪特征

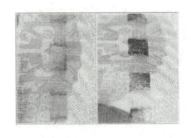
图2-9 光变镂空开窗安全线

图2-10 光彩光变数字

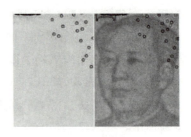
图2-11 人像水印

图2-12 胶印对印图案

图2-13 横竖双号码

(6)白水印:位于票面正面横号码下方,透光观察,可以看到透光性很强的水印面额数字"100",如图2-14所示。

(7)雕刻凹印:票面正面毛泽东头像、国徽、"中国人民银行"行名、右上角面额数字、盲文及背面人民大会堂图案等均采用雕刻凹印印刷,用手指触摸有明显的凹凸感,如图2-15所示。

图2-14 白水印

图2-15 雕刻凹印

四、假币的处理

单位的财会出纳人员,在日常收付现金时发现假币,应当场予以没收,没收的假币一律上缴银行。如一时难以确定真假,应向持币人说明情况,开具临时收据,连同可疑币及时报送当地人民银行鉴定。假币绝不允许继续流通,如发现假钞仍有意继续使用,则属于违法行为,严重的将追究刑事责任。如发现有人倒卖假币或用假币套取真钞,应随时向公安机关报告。

任务实施

任务实施如表 2-3 所示。

表 2-3 任务实施

序号	操作步骤	角色	注意事项
1	2005 年版第五套人民币的防伪特征	出纳	
2	2015 年版第五套人民币的防伪特征	出纳	
3	发现假币的处理方法	出纳	

吴昊天深切地认识到,要想当一名称职的出纳,除了要具备良好的职业道德、较强的政策水平、熟练的专业技能外,还要提高自身的综合素质。随着经济的发展,假币在市场上出现的频率大大增加,假币泛滥直接危害众多城乡群众的利益,影响社会稳定并扰乱金融秩序,严重危害金融安全。作为公司的财会出纳人员,在日常收付现金时发现假币,应当场予以没收,没收的假币一律上缴银行。

任务四 出纳机具的使用

任务目标

工作任务		出纳机具的使用
学习目标	知识目标	1. 掌握保险柜的使用; 2. 掌握支付密码器的使用; 3. 熟悉点钞机的使用
	技能目标	会正确操作出纳常用机具
	思政目标	通过学习岗位工作手册树立正确的价值观

任务导入

柯兰是淮阴衡久商贸有限公司的出纳,明天就要放五一小长假了,她将保险柜小心地锁好,再三检查了门窗后,放心地下班了。5 月 5 日放假回来,她惊讶地发现她办公室的门不知何时被人撬开了,她慌忙去查看,抽屉有被人翻动的迹象。所幸保险柜还在,她赶紧报了警,向上级反映了情况。

> 任务准备

一、保险柜的使用

1. 保险柜的管理

保险柜一般由总会计师、财务总监或者财务处长授权,由出纳负责管理使用。

保险柜的使用规定

2. 保险柜钥匙的配备

保险柜要配备两把钥匙,一把由出纳人员保管,供日常工作开启使用;另一把交由保卫部门封存,或由单位总会计师、财务总监或者财务处长负责保管,以备在特殊情况下经有关领导批准后开启使用。出纳人员不得将保险柜钥匙交由其他人代为保管。

3. 保险柜的开启

保险柜只能由出纳人员开启使用,非出纳人员不得开启保险柜。如果单位总会计师、财务总监或者财务处长需要对出纳工作进行检查的,或有其他特殊情况需要开启保险柜时,应按规定的程序由单位总会计师、财务总监或者财务处长开启。一般情况下不得任意开启由出纳员掌管使用的保险柜。

4. 财物的保管

每日终了后,出纳人员应将其使用的空白支票(包括现金支票和转账支票)、银钱收据、印章等放入保险柜中。保险柜内存放的现金应设置和登记现金日记账,其他有价证券、存折、票据等应按种类造册登记,贵重物品应按种类设置备查簿登记其质量、重量、金额等,所有财物应与账簿记录核对相符。按规定,保险柜内不得存放私人物品。

5. 保险柜的密码

出纳人员应将自己保管使用的保险柜密码严格保密,不得向他人泄露。本单位保安部门或者财务负责人处备份封存,出纳人员调动工作,新出纳应更换使用新的密码。

6. 保险柜的维护

保险柜应放置在隐蔽、干燥之处,注意通风、防湿、防潮、防虫和防鼠。保险柜外要经常擦抹干净,保险柜内财物应保持整洁卫生、存放整齐。一旦保险柜发生故障,应到公安机关指定的维修点进行维修,以防泄密或失盗。

7. 保险柜被盗的处理

出纳人员发现保险柜被盗后应保护好现场,迅速报告公安机关(或保卫部门),待公安机关勘查现场时才能清理财物被盗情况。节假日满两天以上或出纳人员离开两天以上没有派人代其工作的,应在保险柜锁孔处贴上封条,出纳人员到位工作时揭封。如发现封条被撕掉或锁孔处被弄坏,也应迅速向公安机关或保卫部门报告,以使公安机关或保卫部门及时查清情况,防止不法分子进一步作案。

二、电子支付密码器的使用

电子支付密码器的外形就像我们日常用的手机一样,多种多样。它是一种可以与银行的计算机网络结合,构成一种支付密码系统的支付密码器,它由器壳、键盘、单片机及液晶显示模块组成。银行通过计算机网络对票据及票据上支付密码的有效性和合法性进行快速验证。电子支付密码系统利用现代计算机网络技术、密码学原理、单片机技术等许多高科技手段,克服了传统票据鉴定方式的种种弊端,可极大地提高银行的业务处理能力和安全性。

1. 电子支付密码的适用范围

电子支付密码适用于支票、结算业务申请书(办理银行汇票、银行本票、汇兑业务)、贷记凭证及中国人民银行批准的其他支付凭证。支付密码应记载于票据或结算凭证上的指定位置。

2. 电子支付密码系统的业务流程

(1)支付密码器的发放。企业开户时,银行前台通过串口将支付密码器与柜员终端(或支付密码器管理终端)连接。支付密码核验系统根据银行主密钥、企业账号、支付密码器序列号等参数生成企业密钥,下载至企业支付密码器中,完成支付密码器的发放。

(2)支付密码的签发。单位财务人员根据账号、票据类型、出票日期、票据号码和签发金额等要素使用支付密码器算出此张票据的支付密码,并填写在凭证上。

(3)支付密码的核验。单位持填有支付密码的票据流转到银行兑付时,银行柜员会将支付密码提交支付密码核验系统由计算机进行自动校验,如果核验正确,则自动提交到会计系统进行结算;如果核验错误则等同为印鉴不符,办理退票。

3. 电子支付密码系统的优点

(1)电子支付密码可以提高票据防伪性能。严谨的密码学保证了只有合法的支付密码器才能算出正确的支付密码,从而用科学的手段防止了票据的伪造;同时,支付密码与票面参数密切相关,任何一个票面参数如果被任意涂改,这组参数就与原来的密码不能对应,这样就有效防止了对票据的涂改,从而更好地保障了开户人的资金安全。

(2)电子支付密码不会丢失或被盗。电子支付密码的产生和验证使用了国家密码管理局指定的非对称密钥密码算法体制,产生支付密码使用的密钥保存在开户企业密码器的安全芯片中,验证密码使用的密钥掌握在银行手中,银行只能验证密码的正确性,却无法生成企业的支付密码,因此,电子支付密码不存在传统预留印鉴卡在银行被非法"调换"和被利用伪造印鉴的问题,从根本上杜绝了银行人员内部作案,非法挪用企业账户资金的可能性。

(3)电子支付密码可以实现通存通兑,加速资金流转。阻碍银行通存通兑业务发展的主要障碍是无法对图章印鉴进行有效的数字化识别。支付密码作为一组可验证出票人身份的数字,使银行能够充分利用电子网络迅速处理客户的支付命令,使得本来需2~3天的资金划拨缩短在数秒内完成,大大提高了企业资金的使用效率。

(4)电子支付密码可以加强企业内部的财务监督。企业主管可以通过使用授权卡对财务人员所持的票据进行远程签发;可以通过支付密码器规定票据资金的支付限额,签发金额一旦超出限制,则无法产生支付密码;还可以根据需要随时调整或取消相关人员在支付密码器上的任何授权;企业相关财务人员可以随时对新发生的上百笔票据签发记录,按照账号、时间等要素进行查询,便于掌握财务动态。

(5)电子支付密码可以有效遏制空头支票。支付密码的使用将使支票圈存业务的实现成为可能。所谓支票圈存,是指收款人在收受带有支付密码的支票后,即可通过圈存受理终端,向出票人开户的商业银行发出圈存指令,验证支票信息,并预先从出票人账户中圈存支票金额。这样,一方面检验了支票的真伪,同时也鉴定了付款人的账户信息。

(6)电子支付密码能够准确识别身份。银行使用的专用密码核验设备对票据上的电子支付密码进行验证时,根据密码学原理,验证结果只会有两种:"密码正确"或"密码错误"。因此,银行通过验证支付密码能够非常准确地识别出票据内容的真实性。由于每个开户企业使用不同的电子支付密码器和密钥计算支付密码,银行通过验证支付密码也能够准确识别出票人的身份。

(7)电子支付密码具有唯一性,可防抵赖。由于电子支付密码只能由开户企业持有的电子支付密码器产生,不可能由其他的密码器、其他的支付密码器厂商或银行产生,因此,对应每张票据的电子支付密码都是唯一的,因此银行可以有效防止出票人对其支付行为的抵赖。

三、点钞机的使用

点钞机点钞的操作步骤与手工点钞相同,也要完成拆把、清点、封把及盖章等几道工序。下面以日常工作中常用的自动点钞机(见图2-16)为例进行讲解。

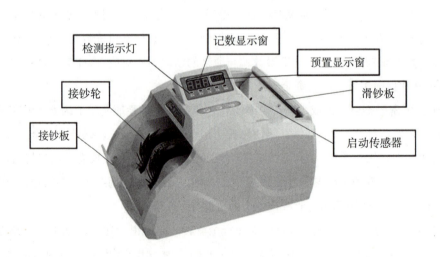

图 2-16 自动点钞机

1. 点钞的准备

点钞机一般放在操作人员的正前方,在使用前应对点钞机进行调试,使点钞机运行时能做到转速均匀,点数准确,下钞流畅,落钞整齐。

点钞时,要清点的钞票及操作用的有关用具应根据平时的操作习惯摆放就位。未清点的钞票放在点钞机右侧,经复点后的钞票放在点钞机的左侧。各种不同券种的钞票应按一定方向排列,扎把的封条应放在点钞机的前方。

2. 开启电源开关

接通电源后将电源开关置于"ON"位置,此时机器进入自检功能,显示窗口均显示一行笔画。如有异常,则显示相应的错误信息。

3. 进行功能操作设置

每按动功能键一次,机器将会替换智能(检伪)、记数、累加三种点钞方式:

(1)智能状态:全面检测票面,包括荧光、磁性、光谱、夹张、连张、裂缝等;如为检伪状态,则检测荧光、磁性、光谱等。

(2)记数状态:检测夹张、连张、裂缝等。

(3)累加状态:不检测,只做累加清点。一般点钞机的最大点钞范围为9 999张。

4. 点钞方式

(1)将钞票放于滑钞板上,按键使预置显示窗无任何显示,机器即选择了全数清点方式,机器会自动启动、运行,直至滑钞板上钞票走完,清点数目显示在记数显示窗上。

(2)如果要继续清点,取走接钞板上的钞票并把下一叠钞票放置在滑钞板上,记数显示窗即会恢复到"0",机器重新启动点钞。

(3)如果不取走接钞板上的钞票,而在滑钞板上加点钞票,机器会自行启动且将新点的张数累加在原记数值之上。

任务实施

任务实施如表2-4所示。

表2-4 任务实施

序号	操作步骤	角色	注意事项
1	保险柜的使用	出纳	
2	电子支付密码器的使用	出纳	
3	点钞机的使用	出纳	

柯兰通过本次的事件,知道了如何处理保险柜被盗,她也越发感觉到出纳工作责任的重大,需要小心保管公司的财物。老板也安排她出差培训,进一步提高自己对出纳机具的使用水平。培训回来以后,她对保险柜、电子支付密码器以及点钞机的使用更加得心应手,公司再也没有发生此类事件。

任务五　出纳财物的保管

任务目标

工作任务		出纳财物的保管
学习目标	知识目标	1. 熟悉现金及有价证券的保管； 2. 掌握票据的保管； 3. 掌握印章的保管
	技能目标	明确出纳的具体岗位职责和工作权限
	思政目标	通过学习岗位工作手册树立正确的价值观

任务导入

出纳是按照有关规定和制度办理本单位的现金收付、银行结算及有关账务，保管库存现金、有价证券、财务印章及有关票据等工作的总称。周丹刚刚来到北京春秋商贸有限公司工作，担任出纳，会计主管李雨春让她小心地收好公司的财物，她不明白，有什么是需要她收好的呢？主管是不是有些小题大做了？

任务准备

一、现金及有价证券的保管

1. 现金的保管

现金的保管，主要是指对每日收取的现金和库存现金的保管。现金是流动性最强的资产，可直接使用，因而也是犯罪分子谋取的最直接目标。因此，各单位应建立健全现金保管制度，防止由于制度不严、工作疏忽而给犯罪分子以可乘之机，给国家和单位造成损失。其保管主要注意以下几个方面：

出纳财物的保管

（1）要有专人保管库存现金。现金保管的责任人是出纳人员及其附属单位的兼职出纳人员。

（2）送取现金要有安全措施。向银行送存现金或提取现金时，一般应有两人以上，数额较大的，途中最好用专箱装好专车运送，必要时可进行武装押送。

（3）库存现金包括纸币和铸币，应实行分类保管。各单位的出纳人员对库存票币应分别按照纸币的票面金额和铸币的币面金额以及整数（即大数）和零数（即小数）分类保管。

(4)库存现金存放的安全措施。现金的保管要有相应的保安措施,保安重点是出纳办公室和保险柜。

2. 有价证券的保管

有价证券是一种具有储蓄性质的、可以最终兑换成人民币的票据,种类较多。目前我国发行的有价证券有国库券、国家重点建设债券、地方债券、金融债券、企业债券和股票等。有价证券的保管同现金的保管基本一样。同时,要对各种有价证券面额和号码保守秘密。为了掌握各种证券到期时间,应建立"有价证券保管登记簿"。

二、票据的保管

1. 空白支票的保管

为了使开户单位随时可以办理款项的支付及债权债务的结算,在银行存款的额度内,开户单位均可向银行领购支票,每个开户单位一般都保留一定数量的空白支票以备使用。

支票是一种支付凭证,一旦填写了有关内容,并加盖预留在银行的印鉴后,即可成为直接从银行提取现金(现金支票)和与其他单位进行结算的凭据。所以,对空白支票必须采取措施,妥善保管,以免发生非法使用或盗用、遗失的情况,给国家和单位造成不必要的经济损失。为此,出纳人员在保管空白支票时应注意以下几点:

(1)贯彻票、印分管原则,即空白支票和印章不得由一人保管。

通常,空白支票由出纳人员向银行购买,并按顺序填入支票备查簿,然后将备查簿交会计人员保管,签发支票所需的财务章由主管会计保管,法人名章可由出纳保管。这样便于明确责任,相互制约,防止舞弊行为。

(2)支票一般由指定的出纳人员负责签发。

有关部门和人员领用支票时,应填制"支票领用单",注明领用支票的用途、日期、金额,由经办人签名,并经有关领导批准同意;出纳人员根据经领导批准的"支票领用单"按规定要求签发支票,并登记"空白支票签发登记簿"。支票领用人应在支票领用之日起10日内到财务部办理报销手续,其程序与现金支出报销程序一样。支票领用人应妥善保管已签发的支票,如有丢失应立即通知财务部门并对造成的后果承担责任。

(3)严格控制携带盖好印章的空白支票外出采购。

对于那些事先不能确定采购金额或采购金额难以确定的,而实际又必须用支票结算时,经单位领导批准后,可签发填明收款人名称、签发日期、用途和款项限额的支票交采购人员。

2. 空白收据的保管

空白收据即未填制的收据,一经填制,并加盖有关印鉴,即可成为办理转账结算和现金支付的一种书面证明。它直接关系到资金结算的准确、及时和安全,因此,必须按规定加以保管和使用。

空白收据一般应由主管会计人员保管。要建立"空白收据登记簿",填写领用日期、单位、起始号码,并由领用人签字,收据用完后要及时归还、核销。使用单位不得将收据带出工作单位使用,不得转借、赠送或买卖,不得弄虚作假,开具实物与票面不相符的收据,更不能开具存根联与其他联不符的收据。作废的收据要加盖"作废"章,各联要连同存根一起保管,不要撕毁、丢失。

三、印章的保管

印章一般应由会计主管人员或指定专人保管,支票和印鉴必须由两人分别保管。负责保管的人员不得将印章随意存放或带出工作单位,各种印章应与现金的保管相同,不得随意放入抽屉内保管,不然极易给违法人员以可乘之机,给国家和单位造成经济损失。

只要是注册了的企业,都少不了公司公章、财务章、合同章、发票章、法人章这5个印章,那它们各自在什么情况下使用,又由谁来保管呢?

1. 公章

使用范围:所有以公司名义发出的信函、公文、合同、介绍信、工作证明或公司开户时公司资料、办税人实名认证、纳税人资格登记均可使用。

保管者:老板、总经理、董事长、企业主要负责人。

2. 财务章

使用范围:与银行打交道的时候会用到,如汇款单、各种支票、各种凭证,还有财务方面的资金结算要用到。

保管者:大多由企业的财务人员管理,可以是财务主管、会计、出纳等。

3. 合同章

使用范围:企业对外签订合同时使用。直接用合同章盖合同,避免了公章私用的风险,也减少了一直使用公章而产生的公章丢失现象。

保管者分两种情况:

(1)各部门健全的企业,由法务人员、合作律师或行政部门等保管;

(2)小微企业,因部门人员不健全,所以由企业负责人或者是主管会计保管。

4. 发票专用章

使用范围:企业在给购买方开具发票时使用,开票方需要在发票联和抵扣联上加盖"发票专用章"。印章印模里含有其公司单位名称、"发票专用章"字样、企业税务登记号。

保管者:会计、出纳或开具发票的财务人员。

5. 法人章

使用范围:法人章主要用于公司有关决议,是注册公司、企业在银行开通基本户、支票背书时的用印。

保管者:一般是法人代表自己保管,或者是公司财务部门出纳人员管理。

任务实施

任务实施如表2-5所示。

表2-5 任务实施

序号	操作步骤	角色	注意事项
1	现金及有价证券的保管	出纳	
2	票据的保管	出纳	
3	印章的保管	出纳	

项目二
出纳岗位的基本技能

周丹通过学习工作手册,知道了出纳财物的保管工作是非常重要的。她向同行出纳请教了财务印章的保管情况,知道本单位的财务专用章是会计主管李雨春保管的,法定代表人的印章是在另一位出纳手里保管的。支票、印章、现金必须放在保险柜里,空白票据需要小心保管,贯彻票、印分管的原则。

☆ 项目内容结构

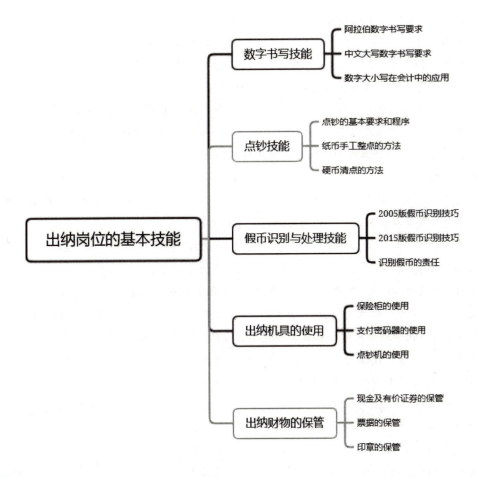

课后习题

一、单选题

1. 在原始凭证上金额¥3 618.63 的大写应书写为( )。

A. 人民币叁仟陆佰拾捌元陆角叁分
B. 人民币叁仟陆佰壹拾捌元陆角叁分整
C. 人民币叁仟陆佰壹拾捌点陆角叁分
D. 人民币叁仟陆佰壹拾捌元陆角叁分

2. 填写原始凭证时,不符合书写要求的是( )。

A. 阿拉伯数字前面应当写币种符号

B. 汉字大写金额不得写简化字

C. 大写金额有分的,分字后面可以写"整",也可以不写"整"

D. 书写金额与币种符号间不得留有空白

3. 在填写现金支票时,需按规定在小写金额前面加符号"¥",其作用是( )。

A. 表明货币种类并防止作弊 B. 为了美观

C. 银行与企业约定的符号 D. 无实际意义

4. 在填写现金支票出票日期时,"10月30日"应填写成( )。

A. 拾月叁拾日 B. 零壹拾月零叁拾日

C. 壹拾月叁拾日 D. 零拾月零叁拾日

5. ¥15 409.02写成中文人民币大写为( )。

A. 壹万伍仟肆佰零玖元贰分 B. 壹万伍仟肆佰零玖元零角贰分

C. 壹万伍仟肆佰零玖元零贰分 D. 壹万伍仟肆佰零玖元零贰分整

6. 下列各项中,属于开具发票时使用文字不正确的是( )。

A. 使用中文 B. 外资企业可以使用外文

C. 外资企业同时使用中文和外文 D. 民族自治地方同时使用中文和民族文字

7. 第五套人民币各面额纸币上的隐形面额数字在票面的( )。

A. 正面右上方 B. 正面右下方

C. 正面左下方 D. 背面左上方

8. 第五套人民币100元、50元、10元纸币上的"阴阳互补对印图案"是( )。

A. 花卉 B. 文字 C. 古钱币 D. 人物头像

9. 大部分假人民币所使用的纸张在紫外光下有较强( )反应。

A. 透光 B. 反光 C. 吸光 D. 荧光

10. 目前市场上伪造的人民币主要是( )假人民币。

A. 计算机制作 B. 手工制作 C. 机制 D. 彩色复印

11. 假币一般分为( )两大类。

A. 机制币和手绘币 B. 伪造币和机制币

C. 复印币和机制币 D. 伪造币和变造币

二、多选题

1. 在签发支票时,2 100.67的大写金额正确的有( )。

A. 贰仟壹佰元陆角柒分 B. 贰仟壹佰元零陆角柒分正

C. 贰仟壹佰零零元陆角柒分 D. 贰仟壹佰元零陆角柒分

2. 验钞可通过验钞机进行,同时也可通过以下( )方面进行识别。

A. 纸张识别 B. 凹印技术识别 C. 荧光识别 D. 水印识别

3. 点钞必须做到( )。

A. 点准 B. 墩齐 C. 挑净 D. 捆紧

三、判断题

1. 出纳人员应配备专用保险柜,保险柜钥匙由其他人员保管,但保险柜密码不得交由其他人员代管。(　　)

2. 填写原始凭证时,小写金额¥30 068.45,大写应写为:人民币叁万零陆拾捌元肆角伍分整。(　　)

3. 要贯彻票、印分管的原则,空白支票和印章不得由一人负责保管。(　　)

4. 存有空白支票的企业,必须明确指定专人妥善保管。(　　)

5. 出纳人员在办理现金的收付与整点时,要做到准、快、好。"好"就是钞券清点不错不乱,准确无误。(　　)

6. 每日终了后,出纳员应将其使用的空白支票、银钱收据、印章、私人财物等放入保险柜内。(　　)

7. 假币绝不允许继续流通,如有意继续使用,则属于违法行为,严重的将追究刑事责任。(　　)

8. 单位可以利用银行存款账户代其他单位、个人存入或支取现金。(　　)

9. 大部分假人民币所使用的纸张在紫外线下有较强的荧光反应。(　　)

10. 机器检验人民币一般是查验钞票的荧光反应。(　　)

11. 2005年版第五套人民币保留了红蓝纤维的防伪特征。(　　)

12. 凹印手感线是一项眼观的防伪特征。(　　)

项目三

出纳岗位的会计技能

☆ **项目导读**

出纳在按照企业会计准则、《现金管理暂行条例》、《票据法》、《支付结算办法》等相关法律法规办理现金收付、银行结算业务过程中要接触大量凭证,这些凭证是出纳进行收付款工作的依据。对于出纳而言,能够准确填制原始凭证、审核原始凭证、审核记账凭证是出纳管理企业货币资金的首要任务;出纳的另一项工作是登记现金日记账、银行存款日记账,编制出纳报告表,它是出纳参与企业管理、为相关职能部门提供决策依据的另一项重要任务。本项目主要介绍与出纳工作有关的原始凭证的填制与审核、记账凭证的填制与审核、日记账的登记、出纳报告表的编制等出纳岗位的会计技能。

☆ **知识目标**

1. 熟悉原始凭证的填制;
2. 掌握原始凭证的审核要求;
3. 熟悉记账凭证的填制;
4. 掌握记账凭证的审核要求;
5. 掌握日记账的编制方法;
6. 掌握出纳报告表的编制方法。

☆ **技能目标**

1. 会填制收款收据、银行票据及结算凭证;
2. 会审核发票、银行票据等原始凭证;
3. 会审核记账凭证;
4. 会登记现金日记账和银行存款日记账;
5. 会编制出纳报告表。

项目三　出纳岗位的会计技能

☆ **思政目标**

1. 培养沉着冷静、一丝不苟、严谨细致的工作作风；
2. 建立遵守国家法律法规的意识；
3. 建立出纳工作的操作流程标准化意识。

任务一　原始凭证的填制与审核

任务目标

工作任务		原始凭证的填制与审核
学习目标	知识目标	1. 了解原始凭证的概念及分类； 2. 熟悉原始凭证的填制要素； 3. 掌握原始凭证的填制方法； 4. 掌握原始凭证审核的要求
	技能目标	1. 会填制收款收据、发票等原始凭证； 2. 会审核出库单、销售单等原始凭证
	思政目标	1. 培养沉着冷静、严谨细致、一丝不苟的工作作风； 2. 能够与企业内外部人员进行友好沟通与交流

任务导入

2021 年 8 月 5 日，淮阴华天商贸股份有限公司举行促销活动，销售员王芳销售一台电风扇，开具了销售单，顾客将销售单传递给出纳王晓雯，王晓雯需根据销售单的内容开具收款收据。如果你是王晓雯，应该如何办理呢？

任务准备

一、原始凭证的概念及分类

1. 原始凭证的概念

原始凭证是指在经济业务发生或完成时取得或填制的，用以记录、证明经济业务已经发生或完成的原始证据，是进行会计核算的原始资料。

2. 原始凭证的分类

（1）原始凭证按照其来源可分为外来原始凭证和自制原始凭证。

①外来原始凭证：是指与外部单位发生经济往来关系时从外部单位取得的原始凭证，比如发票、飞机票、汽车票以及其他付款时取得的票据（见图 3-1）。

原始凭证简介

图 3-1　汽车票

②自制原始凭证:是指由本单位内部经办人员,在办理经济业务时所填制的凭证。如商品出库时,由仓库保管人员填制的出库单,由业务部门开出的提货单,出纳开具的收款收据等(见图3-2)。

图 3-2　出库单

(2)原始凭证按其内容可分为一次原始凭证、累计原始凭证、汇总原始凭证。

①一次原始凭证:是指原始凭证的填制手续是一次完成的,已填列的凭证不能再重复使用,这类原始凭证称为一次原始凭证,比如借款单、费用报销单、出库单、飞机票、发票等(见图3-3)。

图 3-3　费用报销单

②累计原始凭证：在一些特定单位，为了连续反映某一时期内不断重复发生而分次进行的特定业务，需要在一张凭证中连续、累计填列该项特定业务的具体情况，这种凭证称为累计原始凭证，如限额领料单。限额领料单中标明了某种材料在规定期限内的领用额度、用料单位，每次领料及退料，经办人员都要在限额领料单上逐笔记录、签章，并结出限额结余（见图3-4）。

上海持天纺织股份有限公司
限额领料单

领料部门：生产部
用途：产品生产　　　　2021 年 11 月　　　　编号：10740675

材料类别	材料名称	规格	计量单位	单价	领用限额	全月实领	
						数量	金额
000301	水刺无纺布	3号黑色	米	24.00	500米	380	9,120.00

日期	请领			实发		限额结余
	数量	领料单位负责人签章	领料人签章	数量	发料人签章	
2021-11-03	30	张文涛	吴华	30	赵倩	470
2021-11-05	50	张文涛	吴华	50	赵倩	420
2021-11-08	60	张文涛	吴华	60	赵倩	360
2021-11-11	90	张文涛	吴华	90	赵倩	270
2021-11-15	80	张文涛	吴华	80	赵倩	190
2021-11-18	70	张文涛	吴华	70	赵倩	120
合计	380			380		

生产计划部门负责人：王刚　　供应部门负责人：张芳　　仓库管理员：赵倩

图3-4　限额领料单

③汇总原始凭证：是指一定时期内，反映相同经济业务的多张原始凭证汇总编制而成的自制原始凭证，以集中反映某项经济业务总括发生情况。汇总原始凭证既可以简化会计核算工作又便于进行经济业务的分析比较，例如工资汇总表、现金收入汇总表、发料凭证汇总表等（见图3-5）。

图3-5　产品出库汇总表

二、原始凭证的填制要素及要求

原始凭证的基本要素及填制要求如表 3-1 所示。

表 3-1 原始凭证的基本要素及填制要求

基本要素	填制要求
凭证名称	标明原始凭证所记录业务内容的种类，反映原始凭证的用途。如借据、收据、增值税专用发票等
填制日期	经济业务发生日期或完成日期。业务发生或完成时，因各种原因未能及时填制原始凭证的，应以实际填制日期为准；销售产品时未能及时开出发票的，补开发票的日期应为实际填制时的日期
接收单位信息	填写接收凭证单位全称、账号、开户行等信息，便于信息比对、与填制单位或填制人联系，能够表明经济业务的来龙去脉
经济业务内容	表明经济业务的项目、名称，记录要真实、完整
数量、单价、金额	主要表明经济业务的计量，是原始凭证的核心，书写要清楚、规范。原始凭证有错误，应当由出具单位重开或更正，更正处应加盖出具单位印章；原始凭证金额有错误，应当由出具单位重开，不得在原始凭证上更正
填制单位信息	填写填制凭证单位全称、账号、开户行等信息，便于信息比对、与接收单位联系，能够表明经济业务的来龙去脉
经办人签章	经办人或责任人的签名或盖章是为了通过该项内容明确经济责任
填制单位签章	对外开出的原始凭证必须加盖单位公章或合同专用章；从外部取得的原始凭证，必须盖有填制单位的公章或合同专用章；从个人取得的原始凭证，必须有填制人员的签名盖章

三、原始凭证的审核

《会计法》第十四条规定，会计机构、会计人员必须按照国家统一会计制度的规定，对原始凭证进行审核。原始凭证审核的具体内容包括：

1. 真实性审核

真实性审核即审查原始凭证所反映的经济业务有无掩盖、伪造、歪曲、颠倒的情形。对于自制的原始凭证，如工资结算单，主要审查工资结算单中姓名、出勤天数和加班天数是否真实。对于外来的原始凭证，如发票真实性的审查应当包括：①经济业务的双方当事单位和当事人是否真实；②经济业务发生的时间、地点和填制原始凭证的日期是否真实；③经济业务的内容是否真实；④经济业务的实物量、价值量是否真实。

原始凭证的审核

2. 合法性审核

原始凭证合法性的审核，包括内容的合法性审核和形式的合法性审核两个方面。内容的合法性审核主要审查原始凭证所反映的经济业务内容是否符合国家的方针政策、法律法规及财政财务会计制度的规定；形式的合法性审核主要审查原始凭证的形式是否符合《中华人民共和国发票管理办法》的规定。根据规定，除某些专业票据，如车船票以外，其他一切发票和收款收据都必须印有税务机关的全国统一发票监制章。

3. 正确性审核

原始凭证正确性审核主要审核原始凭证的填制方法和数字的计算是否正确，例如，原始凭证中的数量乘以单价是否等于金额，分项金额之和是否等于合计金额，差旅费报销时有关补贴的计算是否正确，工资结算单中的工资计算是否正确等。

4. 完整性审核

原始凭证完整性审核主要包括：

(1) 原始凭证的内容是否完整、手续是否完备，如凭证名称、凭证日期、填制和接收凭证的单位和个人、经济业务的内容及有关人员的审批和签章等是否齐备。

(2) 从外单位取得的原始凭证，必须有填制单位的财务章；从个人取得的原始凭证，必须有填制人员的签名或盖章；自制原始凭证必须有经办单位负责人或其指定人员的签名或盖章；对外开出的原始凭证必须加盖本单位财务章。

(3) 凡填有大写或小写金额的原始凭证，大写与小写金额必须相符；购买实物的原始凭证必须有数量、单价和金额，金额的计算应当正确，并且有验收证明；支付款项的原始凭证必须有收款单位和收款人的收款证明。

(4) 一式几联的原始凭证，应当注明各联次用途，只能以其中的一联作为报销凭证。

(5) 发生销货退回时，除填制退货发票外，退款时必须取得对方的收款收据或汇款银行的结算凭证，不得以退货发票代替收据。

(6) 职工因公出差的借款收据必须附在记账凭证上，收回借款时，应另开收据或退还借据副本，不得退还原借款收据。

(7) 经过上级批准的经济业务，应将批准文件作为原始凭证附件，如果批准文件需要单独归档，应在原始凭证上注明批准机关名称、日期和文件字号。

5. 及时性审核

原始凭证的填制和取得应当与所发生的经济业务的时间基本保持一致。审查时，重点审查各种原始凭证是否及时填写，是否按规定程序及时交会计机构、会计人员进行审核。审查原始凭证的及时性，可以及时发现经济业务发生的差错，防止和纠正财经违法违规事件的发生，对于维护国家财经纪律，保护投资人、债权人的合法权益具有重要意义。

四、原始凭证的处理

对于经审核的原始凭证，应根据下列不同情况分别处理：

(1) 对于完全符合要求的原始凭证，应及时据以编制记账凭证入账；

(2) 对于真实、合法、合理但内容不够完整、填写有错误的原始凭证，应退回给有关经办人员，由其负责将有关凭证补充完整、更正错误或重开后再办理正式的会计手续；

(3) 对于不真实、不合法的原始凭证，会计机构和会计人员有权不予接收，并向单位负责人报告。

任务实施

一、典型任务1

2021年8月5日,淮阴华天商贸股份有限公司举行促销活动,销售员王芳销售一台电风扇,开具了销售单、出库单(见图3-6和图3-7),并将销售单、出库单传递给出纳王晓雯,王晓雯需根据销售单的内容开具收款收据并收款。

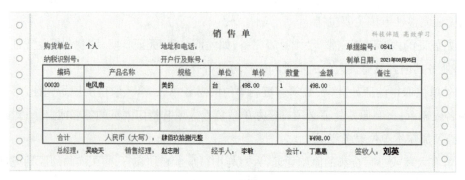

图3-6 销售单

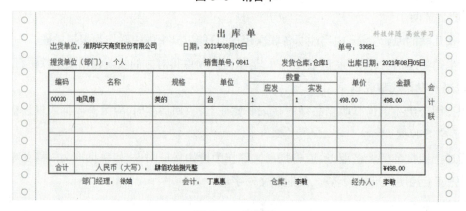

图3-7 出库单

1. 收款收据简介

出纳人员收到现金收入时,应当依据经济业务的内容开具现金收款票据(业务收入有专职收款人员的除外)。收据分为三个联次:第一联,存根联,留存备查;第二联,收据联,交给付款单位或付款人;第三联,记账联,作为登记现金日记账的原始凭证(见图3-8至图3-10)。

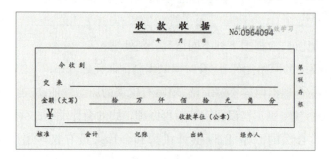

图3-8 收款收据存根联

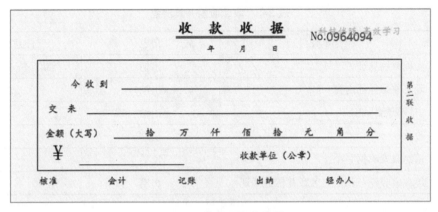

图 3-9 收款收据收据联

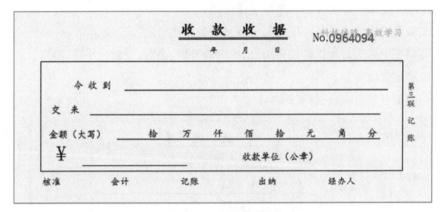

图 3-10 收款收据记账联

2. 收款收据填写要点

收款收据填写要点如表 3-2 所示。

表 3-2 收款收据填写要点

序号	操作步骤	角色	注意事项
1	拿取收款收据	出纳	按收款收据顺序填制
2	填写日期	出纳	填制当天日期
3	填写交款人	出纳	
4	填写交款事由	出纳	按真实事由填写
5	填写金额大写	出纳	不能有错
6	填写金额小写	出纳	与大写相符,不能有错
7	签财务专用章及出纳、经办人名章	出纳、经办人	

3. 收款收据开具流程

收款收据开具流程如表 3-3 所示。

表 3-3　收款收据开具流程

序号	操作步骤	角色	注意事项
1	受理原始凭证	出纳	判断经济业务事项
2	确定原始凭证内容	出纳	
3	审核原始凭证	出纳	
4	收款	出纳	
5	填制收款收据	出纳	
6	签现金收讫章和个人名章并传递凭证	出纳	

4. 具体操作步骤

(1)出纳王晓雯受理王芳提交的销售单和出库单；

(2)出纳王晓雯确定经济业务事项并与电脑系统数据比对；

(3)出纳王晓雯审核王芳提供的销售单、出库单的日期、品名、金额大小写、签章；

(4)出纳王晓雯收取现金；

(5)出纳王晓雯开具收款收据(见图 3-11)；

图 3-11　开具收款收据

(6)出纳王晓雯在收款收据上签章(财务专用章、现金收讫章、个人名章)，并将相关票据传递给制证会计(见图 3-12 至图 3-14)。

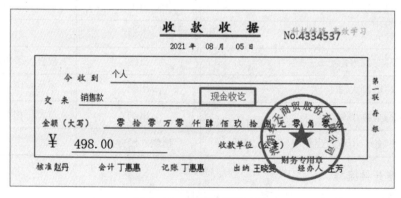

图 3-12　收款收据第一联

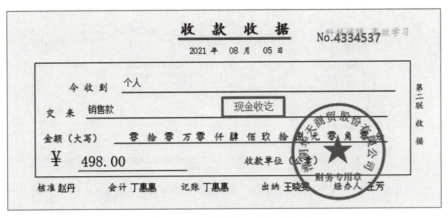

图 3-13 收款收据第二联

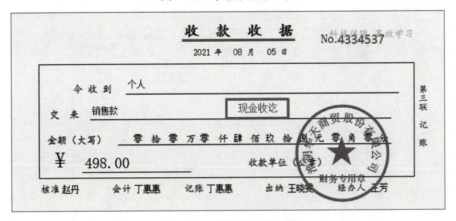

图 3-14 收款收据第三联

二、典型任务2（接上例）

2021年8月5日，淮阴华天商贸股份有限公司举行促销活动，销售员王芳销售一台电风扇，将销售单、出库单、收款收据传递给李慧开具发票，出纳王晓雯审核传递过来的发票等原始凭证。

1. 发票简介

发票是指在购销商品、提供或者接受服务以及从事其他经营活动中开具、收取的收付款的书面证明。它是确定经营收支行为发生的法定凭证，是会计核算的原始依据，也是税务稽查的重要依据。

由于各单位从事经济业务的性质不同，在具体办理现金收入业务时，采用的原始凭证也有所不同。在单位的日常往来业务中，出纳最常接触的发票包括两种：增值税专用发票和增值税普通发票。

（1）增值税专用发票。

增值税专用发票是由国家税务总局监制设计印制的，只限于增值税一般纳税人领购使用，既作为纳税人反映经济活动的重要会计凭证，又是兼记销售方纳税义务和购货方进项税额的合法证明，是增值税计算和管理中重要的、决定性的、合法的专用发票。增值税专用发票可以认证进项税额抵扣。基本联次为三联：第一联为记账联，销售方用作记账凭证；第二联为抵扣联，是购买方扣税凭证；第三联为发票联，是购买方记账凭证（见图 3-15 至图 3-17）。

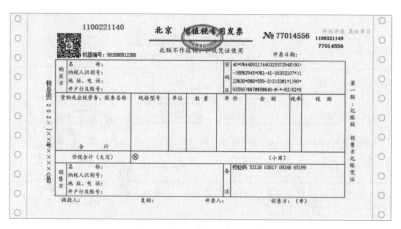

图 3-15　增值税专用发票记账联

图 3-16　增值税专用发票抵扣联

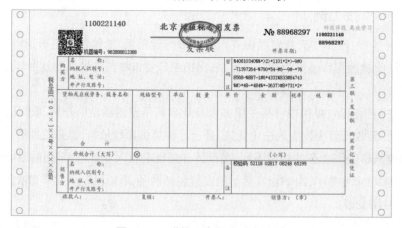

图 3-17　增值税专用发票发票联

(2)增值税普通发票。

增值税普通发票是不可以认证进项税额抵扣的,在开具时,普通发票的购买方栏也可以只填写购买方的公司名称和纳税人识别号。增值税普通发票基本联次为两联:第一联为记账联,销售方用作记账凭证;第二联为发票联,购买方用作记账凭证(见图 3-18 和图 3-19)。

项目三 出纳岗位的会计技能

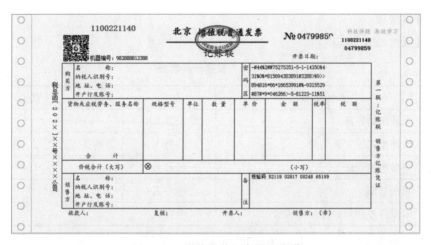

图 3-18 增值税普通发票记账联

图 3-19 增值税普通发票发票联

2. 发票的填写要点

发票的填写要点如表 3-4 所示。

表 3-4 发票的填写要点

序号	操作步骤	角色	注意事项
1	拿取发票	经办人	选择正确的发票类型
2	填写开票日期	经办人	填制当天日期
3	填写购买方详细信息	经办人	
4	填写商品、服务详细信息	经办人	按真实事由填写
5	填写规格、单位、数量、单价、税率	经办人	不能有错,金额自动生成
6	填写销售方详细信息	经办人	
7	签发票专用章及收款人、经办人名章	经办人	

3. 发票开具流程

发票开具流程如表 3-5 所示。

表 3-5 发票开具流程

序号	操作步骤	角色	注意事项
1	受理原始凭证	经办人	
2	选择正确的发票类型	经办人	购买方为个人，选择普通发票
3	审核原始凭证	经办人	
4	填制发票	经办人	
5	签发票专用章和经办人名章	经办人	

本例开具的增值税发票如图 3-20 和图 3-21 所示。

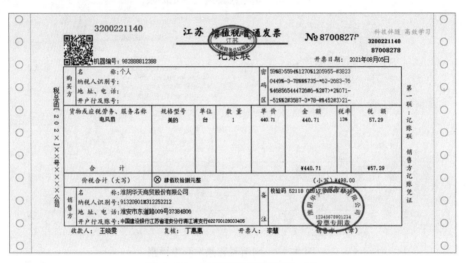

图 3-20 增值税普通发票第一联

图 3-21 增值税普通发票第二联

4. 审核发票具体步骤

（1）出纳王晓雯审核发票开具日期，比对销售单和出库单，判断发票日期是否为经济业务实际发生日期，无误；

（2）出纳王晓雯审核购买方的名称、纳税人识别号、地址、电话、开户行及账号，本例为个人购买，无须填详细信息，填写"个人"即可；

（3）出纳王晓雯审核货物名称、规格型号、单位、数量、单价，并与销售单、出库单等原始凭证进行比对，无误；

（4）出纳王晓雯审核不含税金额，并与企业商品价目表核对，无误；

（5）出纳王晓雯审核税率、税额，审核税率是否适用，税额计算是否准确，无误；

（6）出纳王晓雯审核合计金额，计算、加总合计金额，同时看合计金额前是否加货币符号"￥"，无误；

（7）出纳王晓雯审核大写价税合计金额与小写合计金额是否一致，无误；

（8）出纳王晓雯审核销售方的名称、纳税人识别号、地址、电话、开户行及账号，无误；

（9）出纳王晓雯审核备注的内容是否需要填写，无误；

（10）出纳王晓雯审核收款人签章，是否盖发票专用章，无误；

（11）出纳王晓雯审核开票人、复核人是否签章，无误。

出纳王晓雯发票审核完毕，继续办理后续业务！（略）

任务二　记账凭证的填制与审核

> **任务目标**

工作任务		记账凭证的填制与审核
学习目标	知识目标	1. 了解记账凭证的概念及分类； 2. 熟悉记账凭证的填制要素； 3. 掌握记账凭证的填制方法； 4. 掌握记账凭证审核的要求
	技能目标	1. 会填制收款凭证、付款凭证； 2. 会审核收款凭证、付款凭证
	思政目标	1. 培养严谨细致、一丝不苟的工作作风； 2. 能够与企业内外部人员进行友好沟通与交流

任务导入

2021年6月10日,淮阴华天商贸股份有限公司王晓雯接到制证会计流转过来的付款凭证,事由是赵志刚帮助办公室购买办公用品签字笔250元。如果你是王晓雯,你知道应该如何审核记账凭证吗?

任务准备

一、记账凭证的概念

记账凭证是会计人员根据审核无误的原始凭证或汇总原始凭证,按照经济业务的内容加以归类,用来确定会计分录而填制的直接作为登记账簿依据的会计凭证。

记账凭证简介

编制记账凭证的原因主要是原始凭证的种类繁多,内容、格式也都各有不同,为了更直接、简明地反映企业进行的各项经济业务,需将原始凭证按照其反映的经济业务内容进行归类和整理,编制记账凭证,以便进一步明确经济责任,加强企业管理。

二、记账凭证的种类

记账凭证按其用途分类,可以分为通用记账凭证和专用记账凭证。

1. 通用记账凭证

通用记账凭证是指用来反映所有经济业务的记账凭证,如图3-22所示。

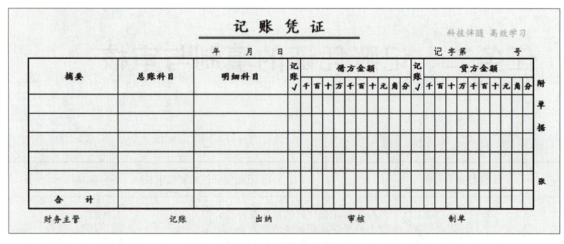

图3-22 通用记账凭证

2. 专用记账凭证

按照记录经济内容的不同,专用记账凭证又可分为收款凭证、付款凭证和转账凭证。

(1)收款凭证:是指用于记录现金和银行存款收款业务的会计凭证,如图3-23所示。

(2)付款凭证:是指用于记录现金和银行存款付款业务的会计凭证,如图3-24所示。

(3)转账凭证:是指用于记录不涉及现金和银行存款业务的会计凭证,如图3-25所示。

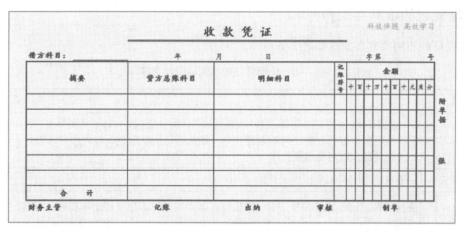

图 3-23　收款凭证

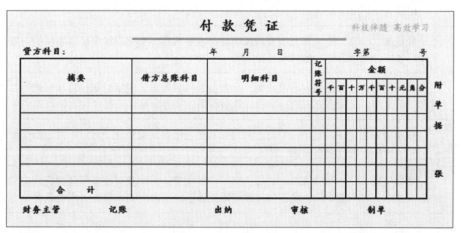

图 3-24　付款凭证

图 3-25　转账凭证

三、记账凭证的填制要素和要求

记账凭证的填制要素和要求如表 3-6 所示。

表 3-6　记账凭证的填制要素和要求

填制要素	要求
凭证名称	正确判断应使用的记账凭证,如"收款凭证""付款凭证""转账凭证"或"通用凭证"等,对于涉及现金和银行存款之间的划转业务,如从银行提取现金或以现金存入银行,一般只需填制付款凭证,以避免重复记账
凭证日期	一般应为编制记账凭证当天日期
凭证编号	应按月编制记账凭证编号,编号要连续。如果本单位采用专用记账凭证,可将记账凭证分为"现收字第 × 号""现付字第 × 号""银收字第 × 号""银付字第 × 号""转字第 × 号"五种进行流水顺序编号,但出纳人员所涉及的凭证不包括转账凭证;如果本单位采用通用记账凭证,可按经济业务发生的顺序编号,注明"记字第 × 号"
摘要	凭证的"摘要"栏应简明扼要地说明经济业务内容,要突出说明经济事项的内容、对方单位的名称、货物名称、数量和经办人等
分录内容	按照借贷记账法的编制原则填制,分为会计科目名称(包括总账科目和明细科目)、金额和借贷方向,先写借方,后写贷方,最后写借、贷方合计,并在合计金额前加"￥"符号
附件张数	按所附原始凭证的数量来填写,除结账和更正错误的记账凭证可以不附原始凭证外,其他记账凭证必须附有原始凭证
签章	填制凭证人员、稽核人员、记账人员、会计主管人员均要对记账凭证进行相应的审核并签名或盖章,以明确责任。收款和付款记账凭证还应当由出纳人员签名或者盖章
记账符号	在记账凭证记账后,在凭证的"记账符号"栏内打"√",表明该凭证已登记入账,以防止重复登记
电算化记账	实行会计电算化的单位,记账凭证的填制应该符合手工记账凭证的一切要求,打印出来的记账凭证要加盖相关人员的签章

四、记账凭证的审核要求

记账凭证是登记账簿、编制科目汇总表的直接依据,出纳人员应对记账凭证进行认真的审核。由于记账凭证是根据审核后的有效原始凭证编制的,因而记账凭证的审核应在对原始凭证进行复审的基础上注意账务处理的正确性。审核的主要内容有:

记账凭证的
填制与审核

(1)记账凭证各项目填制是否齐全、字迹是否清楚规范、手续是否齐备、有关人员是否皆已签字盖章等。

(2)记账凭证是否附有真实、合法、有效的原始凭证;记账凭证所填列的附件张数与实际所附的原始凭证张数是否相符;记账凭证所反映的经济业务内容和原始凭证所反映的内容是否一致、金额是否相等。

注意：在某些情况下，记账凭证与原始凭证所反映的金额并不一定相等，如有些费用只能按规定标准报销，在原始凭证金额超过报销标准情况下，记账凭证只能按批准的报销金额填列，出纳人员也只能按经批准的报销金额办理款项收付和登记出纳账簿。如出现原始单证的金额与报销金额不一致时，必须在原始单据上由经办人注明"实际报销××元"字样，以明确经济责任。

(3) 会计分录中会计科目（包括总账科目、明细科目）和记账方向是否正确，对应关系是否合理，借贷方金额是否相等。

在审核过程中，如果发现记账凭证记录不全或有误，应及时查明原因，并按规定的方法予以更正或重新填制，只有经过审核无误的记账凭证才能据以登记账簿。

> **任务实施**

2021年6月10日，淮阴华天商贸股份有限公司赵志刚帮助办公室购买办公用品签字笔250元，制证会计丁惠惠传递相关原始凭证和记账凭证给出纳王晓雯，王晓雯需审核凭证并付款。相关原始凭证和记账凭证如图3-26至图3-28所示。

图3-26 增值税发票

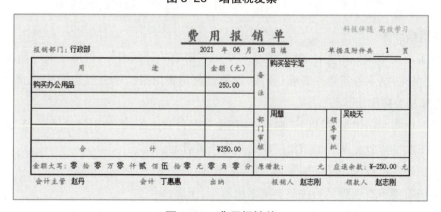

图3-27 费用报销单

图 3-28 付款凭证

1. 记账凭证审核要点

记账凭证审核要点如表 3-7 所示。

表 3-7 记账凭证审核要点

序号	操作步骤	角色	注意事项
1	记账凭证的名称	出纳	正确确定应使用的记账凭证
2	记账凭证的日期	出纳	是否为填制当天日期
3	记账凭证的编号	出纳	是否连续编号
4	经济内容摘要	出纳	是否按真实事由填写
5	会计分录内容	出纳	会计科目名称和内容是否有误
6	附件张数	出纳	附件是否全部附贴在后
7	有关人员的签章	出纳	制单、稽核是否已签章

2. 具体审核步骤

(1) 出纳王晓雯审核原始凭证,比对发票与费用报销单的详细内容,包括发票日期、品名、数量、单价、金额大小写,发票签章是否真实、合法,发票金额与费用报销单金额是否一致,审查费用报销单的审批手续是否完整,无误;

(2) 出纳王晓雯判断记账凭证的正确性,本项业务是付款业务,需填制付款凭证,无误;

(3) 出纳王晓雯审查记账凭证填制日期是否为当天日期,无误;

(4) 出纳王晓雯审查记账凭证编号是否连续,无误;

(5) 出纳王晓雯审查摘要是否按照真实事由填写,无误;

(6) 出纳王晓雯审查会计科目是否适用、正确,金额是否正确,借贷方向是否正确,合计金额是否

加"¥"符号,无误;

(7)出纳王晓雯审查附件张数是否属实,无误;

(8)出纳王晓雯审查制单和稽核是否已签章,无误。

出纳王晓雯记账凭证审核完毕,继续办理后续业务!(略)

任务三　日记账的登记

任务目标

工作任务		日记账的登记
学习目标	知识目标	1. 了解日记账的概念; 2. 掌握日记账的启用与交接方法; 3. 掌握日记账的填制要素; 4. 掌握日记账的登记方法; 5. 掌握日记账的对账和结账方法
	技能目标	1. 会启用新的日记账; 2. 会登记现金日记账; 3. 会登记银行存款日记账; 4. 会进行日记账的对账工作; 5. 会进行月末、年末日记账的结账工作
	思政目标	1. 培养严谨细致、一丝不苟的工作作风; 2. 能够与企业内外部人员进行友好沟通与交流

任务导入

出纳王晓雯忙了一天,终于到了下班时间,她今天有一个重要活动要参加——同学聚会!她来到财务经理赵丹的房间说:"赵经理,今天我所有工作都办理完了,我准备下班了!"赵经理道:"很好,小王,你保险柜里的库存现金跟现金日记账的余额核对过了吗?你那些办理完毕的单据都已经交给其他会计了吗?"王晓雯说:"赵经理,全部核对过了,没有问题,单据都移交给丁会计了!"赵经理欣慰地点点头说:"工作很熟练了嘛,不错,走,我们下班回家!"

日记账简介

任务准备

一、日记账的概念

日记账是出纳人员用以记录和反映货币资金增减变动和结存情况的账簿,包括库存现金日记账和银行存款日记账。

(1)库存现金日记账。库存现金日记账是按照现金收、付业务发生或完成时间的先后顺序,逐笔登记,用来反映现金的增减变动与结存情况的账簿。

(2)银行存款日记账。银行存款日记账是记录和反映本单位在经济业务中由于使用银行转账结算而使银行存款发生增减变动及其结存情况的账簿。

二、日记账的启用与交接方法

启用现金日记账和银行存款日记账时,需按照《会计基础工作规范》中的要求采用订本式账簿登记日记账,具体要求有:

(1)启用库存现金日记账和银行存款日记账时,应当从第一页到最后一页顺序编定页数,不得跳页、缺号。

(2)填写日记账扉页,即填写账簿启用及交接表,纸质日记账簿需在此页贴上印花税票。现在很多实施网上申报的企业多数在网上直接申报印花税,也可能没有直接在账簿上贴印花税票。主要填写的项目有:机构名称、账簿名称、账簿编号、账簿页数、启用日期和经手人签章、单位财务专用章。

(3)出纳因工作变动需调换时,新老出纳人员也需要在日记账上办理交接手续,交接时在出纳日记账扉页上注明交接日期、接办人员或监交人员姓名,并由交接双方人员签名或盖章。

账簿启用表如图3-29所示。

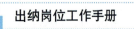

图3-29 账簿启用表

三、日记账的填制要素和登记方法

1.库存现金日记账的填制要素

库存现金日记账一般采用三栏式,即在同一张账页上设置"借方""贷方""余额"三栏,反映库存现金的收入、支出和结存情况。此外,还在摘要栏前设置"对方科目"栏,以具体登记对方科目名称,如图3-30所示。

图 3-30 库存现金日记账

2. 库存现金日记账的登记方法

库存现金日记账是由出纳人员根据现金收款凭证、现金付款凭证和银行存款付款凭证(银行提取现金业务),按经济业务发生的时间顺序逐日逐笔进行登记。具体登记方法如下:

库存现金日记账的填制

(1)日期栏:填制记账凭证的日期,应与现金实际收付日期一致。

(2)凭证号栏:登记收付款凭证的种类及号数,如现金收款凭证简称"现收",现金付款凭证简称"现付",银行存款付款凭证简称"银付",同时登记凭证号数,以便于查账和对账。

(3)摘要栏:简要说明经济业务的内容,一般与记账凭证摘要栏内容相同。

(4)对方科目栏:登记库存现金的来源科目或用途科目,如从银行提取现金,对方科目栏应填"银行存款";再如,用现金购买办公用品,对方科目栏应填"管理费用"。

(5)收入栏或借方栏:根据现金收款凭证和银行存款付款凭证登记现金的增加额。

(6)支出栏或贷方栏:根据现金付款凭证登记现金的减少额。

(7)余额栏:每日收付完毕后,计算现金收付的合计数,并根据"上日余额 + 本日收入 – 本日支出 = 本日余额"的公式逐日结出现金余额。

3. 银行存款日记账的填制要素

银行存款日记账一般按企业在银行开立的账户和币种分别设置,每个银行账户设置一本银行存款日记账。其格式一般也为三栏式,即在同一张账页上设置"借方""贷方""余额"三栏,反映银行存款的收入、支出和结存情况。在摘要栏前设置"对方科目"栏,以具体登记对方科目名称。为了反映银行存款收、付所采用的具体结算方式,在银行存款日记账中还专设"结算凭证种类和号码"栏,如图 3-31 所示。

图 3-31 银行存款日记账

4. 银行存款日记账的登记方法

银行存款日记账由出纳人员根据银行存款收款凭证、银行存款付款凭证和库存现金付款凭证（现金存入银行业务），按经济业务发生的时间顺序逐日逐笔进行登记。其具体登记方法与库存现金日记账基本相同，不同之处是在对方科目栏前增设结算种类和凭证号码两栏，用以登记银行结算票据的相关信息。为便于出纳识别不同银行存款账户，还在银行存款日记账的账页上设有开户行栏和账号栏，防止出纳因拿错账簿发生登记错误。

银行存款日记账扉页的填制

实行会计信息化的单位，初始化时就设定了银行存款日记账的格式，只要准确输入相关的记账凭证，信息化软件就会自动生成银行存款日记账。出纳逐笔登记经济业务时，一定要准确填入结算方式、结算日期和结算号码等资料，便于日后进行银行存款的核对。

5. 注意事项

出纳在登记日记账时还需注意以下4点：

（1）出纳必须根据审核无误的会计凭证进行登记，出纳认为有问题的会计凭证应提供给会计主管进一步审核，由会计主管按照规定做出处理决定。出纳不能擅自更改会计凭证，更无权随意处置原始凭证，对于有问题而又未明确解决的会计凭证或经济业务，出纳应拒绝入账。

（2）出纳在登记纸质日记账时，应按第一页到最后一页的顺序进行，不得跳行、隔页或缺号。如果发生了跳行、隔页，不能因此而撕毁账页，也不得任意涂改，而应在空白行或空白页的摘要栏内，划红色对角线予以注销，或者注明"此行空白"或"此页空白"字样，并由出纳人员签章。订本式纸质日记账严禁撕毁账页。

（3）出纳登记日记账要用蓝黑墨水或碳素墨水书写，不得使用圆珠笔、铅笔书写。红色墨水只能在结账划线、划线更正错误和红字冲账时使用。

（4）出纳在登记过程中发生账簿登记记录错误的，不得刮擦、挖补，更不允许采用褪色药水或修正液进行更正，也不得更换账页重抄，而应根据错误的具体情况，采用正确方法予以更正。

四、日记账的对账和结账

1. 日记账的对账

对账是指对出纳的现金日记账、银行存款日记账的记录所进行的核对工作。对账工作是保证账账、账证、账实和账表相符的重要条件。

（1）账证核对：是指出纳的库存现金日记账和银行存款日记账记载的业务内容与据以登记的收付款记账凭证之间的核对，检查其两者的时间、凭证字号、内容和金额是否一致，要求做到账证相符。

（2）账账核对：是指出纳的库存现金日记账和银行存款日记账要与总账会计掌管的库存现金总账和银行存款总账之间进行核对，要求做到账账相符。

（3）账实核对：是指每日的现金日记账余额要与库存现金实有数相核对，银行存款日记账要定期与开户银行的实际存款余额（银行对账单余额）相核对，要求做到账实相符。

（4）账表核对：是指每期资产负债表的货币资金数额要与现金日记账、银行存款日记账、其他货币资金明细账余额合计数相核对,做到账表相符。

2. 日记账的结账方法

(1)结账前,必须将本期内所发生的各项库存现金和银行存款收付业务全部登记入账。

(2)结账时结出库存现金和银行存款账户的本月发生额和期末余额;结账分为月结和年结。

①月结时,应在本月最后一笔记录下面划一条通栏红线,然后另起一行,在摘要栏内注明"本月合计"字样,然后在后面的借方栏、贷方栏、余额栏分别登记本月的借方发生额合计数、贷方发生额合计数以及余额,并在下面通栏划单红线即可。

②年结时,应在12月份本月合计栏下面一行摘要栏内注明"本年累计"字样,然后在后面的借方栏、贷方栏、余额栏分别登记本年的借方累计发生额合计数、贷方累计发生额合计数以及余额,并在下面通栏划双红线。

(3)年度终了,将库存现金和银行存款账户的余额结转到下一会计年度时,应在"本年累计"栏下面一行的摘要栏内注明"结转下年"字样,并将账户余额填写在余额栏内。

(4)在下一会计年度新建的库存现金和银行存款的日记账的第一页第一行的摘要栏内注明"上年结转"字样,并将上一年的"结转下年"的余额抄到余额栏内,开始新的一年的日记账登记工作。

> 任务实施

一、典型任务1

2021年12月31日,淮阴华天商贸股份有限公司张青报销业务招待费850元,制证会计丁惠惠传递相关原始凭证和记账凭证(见图3-32至图3-34)给出纳王晓雯,王晓雯需审核凭证、付款。王晓雯的任务:①登记现金日记账;②进行12月份结账工作;③进行2021年的年度结账工作。

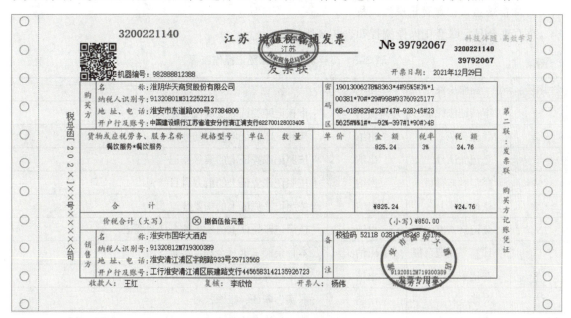

图3-32 增值税发票

图 3-33 费用报销单

图 3-34 付款凭证

1. 库存现金日记账登记操作流程

库存现金日记账登记操作流程如表 3-8 所示。

表 3-8 库存现金日记账登记操作流程

序号	操作步骤	角色	注意事项
1	审核记账凭证	出纳	审核记账凭证的正确性、完整性
2	登记日期	出纳	按照记账凭证填制日期登记
3	登记凭证号	出纳	按照记账凭证上的编号登记
4	登记对方科目	出纳	按照记账凭证上的借方科目登记
5	登记摘要	出纳	按照记账凭证上的摘要登记
6	登记贷方发生额	出纳	按照记账凭证上的发生额合计数登记
7	计算并登记余额	出纳	本日余额＝上日余额－本日支出
8	在记账凭证签章	出纳	在记账凭证出纳栏签章,并在合计栏打钩
9	对账	出纳	账实、账证、账账核对
10	进行月结	出纳	划单红线,摘要填"本月合计",登记发生额合计、余额
11	进行年结	出纳	划双红线,摘要填"本年累计",登记发生额累计、余额

2. 库存现金日记账登记具体操作步骤

(1)出纳王晓雯审核记账凭证与后附原始凭证的吻合性,并再次审核原始凭证的合法性、正确性和完整性,无误;

(2)出纳王晓雯根据记账凭证的填制日期登记库存现金日记账的日期;

(3)出纳王晓雯根据记账凭证的凭证号登记库存现金日记账的凭证号;

(4)出纳王晓雯根据记账凭证的借方总账科目登记库存现金日记账的对方科目栏;

(5)出纳王晓雯根据记账凭证的摘要栏登记库存现金日记账的摘要栏;

(6)出纳王晓雯根据记账凭证的合计金额登记库存现金日记账的贷方栏;

(7)出纳王晓雯根据"本日余额 = 上日余额 — 本日支出"计算余额并填写余额;

(8)出纳王晓雯在记账凭证签章并在合计栏打钩(见图3-35);

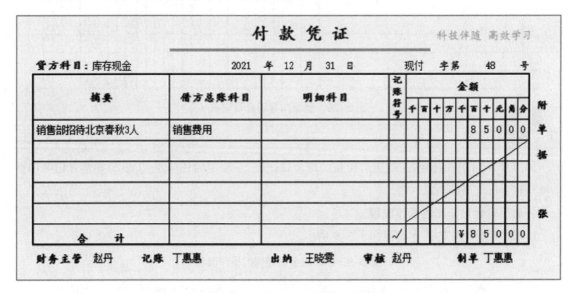

图3-35 在付款凭证签章并打钩

(9)出纳王晓雯确认所有与库存现金有关的收付款凭证均已登记入账,并与实有现金数、库存现金总账进行核对;

(10)出纳王晓雯在最后一笔业务下方划一条红颜色的线,表示本月业务已登记完毕;

(11)出纳王晓雯继续在下一行摘要栏写"本月合计",计算本月借方发生额合计数和贷方发生额合计数并填在相应的借方栏和贷方栏,然后将余额填在后面的余额栏;

(12)出纳王晓雯在"本月合计"栏下方划一条红颜色的线,表示本月已结账;

(13)出纳王晓雯继续在下一行摘要栏写"本年累计",计算本年借方发生额累计数和贷方发生额累计数并填在相应的借方栏和贷方栏,然后将余额填在后面的余额栏;

(14)出纳王晓雯在"本年累计"栏下方划两条红颜色的线,表示本年已结账;

(15)出纳王晓雯继续在下一行摘要栏写"结转下年",并将余额填在余额栏(见图3-36)。

库存现金日记账

2021年		记账凭证		对方科目	摘要	借方 千百十万千百十元角分	贷方 千百十万千百十元角分	√	余额 千百十万千百十元角分
月	日	字	号						
					承前页	3 5 8 0 0 0 0	3 1 3 0 0 0 0		4 5 0 0 0 0
12	27	现收	30	主营业务收入	零星收入款	4 9 8 0 0			4 9 9 8 0 0
12	27	现付	47	银行存款	缴存现金		4 9 8 0 0		4 5 0 0 0 0
12	31	现付	48	销售费用	销售部招待北京春秋3人		8 5 0 0 0		3 6 5 0 0 0
12	31				本月合计	3 6 2 9 8 0 0	3 2 6 4 8 0 0		3 6 5 0 0 0
12	31				本年累计	3 8 9 8 8 7 0 0	3 8 6 2 3 7 0 0		3 6 5 0 0 0
					结转下年				3 6 5 0 0 0

图 3-36　登记库存现金日记账

二、典型任务2

2022年1月1日,出纳王晓雯启用新的现金日记账,王晓雯的任务是:①填写现金日记账扉页;②填写现金日记账账页第一行。

1. 启用现金日记账的操作流程

启用现金日记账的操作流程如表3-9所示。

表3-9　启用现金日记账的操作流程

序号	操作步骤	角色	注意事项
1	填写封面	出纳	填写封面时注意填明日记账种类
2	填写单位名称	出纳	写单位全称
3	填写账簿名称	出纳	与封面相同
4	填写账簿编号	出纳	按顺序编号
5	填写账簿页数	出纳	纸质账簿,出纳需确认账页页数并如实填写
6	填写启用日期	出纳	按实际启用日期填写
7	责任人签章	出纳等	出纳、稽核、财务经理分别在相应位置签章
8	签章、贴花	出纳	签单位财务专用章并贴印花税票
9	填写账页第一行	出纳	摘要栏填写"上年结转"

2. 启用现金日记账的具体操作步骤

(1)出纳王晓雯填写现金日记账封面;

(2) 出纳王晓雯清点账页张数；

(3) 出纳王晓雯填写扉页；

(4) 出纳王晓雯、稽核会计、财务经理在相应位置上签章；

(5) 出纳王晓雯在 “单位盖章” 处签财务专用章；

(6) 出纳王晓雯在 “贴花处” 粘贴印花税票(见图 3–37)；

(7) 出纳王晓雯在账页第一行摘要栏填写 “上年结转”，并在余额栏填写上年最后余额(见图 3–38)。

账 簿 启 用 表

单位名称	淮阴华天商贸股份有限公司									单位盖章
账簿名称	现金日记账									淮阴华天商贸股份有限公司 财务专用章
账簿编号	2022 年 总 册 第 1 册									
账簿页数	50 页									
启用日期	2022 年 01 月 01 日									
经管人员	财务负责人			主办会计			记账			
	职别	姓名	盖章	职别	姓名	盖章	职别	姓名	盖章	
	财务经理	赵丹	赵丹	稽核	丁惠惠	丁惠惠	出纳	王晓雯	王晓雯	
交接记录	职称	姓名		接管			移交			
				年 / 月 / 日	盖章		年 / 月 / 日	盖章		印花票粘贴处

图 3–37　填写账簿启用表

库存现金日记账

2022 年 月	日	记账凭证 字	号	对方科目	摘要	借方 千百十万千百十元角分	贷方 千百十万千百十元角分	√	余额 千百十万千百十元角分
01	01				上年结转				3 6 5 0 0 0

图 3–38　填写账页第一行

三、典型任务3

2021年12月21日,出纳王晓雯接到制单会计丁惠惠流转过来的银行存款收款凭证一份(见图3-39和图3-40),王晓雯的任务是根据收款凭证登记银行存款日记账。

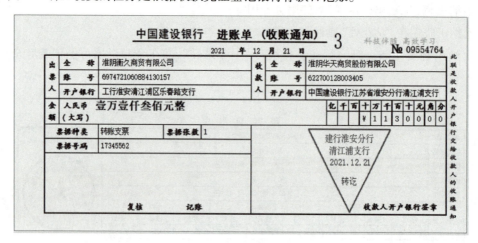

图3-39　银行进账单

图3-40　收款凭证

1.银行存款日记账登记操作流程

银行存款日记账登记操作流程如表3-10所示。

表3-10　银行存款日记账登记操作流程

序号	操作步骤	角色	注意事项
1	审核记账凭证	出纳	审核记账凭证的正确性、完整性
2	登记日期	出纳	按照记账凭证填制日期登记
3	登记凭证号	出纳	按照记账凭证上的编号登记
4	登记对方科目	出纳	按照记账凭证主要贷方科目登记
5	登记摘要	出纳	按照记账凭证上的摘要登记

续表

序号	操作步骤	角色	注意事项
6	填写结算凭证	出纳	按照进账单内容填写
7	登记借方发生额	出纳	按照记账凭证上的发生额合计数登记
8	计算并登记余额	出纳	本日余额＝上日余额＋本日收入

2. 银行存款日记账登记具体操作步骤

(1) 出纳王晓雯审核记账凭证与后附原始凭证的吻合性，并再次审核原始凭证的真实性、正确性和完整性，无误；

(2) 出纳王晓雯根据记账凭证的填制日期登记银行存款日记账的日期；

(3) 出纳王晓雯根据记账凭证的凭证号登记银行存款日记账的凭证号；

(4) 出纳王晓雯根据记账凭证的贷方总账科目登记银行存款日记账的对方科目栏；

(5) 出纳王晓雯根据记账凭证的摘要栏登记银行存款日记账的摘要栏；

(6) 出纳王晓雯根据进账单信息填写银行存款日记账的结算凭证的种类和结算凭证号码；

(7) 出纳王晓雯根据记账凭证的合计金额登记银行存款日记账的借方栏；

(8) 出纳王晓雯根据"本日余额＝上日余额＋本日收入"计算余额并填写余额(见图 3-41)；

(9) 出纳王晓雯在记账凭证签章并在合计栏打钩(见图 3-42)。

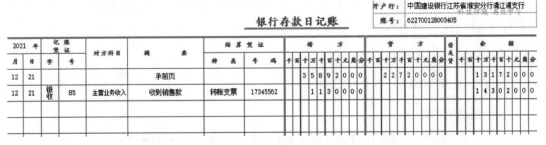

图 3-41 登记银行存款日记账

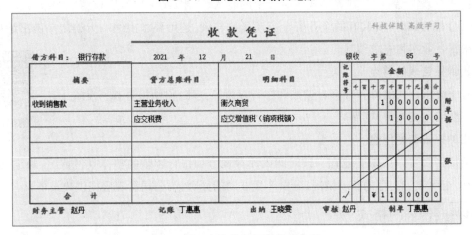

图 3-42 在收款凭证签章并打钩

任务四　出纳报告表的编制

任务目标

工作任务		出纳报告表的编制
学习目标	知识目标	1. 了解出纳报告表的概念、特点及用途； 2. 熟悉出纳报告表的格式； 3. 掌握出纳报告表的填制方法
	技能目标	会填制出纳报告表
	思政目标	1. 培养科学分析资金使用情况的能力； 2. 能够与企业内外部人员进行友好沟通与交流

任务导入

最近，华天商贸股份有限公司接到一笔大订单，需要资金购买原材料。这天，总经理吴晓天直接给出纳王晓雯打了个电话，询问目前单位还有多少资金可以调度。如果你是出纳王晓雯，你能快速回答总经理的这个问题吗？

任务准备

一、出纳报告表的概念、特点和用途

1. 出纳报告表的概念

出纳报告表是出纳依据库存现金日记账、银行存款日记账等资料编制的用以反映企业一段时间内包括库存现金、银行存款等形式所有资金的收入、支出、结存以及管理情况的报告。出纳报告表可分为日报、月报、季报，有的企业资金流动量比较大，还可要求出纳一天编制一份出纳报告表，具体应根据企业实际需求编制。

2. 出纳报告表的特点

相对于流水账式的库存现金日记账和银行存款日记账，出纳报告表所反映的企业资金信息更直观、更简洁。

出纳报告单的编制

3. 出纳报告表的用途

出纳报告表可以反映企业在一段时间内库存现金和银行存款的整体收付情况，确定收支安排的合理性，查明收、支、存的变动情况，分析产生波动的原因，为公司管理层提供决策依据。

二、出纳报告表的格式

出纳报告表属于企业内部报告表，其格式可根据自身管理的需要进行设计。出纳报告表一般

包括"资金来源""收入项目""支出项目""上期结存""本期收入""本期支出""本期结存"等内容,如图3-43所示。

出纳报告表

收付项目\资金来源	资金合计	银行存款	库存现金	备注
一、上期结存				
收入项目				
1、经营收入				
2、收回借款				
3、收到押金				
4、银行贷款				
5、其他收入				
二、本期收入合计				
支出项目				
1、支付货款				
2、发放工资				
3、日常费用				
4、偿还借款				
5、预付款				
6、交纳押金				
7、购固定资产				
8、其他支出				
三、本期支出合计				
四、本期结存				

编制单位:　　　　　编制日期:　年　月　日至　年　月　日

复核:　　　　　　　编制:

图3-43　出纳报告表格式

三、出纳报告表的填制方法

出纳报告表的项目数据应当与现金日记账、银行存款日记账等内容相符,保证出纳报告表信息的真实、完整、准确。出纳报告表的具体编制要求有以下几点:

出纳报告单的填制举例

(1)编制单位:填编制单位名称。
(2)上期结存:填写上一报告期的"本期结存"金额。
(3)编制日期:依据企业实际需求,可编制日报、周报、旬报、半月报、月报、季报、半年报、年报。
(4)收入项目:依据库存现金日记账和银行存款日记账报告期内借方(增加)相同项目合计数填列。
(5)支出项目:依据库存现金日记账和银行存款日记账报告期内贷方(减少)相同项目合计数填列。
(6)计算各科目的收入合计数、支出合计数。
(7)计算各项目的资金合计数。
(8)计算本期结存数:根据"本期结存=上期结存+本期收入合计-本期支出合计"公式计算填列。

任务实施

2021年6月18日,淮阴华天商贸股份有限公司出纳王晓雯在完成当天所有收付业务的日记账登记并进行账实核对工作以后,准备编制本周的出纳报告表,该单位规定出纳报告表以周为编制周期。假设该单位只有一个银行存款账户，即基本存款账户：中国建设银行江苏省淮安分行清江浦支行，账号为622700128003405。库存现金日记账和银行存款日记账记录如图3-44和图3-45所示。

库 存 现 金 日 记 账　　第 30 页

2021年 月	日	凭证 种类	凭证 号数	票据号数	摘要	借方（百十万千百十元角分）	贷方（百十万千百十元角分）	余额（百十万千百十元角分）	核对
06	13				承前页	2709000	2468100	440900	□
06	14	现收	11		销售部王芳交来零售款	100000		540900	√
06	14	现付	12		销售部张青报销差旅费		148000	392900	√
06	14	现付	13		送缴销售款		100000	292900	√
06	15	现收	12		销售部王芳交来零售款	98000		390900	√
06	15	现付	14		销售部赵志刚报销差旅费		50000	340900	√
06	15	现付	15		送缴销售款		98000	242900	√
06	16	现付	16		行政部周慧报销办公费		50000	192900	√
06	16	现收	13		销售部王芳交来零售款	150000		342900	√
06	16	现收	14		收回包装物押金	100000		442900	√
06	16	现付	17		送缴销售款		150000	292900	√
06	17	现收	15		销售部王芳交来零售款	100000		392900	√
06	17	现付	18		送缴销售款		100000	292900	√
06	18	现收	16		销售部王芳交来零售款	100000		392900	√
06	18	现付	19		预付差旅费		120000	272900	√
06	18	现付	20		送缴销售款		100000	172900	√

图 3-44　库存现金日记账记录

银行存款日记账　　第 12 页

开户行：中国建设银行江苏省淮安分行清江浦支行

账 号：622700128003405

2021年 月	日	凭证 种类	凭证 号数	支票号码	摘要	对方科目	收入（借方金额）（亿千百十万千百十元角分）	支出（贷方金额）（亿千百十万千百十元角分）	余额（结存金额）（亿千百十万千百十元角分）	核对
06	13				承前页		127740000	104897000	289472000	□
06	14	现付	13		缴存现金销售款		100000		289572000	√
06	14	银收	15		收到货款		12000000		301572000	√
06	15	现付	15		缴存现金销售款		98000		301670000	√
06	15	银收	16		收到货款		13600000		315270000	√
06	16	现付	17		缴存现金销售款		150000		315420000	√
06	16	银付	13		支付货款			21200000	294220000	√
06	17	银收	17		收到货款		16950000		311170000	√
06	17	现付	18		缴存现金销售款		100000		311270000	√
06	18	现付	20		缴存现金销售款		100000		311370000	√
06	18	银收	18		收到货款		11300000		322670000	√
06	18	银付	14		支付货款			13560000	309110000	√

图 3-45　银行存款日记账记录

1. 操作流程

操作流程如表 3-11 所示。

表 3-11　操作流程

序号	操作步骤	角色	注意事项
1	对库存现金日记账进行账实、账账核对	出纳	
2	对银行存款日记账进行账实、账账核对	出纳	取得银行对账单
3	填写编制单位和编制日期	出纳	
4	填写库存现金、银行存款上期结存数	出纳	按照科目的实际填写
5	按项目合计数分别填写各项目	出纳	
6	计算收入项目合计数、支出项目合计数	出纳	
7	根据公式计算本期结存数	出纳	
8	计算各项目的资金合计数	出纳	
9	与日记账核对出纳报告表的本期结存数	出纳	

2. 具体操作步骤

(1)出纳王晓雯登记完所有与库存现金有关的收付款业务后,将现金日记账分别与库存现金实有数、库存现金总账核对相符；

(2)出纳王晓雯登记完所有与银行存款有关的收付款业务后,将银行存款日记账分别与银行对账单、银行存款总账核对相符；

(3)出纳王晓雯填写编制单位名称"淮阴华天商贸股份有限公司",编制日期"2021年6月14日至2021年6月18日"；

(4)出纳王晓雯填写库存现金、银行存款上期结存数；

(5)出纳王晓雯按照收付明细项目分别登记库存现金、银行存款收付项目；

(6)出纳王晓雯计算收付明细项目的收入合计数和支出合计数；

(7)出纳王晓雯计算"资金合计"栏；

(8)出纳王晓雯根据公式"本期结存＝上期结存＋本期收入合计－本期支出合计"计算本期结存数(见图3-46)；

(9)出纳王晓雯将出纳报告表的本期结存数分别与库存现金日记账、银行存款日记账的余额进行核对,无误。

出纳报告表

编制单位：淮阴华天商贸股份有限公司　编制日期：2021年6月14日至2021年6月18日

收付项目	资金合计	中国建设银行江苏省淮安分行清江浦支行	库存现金	备注
一、上期结存	2,899,129.00	2,894,720.00	4,409.00	
收入项目				
1、经营收入	543,980.00	538,500.00	5,480.00	
2、收回借款				
3、收到押金	1,000.00		1,000.00	
4、银行贷款				
5、缴存销售款	5,480.00	5,480.00		
二、本期收入合计	550,460.00	543,980.00	6,480.00	
支出项目				
1、支付货款	347,600.00	347,600.00		
2、发放工资				
3、日常费用	2,480.00		2,480.00	
4、偿还借款				
5、预借差旅费	1,200.00		1,200.00	
6、交纳押金				
7、购固定资产				
8、缴存销售款	5,480.00		5,480.00	
三、本期支出合计	356,760.00	347,600.00	9,160.00	
四、本期结存	3,092,829.00	3,091,100.00	1,729.00	

复核：丁惠惠　　　　　　　　　编制：王晓雯

图 3-46　出纳报告表

☆ 项目内容结构

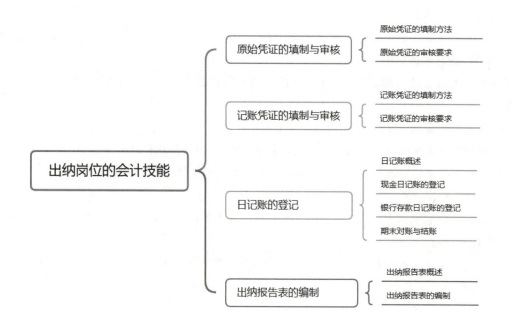

一、单选题

1. 现金日记账应由出纳人员根据收付款凭证逐日逐笔登记,( )结出余额,与库存现金核对。

   A. 每日　　　　B. 每月　　　　C. 定期　　　　D. 每3~5天

2. 有关现金、银行存款收支业务的原始凭证,如果填写错误,则( )。

   A. 按规定更正方法,在凭证上直接更正

   B. 重新填写一份凭证

   C. 采用涂改、刮擦等方法更正

   D. 在错误凭证上加盖"作废"章,重新填写一份凭证

3. 按内部牵制原则的要求,会计机构中保管会计档案的人员,不得由( )兼任。

   A. 出纳人员　　　　　　　　B. 会计机构负责人

   C. 会计人员　　　　　　　　D. 会计主管人员

4. 原始凭证是由( )取得或填制的。

   A. 业务经办单位或人员　　　　B. 出纳人员

   C. 会计主管　　　　　　　　　D. 总账会计

5. 职工张某出差归来,报销差旅费200元,交回多余现金100元。应填制的记账凭证是( )。

   A. 收款凭证　　　　　　　　B. 收款凭证和付款凭证

   C. 转账凭证　　　　　　　　D. 收款凭证和转账凭证

6. 现金日记账和银行存款日记账必须采用( )账簿。

   A. 活页账　　　B. 订本式　　　C. 卡片账　　　D. 数量金额式

7. 将现金存入银行的经济业务,应根据( )登记现金日记账的支出栏。

   A. 现金付款凭证　　　　　　B. 现金收款凭证

   C. 银行存款收款凭证　　　　D. 银行存款付款凭证

8. 企业收回职工归还的借款,应( )。

   A. 贷记"库存现金"　　　　　B. 借记"库存现金"

   C. 借记"备用金"　　　　　　D. 贷记"备用金"

9. 现金日记账是由出纳人员按( )的顺序逐日逐笔登记。

   A. 收付业务发生　　　　　　B. 收付业务金额大小

   C. 先记收入后记支出　　　　D. 先记支出后记收入

10. ( )不可能成为现金支出的原始凭证。

    A. 借款收据　　　B. 商业承兑汇票　　　C. 报销单　　　D. 工资表

11. 出纳人员在办理收款或付款后,应在( )上加盖"收讫"或"付讫"的戳记,以避免重收

重付。

  A.记账凭证   B.收款凭证   C.原始凭证   D.付款凭证

12.三栏式现金日记账(　　)。

  A.可以分别设置收入和支出两本账   B.在账页上应连续编号

  C.按现金收支的对应账户设置专栏   D.以上说法都不正确

13.一张原始凭证所列支出需要几个单位共同负担的,(　　)。

  A.需要的单位复制一份

  B.由双方共同加以说明即可

  C.由其他单位负担部分,开给对方原始凭证分割单

  D.由保存该原始凭证的单位出具说明书给其他应分割单位

14.下列各项关于原始凭证的说法正确的是(　　)。

  A.职工出差预借差旅费在报销时应退回其原借据

  B.单位发生退货时可以以退回发票直接作为退货的依据作为记账凭证的附件

  C.金额发生错误的原始凭证可以由出具单位更正并加盖公章

  D.原始凭证发生错误的不得涂改

15.根据《会计法》《会计基础工作规范》的规定,对原始凭证金额出现错误的(　　)。

  A.只能更正   B.重开或更正

  C.只能重开   D.重开并更正

16.下列有关账簿的规定符合国家统一会计制度的是(　　)。

  A.账簿登记只需符合会计业务的需要

  B.会计账簿记录发生错误应按规定方法更正,并由会计人员和会计机构负责人(会计主管人员)在更正处盖章

  C.总账和库存现金日记账必须采用订本式

  D.库存现金日记账必须每天登记,但可以10天一次结出余额

17.下列关于原始凭证的叙述错误的是(　　)。

  A.自制原始凭证必须由经办单位领导人或其指定的人员签名或盖章

  B.原始凭证金额错误的由原开具单位重开

  C.销货退回时以退回发票及退货入库单作为销货退回的入账依据

  D.凡填写大小写金额的原始凭证,大小写如果不一致的,以大写为准

18.现金收款凭证上填写的日期应该是(　　)。

  A.原始凭证上注明的日期   B.编制收款凭证的日期

  C.收取现金的日期   D.登记总账的日期

19.下列科目可能是收款凭证借方科目的是(　　)。

  A.物资采购   B.应收账款   C.待摊费用   D.银行存款

20.日记账的最大特点是(　　)。

  A.按现金和银行存款分别设置账户

B. 逐日逐笔顺序登记并随时结出当日余额

C. 可以提供现金和银行存款的每日静态、动态资料

D. 可以提供现金和银行存款的每日发生额

21. 下列账簿中,应使用订本式账簿的是( )。

A. 应付账款明细账 B. 应收账款明细账

C. 应收票据备查簿 D. 银行存款日记账

22. 必须逐日逐笔登记的账簿是( )。

A. 日记账　　B. 总账　　C. 明细账　　D. 备查账

二、多选题

1. 必须逐日结出余额的账簿是( )。

A. 库存现金日记账 B. 银行存款日记账

C. 库存现金总账 D. 银行存款总账

2. 应在现金收、付款记账凭证上签字的有( )等。

A. 制单人员　　B. 出纳人员　　C. 审核人员　　D. 会计主管

3. 单位的职工出差归来报销差旅费并交回剩余现金的事项,根据差旅费报销单和收据,应填制的记账凭证有( )。

A. 现金付款凭证 B. 现金收款凭证

C. 转账凭证 D. 银行存款收款凭证

4. 现金日记账和银行存款日记账的登记要求主要有( )。

A. 由出纳人员负责登记

B. 以审核无误的收、付款凭证为依据

C. 应逐日逐笔顺序登记

D. 必须逐日结出收入合计和支出合计

5. 企业财务部门于8月12日收到业务部门转来8月8日填制的原始凭证,并于8月13日编制记账凭证,8月14将此记账凭证登记入账,则账簿中的"日期"栏填写不正确的有( )。

A. 8月8日　　B. 8月12日　　C. 8月13日　　D. 8月14日

6. 对于现金日记账,下列说法正确的有( )。

A. 应采用订本式账簿 B. 应由出纳员登记

C. 必须逐日结出余额 D. 通常采用三栏式账簿

7. 登记现金日记账借方发生额的依据有( )。

A. 现金收款凭证 B. 现金付款凭证

C. 银行存款收款凭证 D. 银行存款付款凭证

8. 下列各项关于原始凭证的描述正确的是( )。

A. 所有外来原始凭证必须盖有填制单位的公章,否则不得作为原始凭证报销

B. 凡填写大小写,应该一致,如果不一致则以大写为准

C. 发生销货退回的必须取得退货验收证明

D. 职工公出借款,收回时应另开收据或退回借据副本

9. 下列关于原始凭证错误更正的做法正确的是(　　)。

A. 只要是错误的凭证一律要求重开

B. 金额错误的要求出具单位重开

C. 非金额部分错误可由出具单位更正,加盖更正人员名章

D. 非金额部分错误可由出具单位更正,加盖出具单位印章

三、判断题

1. 付款凭证左上角"贷方科目"处,应填写"现金"或"银行存款"。(　　)

2. 按规定现金日记账应由出纳人员登记,银行存款日记账应由会计人员登记。(　　)

3. 一张原始凭证所列的支出需要由两个以上的单位共同负担时,应当由保存该原始凭证的单位将复印件提供给其他应负担的单位。(　　)

4. 原始凭证内容出现错误的,一律不得更正,只能由原开具单位重新开具。(　　)

5. 职工公出借款收据,在收回借款时应退回借款人。(　　)

6. 凡填写大小写的凭证,金额必须一致,如不一致按大写金额确定。(　　)

7. 库存现金日记账应该每天结出余额并与库存现金核对,但银行存款日记账则不需要。(　　)

8. 出纳人员月末自己进行银行对账,并及时查找未达账项,编制"银行存款余额调节表",做到日清月结。(　　)

9. 单位负责人对会计资料的真实、完整负责充分体现了《会计法》对会计人员的保护。(　　)

项目四

现金业务办理

☆ **项目导读**

库存现金是企业日常生产经营活动中必不可少的一类货币资金。现金业务办理是出纳的重要工作内容，为避免发生差错，出纳在现金收付过程中必须坚持收付两清的原则，为避免现金出现长款或短款还要坚持日清月结原则。本项目主要介绍库存现金管理的有关规定、现金收付业务办理、现金存取业务办理及库存现金清查等内容。

☆ **知识目标**

1. 熟悉《现金管理暂行条例》；
2. 掌握现金提取的业务办理；
3. 掌握现金支出业务的办理；
4. 掌握现金收入业务的办理；
5. 掌握现金缴存的业务办理；
6. 掌握现金清查的业务办理。

☆ **技能目标**

1. 会计算库存现金限额；
2. 会办理现金提取业务；
3. 会办理差旅费预借业务；
4. 会办理费用报销的业务；
5. 会办理小额零星收入业务；
6. 会填制现金缴款单；
7. 会办理现金缴存业务；
8. 会办理现金清查业务。

☆ **思政目标**

1. 遵守《现金管理暂行条例》的有关规定；
2. 建立现金收付操作流程标准化意识；
3. 具有与企业内外部人员进行沟通和交流的能力。

任务一　库存现金管理

任务目标

工作任务		库存现金管理
学习目标	知识目标	1. 了解现金的概念； 2. 熟悉现金管理的基本原则； 3. 掌握现金限额的管理和坐支的规定
	技能目标	1. 能够准确填制库存现金限额申请表； 2. 能够明确企业坐支现金的范围
	思政目标	1. 培养坚持准则、遵守法律法规的职业道德； 2. 培养文明服务，能够与企业内外部人员进行友好沟通的能力

任务导入

年末，淮阴华天商贸股份有限公司出纳王晓雯结出当年库存现金和银行存款账户余额，并启用了新的库存现金日记账和银行存款日记账。按照规定，出纳王晓雯应当向开户银行申请新的年度库存现金限额。鉴于业务开展需要，库存现金的保留天数继续执行4天，日常现金支出范围为零星劳务费支出、办公费和其他支出，上一年度的月平均现金支出总额分别为9 000元、6 000元和18 000元。如果你是王晓雯，接下来应当如何操作呢？

任务准备

一、现金的概念

会计范畴的现金又称库存现金，是指存放在企业并由出纳人员保管的现钞，包括库存的人民币和各种外币。现金是流动性最大的一种货币资金，它可以随时用于购买所需物资、支付日常零星开支、偿还债务等。

从理论上讲，现金有广义与狭义之分，广义的现金是指随时可作为流通与支付手段的凭证，不论是法定货币或信用票据，只要具有购买或支付能力，均可视为现金，包括库存现款和视同现金的各种银行存款、流通证券等。狭义的现金是指由企业出纳人员保管作为零星业务开支之用的库存现款，包括企业所拥有的硬币、纸币。

二、现金管理基本原则

根据我国《现金管理暂行条例》规定,现金管理应遵循以下四个原则:

(1)收付合法原则,即各单位在收付现金时必须符合国家的有关方针、政策和规章制度。这里所说的合法有以下两层含义:一是现金的来源和使用必须合法;二是现金收付必须在合法的范围内进行。

(2)钱账分管原则,即管钱的不管账,管账的不管钱。为保护现金的安全,会计工作岗位要有明确的分工,在财会部门内部建立相互制约和监督机制。企业应配备专职的出纳人员负责办理现金收付业务和现金保管业务,任何非出纳人员均不得经管现金,这样便于相互核对账面,防止贪污、盗窃和错账、差款的发生。

(3)收付两清原则,为避免现金收付发生差错,出纳在现金收付时,无论工作是否繁忙、金额大小、对象熟生与否,必须对所收付的现金进行复核或由另外一名会计人员复核,要做到收付款当面点清。对来财会部门交取现金的人员,要督促他们当面点清,如有差错当面解决,以保证收付两清。

(4)日清月结原则,即出纳人员必须对每天发生的现金收付业务进行清理,全部记入现金日记账,结出每天的库存现金账面余额,并与库存现金的实有数额相核对,保证账实相符。现金日记账每月至少结一次账,业务多的可几天或半月定期结一次账,并与其他有关账面核对,看账账是否相符。

三、坐支的规定

坐支是指有现金收入的单位,从本单位收入的现金中直接支付现金的做法。坐支现金容易打乱现金收支渠道,不利于开户银行对企业的现金进行有效的监督和管理,因此,法律规定,企业不得擅自坐支现金。但为了使某些单位避免向银行存取现金时相向运送,我国现金管理办法规定下列单位的有些用途可以允许坐支:

(1)基层供销社、粮店、食品站、兼营收购和销售的单位,以销售收入支付采购款;

(2)邮局以汇兑收入支付汇款,医院以收入款退还病人预收款;

(3)其他有特殊情况的单位。

为了加强银行对坐支单位的严格控制,需要坐支单位事先提出申请,经开户银行审查同意后,在核定的坐支限额和范围内坐支。

四、现金限额管理

库存现金限额是指为保证各单位日常零星支付,按规定允许留存的现金的最高数额。设置库存现金限额主要是从国家对现金流通的调节和控制角度考虑,同时也可以有效防止企业现金失窃,保护企业财产安全。

库存现金限额由开户银行根据开户单位的实际需要和距离银行远近等情况核定,其限额一般按照企业3~5天日常零星开支所需现金确定。远离银行机构或交通不便的单位可依据实际情况适当放宽,但最高不得超过15天。开户单位库存现金一律实行限额管理,按照规定,库存现金限额每年核定一次。其核定程序如图4-1所示。

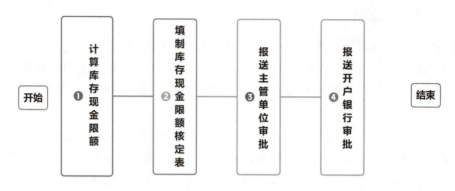

图 4-1 库存现金限额核定程序

库存现金限额核定公式：

$$库存现金限额 = 每日零星支出 \times 核定天数$$

$$每日零星支出 = 月（或季）平均现金支出总额（不包括定期性的大额现金支出和不定期的大额现金支出）\div 月（或季）平均天数$$

注意：

(1) 经核定的库存现金限额，单位必须严格遵守。需要增加或减少库存现金限额时，应向开户银行提出申请，由开户银行核定。

(2) 每日现金的结余数不得超过核定的限额，所有超过限额的现金必须于当天送存银行。

(3) 库存现金用完后或留存的库存现金低于库存限额，除可以用非业务性的零星收入（如退回差旅费、出售废品收入等现金收入）来补充（允许坐支的单位可以从业务收入中补充）外，均应向银行领取现金补足限额。

(4) 单位向开户银行领取部分，不能超过补充限额不足部分。

(5) 单位向开户银行领取零星现金时，在现金支票用途栏应注明"备用金"字样；不属于备用金范围需要的现金，应另开现金支票领取。

(6) 没有在银行单独开户的附属单位需要保留现金，也要核定限额，其限额应包括在开户单位的库存现金限额之内。

任务实施

一、典型任务1

年末，淮阴华天商贸股份有限公司出纳王晓雯结出当年库存现金和银行存款账户余额，并启用了新的库存现金日记账和银行存款日记账。按照规定，出纳王晓雯应当向开户银行申请新的年度库存现金限额。鉴于业务开展需要，库存现金的保留天数继续执行4天，日常现金支出范围为零星劳务费支出、办公费和其他支出，上一年度的月平均现金支出总额分别为9 000元、6 000元和18 000元。

1. 操作流程

操作流程如表 4-1 所示。

表 4-1 操作流程

序号	操作步骤	角色	注意事项
1	计算库存现金限额	出纳	根据现金使用范围
2	填制库存现金限额申请表	出纳、财务经理	
3	报主管部门审批	出纳	无主管单位可省略
4	报开户银行审批	出纳	

2. 具体操作步骤

(1) 出纳王晓雯计算库存现金限额：

$$每日零星支出=（9\,000÷30+6\,000÷30+18\,000÷30）元=1\,100元$$

$$库存现金限额=1\,100×4元=4\,400元$$

(2) 出纳王晓雯填写库存现金限额申请表；

(3) 出纳王晓雯申请盖单位财务专用章和法人代表名章；

(4) 出纳王晓雯提交库存现金限额申请表至开户银行；

(5) 开户银行审查库存现金限额申请表并批复（见图4-2）。

图 4-2 库存现金限额申请表

二、典型任务2

新年伊始，淮阴华天商贸股份有限公司出纳王晓雯重新申请库存现金限额。鉴于目前普遍使用微信、支付宝结算方式，拟降低库存现金限额。库存现金的保留天数继续执行4天，日常现金支出范围为零星劳务费支出、办公费和其他支出，上一年度的月平均现金支出总额分别为6\,000元、3\,000元和9\,000元。

1. 操作流程

操作流程如表4-2所示。

表 4-2　操作流程

序号	操作步骤	角色	注意事项
1	计算库存现金限额	出纳	根据现金使用范围
2	填制库存现金限额申请表	出纳、财务经理	
3	报主管部门审批	出纳	无主管单位可省略
4	报开户银行审批	出纳	

2. 具体操作步骤

（1）出纳王晓雯计算库存现金限额：

$$零星劳务支出合计 = 6\,000 \div 30 \times 4 元 = 800 元$$

$$办公费支出合计 = 3\,000 \div 30 \times 4 元 = 400 元$$

$$其他支出合计 = 9\,000 \div 30 \times 4 元 = 1\,200 元$$

$$库存现金限额合计 = （800 + 400 + 1\,200）元 = 2\,400 元$$

（2）出纳王晓雯填写库存现金限额申请表；

（3）出纳王晓雯申请盖单位财务专用章和法人代表名章；

（4）出纳王晓雯提交库存现金限额申请表至开户银行；

（5）开户银行审查库存现金限额申请表并批复。

任务二　现金提取业务办理

任务目标

学习目标	工作任务	现金提取业务办理
	知识目标	1. 熟悉现金提取的法律规定； 2. 掌握现金支票的填制方法； 3. 掌握现金提取的业务办理
	技能目标	1. 能够准确填写现金支票； 2. 能够按照规定的流程办理现金提取业务
	思政目标	1. 建立现金提取操作流程标准化意识； 2. 培养与企业内外部人员进行友好沟通与交流的能力

任务导入

2021 年 6 月 5 日，淮阴华天商贸股份有限公司出纳王晓雯发现保险柜里的库存现金低于库存现金限额，需提取备用金 2 000 元，以备日常使用。(开户银行：中国建设银行江苏省淮安分行清江浦支行。账号：622700128003405。)

现金提取

任务准备

一、现金提取的法律规定

根据《现金管理暂行条例》的规定,出纳人员依据单位业务经办人员提交的资金需求,或者出现库存现金实有数额低于单位库存现金限额的实际情况,经财务部门负责人审核同意后填写现金支票,携带现金支票到开户银行提取现金。

二、现金支票的填制

1. 现金支票的概念、使用范围及使用规定

现金支票是专门用于支取现金的一种支票(见图 4-3),由存款人签发,委托开户银行向收款人支付一定数额的现金。开户单位应按照现金的开支范围签发现金支票,现金支票的金额起点为 100 元,其付款方式为见票即付。

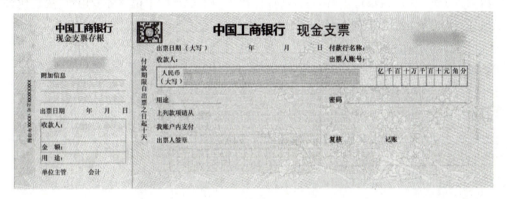

正面

背面

图 4-3 现金支票

2. 现金支票的填制方法

(1) 支票存根联的填写说明:

①附加信息:与正联背面所填内容相同。

②出票日期:用小写填写与正联相同的日期。

③收款人:与正联所填相同。

④金额:用小写填写与正联相同的金额。

⑤用途:与正联所填相同。

⑥单位主管、会计:由单位财务负责人、会计签名或盖章。

(2)支票正联填写说明:

①出票日期:填写开票当天日期。

②收款人:填写收款单位名称的全称。

③付款行名称:填写付款单位开户银行的名称。

④出票人账号:填写付款单位在开户银行的账号。

⑤金额:大写按要求规范填写,小写金额必须与大写金额一致,并在小写最高位前一格填写人民币符号"￥"。

⑥用途:填写所提现金的用途,如支付工资、零星支付等。

⑦小写金额正下方的空格栏:采用支付密码的,可在此填写支付密码。

⑧出票人签章:应加盖银行预留印鉴章(银行预留印签章是指单位财务专用章、法定代表人或其授权代理人印章)。加盖印章时要清晰和用力。

(3)支票背面的填写说明:

①收款人签章:加盖与支票正面相同的印章。

②年、月、日:用小写填写提取现金的当日。

③身份证件名称:一般为提款人身份证件(如身份证、军官证等)。

④发证机关:填写提款人身份证件上注明的发证机关名称。

⑤号码:填写提款人身份证件的号码。

(注意上述③④⑤仅适用于收款人为个人的情况。若收款人为法人的,无须填写上述信息。)

⑥附加信息:可填写需要说明的有关事项。

三、现金提取的业务流程

现金提取的业务流程如图 4-4 所示。

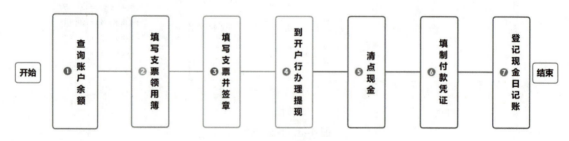

图 4-4 现金提取业务流程

[任务实施]

一、典型任务1

2021 年 6 月 5 日,淮阴华天商贸股份有限公司出纳王晓雯发现保险柜里的库存现金低于库存现金限额,需提取备用金 2 000 元,以备日常使用。

1. 操作流程

操作流程如表 4-3 所示。

表 4-3　操作流程

序号	操作步骤	角色	注意事项
1	查询基本存款账户余额	出纳	
2	填写支票领用簿	出纳	
3	填写支票并签章	出纳、财务经理	
4	到开户行办理提现并清点现金	出纳	
5	填制付款凭证	制证会计	
6	登记现金日记账	出纳	
7	登记银行存款日记账	出纳	

2. 具体操作步骤

(1) 出纳王晓雯根据单位库存现金低于库存现金限额的情况，计算出不足部分的数额。

(2) 出纳王晓雯查询基本存款账户余额。

(3) 出纳王晓雯向财务经理申请提取备用金 2 000 元，财务经理予以批准。

(4) 出纳王晓雯填写"现金支票领用登记簿"（见图 4-5），申请领用现金支票。

现金支票领用登记簿

日期	购入支票号码	使用支票号码	领用人	金额	用途	备注
2021年06月05日		91120969	王晓雯	￥2000.00	提取备用金	

图 4-5　现金支票领用登记簿

(5) 出纳王晓雯填写现金支票及存根，财务主管赵丹在现金支票的正联加盖财务专用章，在支票的背面加盖财务专用章；出纳王晓雯在支票正联加盖法人代表名章，在支票背面加盖法人代表名章（见图 4-6 和图 4-7）。

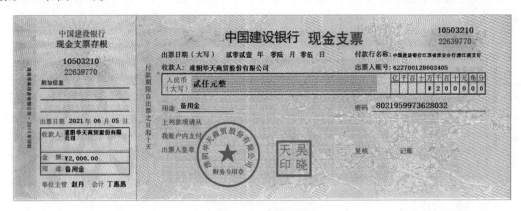

图 4-6　支票正面

图 4-7 支票背面

(6)出纳王晓雯将现金支票正联剪下,送交基本存款账户银行办理提现手续。

(7)出纳王晓雯取回现金放入保险柜。

(8)出纳王晓雯将现金支票存根联(见图 4-8)传给制证会计丁惠惠填制付款凭证。

图 4-8 支票存根联

(9)出纳王晓雯根据审核无误的付款凭证,登记库存现金日记账和银行存款日记账(见图 4-9 和图 4-10)。

库存现金日记账

2021 年		记账凭证		对方科目	摘要	借方									贷方									√	余额								
月	日	字	号			千	百	十	万	千	百	十	元	角	分	千	百	十	万	千	百	十	元	角	分		千	百	十	万	千	百	十	元	角	分
06	01																														2	0	0	0	0	0
06	05	记	12	银行存款	提取备用金					2	0	0	0	0	0																4	0	0	0	0	0

图 4-9 现金日记账

银行存款日记账

开户行：中国建设银行江苏省淮安分行清江浦支行
账号：6227001280003405

2021年		记账凭证		对方科目	摘要	结算凭证		借方	贷方	借或贷	余额
月	日	字	号			种类	号码	千百十万千百十元角分	千百十万千百十元角分		千百十万千百十元角分
6	1										1 5 6 5 0 0 0 0
6	5	记	12	库存现金	提取备用金	现金支票	22639770		2 0 0 0 0 0		1 5 6 3 0 0 0 0

图 4-10 银行存款日记账

二、典型任务2

2021年6月17日，淮阴华天商贸股份有限公司赵志刚需要出差，预借差旅费5 000元，出纳王晓雯发现保险柜里的库存现金不足，向领导请示以现金支票支付。

提取现金
（个人）

1. 操作流程

操作流程如表4-4所示。

表4-4 操作流程

序号	操作步骤	角色	注意事项
1	查询基本存款账户余额	出纳	
2	填写支票领用簿	出纳	
3	填写支票并签章	出纳、财务经理	
4	将支票正联撕下交给赵志刚自提	出纳、赵志刚	
5	将支票副联交给制证会计填制付款凭证	制证会计	
6	登记现金日记账	出纳	
7	登记银行存款日记账	出纳	

2. 具体操作步骤

（1）出纳王晓雯查询基本存款账户余额；

（2）出纳王晓雯向财务经理申请提取差旅费5 000元，财务经理予以批准；

（3）出纳王晓雯填写"现金支票领用登记簿"，申请领用现金支票；

（4）出纳王晓雯填写现金支票及存根，财务主管赵丹在现金支票的正联正面加盖财务专用章，出纳王晓雯在支票正联正面加盖法人代表名章（见图4-11）；

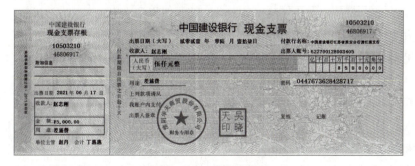

图 4-11 现金支票

(5)出纳王晓雯将现金支票正联剪下,交给赵志刚自行办理提现手续;

(6)出纳王晓雯将现金支票存根联传给制证会计丁惠惠填制付款凭证;

(7)出纳王晓雯根据审核无误的付款凭证,登记库存现金日记账和银行存款日记账。

任务三　现金支出业务办理

任务目标

工作任务		现金支出业务办理
学习目标	知识目标	1. 熟悉现金支付的处理原则; 2. 掌握借款单、差旅费报销单等结算凭据的审核方法; 3. 掌握现金支付的业务办理
	技能目标	1. 能够准确审核借款单、差旅费报销单; 2. 能够按照规定的流程办理现金支付业务
	思政目标	1. 建立现金支付操作流程标准化意识; 2. 能够与企业内外部人员进行友好沟通与交流

任务导入

2021年6月8日,淮阴华天商贸股份有限公司业务员赵志刚来到出纳室找出纳王晓雯办理费用报销和借款业务,赵志刚向出纳王晓雯提交了两份单据,一份是购买办公用品980元的单据,一份是他出差预借差旅费的单据。如果你是王晓雯,你会如何办理呢?

任务准备

一、现金的使用范围

按照《现金管理暂行条例》的规定,企业可以在下列范围内支付现金:

(1)职工工资、各种工资性津贴。

(2)支付给个人的各种奖励。

(3)各种劳保、福利费用以及国家规定的对个人的其他现金支出。

(4)个人劳务报酬。

(5)单位出差人员必须随身携带的差旅费。

(6)收购单位向个人收购农副产品和其他物资的价款。

(7)结算起点以下的零星支出。

(8)中国人民银行确定的需要现金支付的其他支出。如因采购地点不确定、交通不便、抢险救灾以及其他特殊情况,办理转账结算不够方便,必须使用现金的支出等情况。

(9)除上述第(5)项和第(6)项之外,各单位支付给个人的款项每人每次不得超过本单位的限额。

超过限额部分,可根据提款人的要求在指定的银行转为个人储蓄存款或以支票、银行本票支付。确需全额支付现金的,应经开户银行审查批准后予以支付。

(10)在银行开户的个体工商户、农村承包经营户异地采购的货款应通过银行以转账方式进行结算。如遇前述第(8)项特殊情况需使用现金,应由开户人向开户银行提出申请,开户行根据需要支付现金。

(11)机关、团体、部队、全民所有制和集体所有制企业、事业单位购置国家规定的专项控制商品,必须采取转账结算方式,不得使用现金结算。

企业与其他单位的经济业务,除了上述规定的范围可进行现金结算外,都要通过银行进行转账结算。企业与其他单位在使用现金时还要注意以下几点:

第一,现金支出必须有合法的凭证。现金支出要有凭有据,手续完备,借款必须持有效的借据,不能以"白条"代替借据。

第二,在规定限额内支付个人现金。各单位必须严格按照国家规定的开支范围使用现金,开户单位除向个人收购农副产品和其他物资以及出差人员随身携带的差旅费支付现金外,其他对个人支付现金的限额为1 000元,超过限额部分可以用现金支票(见图4-12)、银行本票(见图4-13)支付,确需全额支付现金的,经开户银行审核后,予以支付现金。

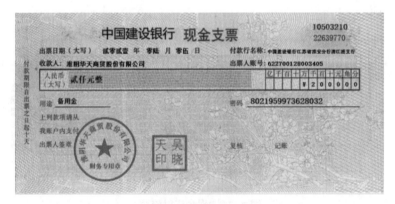

图4-12 现金支票

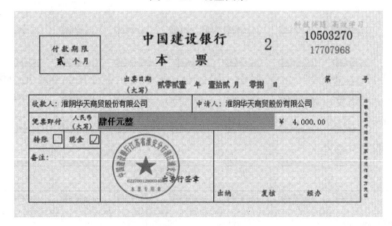

图4-13 银行本票

二、现金支付的处理原则

出纳人员在办理现金支付时应遵循以下原则:

(1)现金支出的合法性。出纳人员必须以内容真实、准确、合法的付款凭证为依据,付款前的付款手续必须完备,有关领导已经签字或已审核无误。

(2)现金支出手续的完备。出纳人员应按照规定的程序审核并办理现金支付手续,做到支付凭证合法、审批手续齐全有效、支付事项当面结清、账务处理正确合理。

(3)不得套取现金用于支付。套取现金是指为了逃避开户银行对现金的管理,采用不正当的手段弄虚作假,包括:

①编造合理用途,如差旅费、备用金等名义超限额支取现金的行为;

②利用私人或其他单位的账户支取现金的行为;

③将公款转成个人储蓄的行为;

④用转账方式,通过银行或邮局汇兑异地支取现金;

⑤用转账凭证换取现金;

⑥虚假冒领工资、奖金和津贴补助。

三、现金支付流程

现金支付流程如图 4-14 所示。

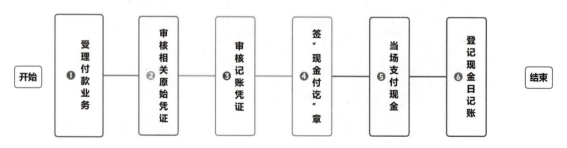

图 4-14 现金支付流程

【任务实施】

一、典型任务1

2021 年 6 月 10 日,淮阴华天商贸股份有限公司赵志刚报销办公用品 980 元(原始凭证为增值税普通发票),出纳王晓雯以现金支付。

1. 操作流程

操作流程如表 4-5 所示。

表 4-5 操作流程

序号	操作步骤	角色	注意事项
1	受理付款凭单	出纳	
2	审核原始凭证	出纳	

续表

序号	操作步骤	角色	注意事项
3	审核记账凭证并签章	出纳	
4	在原始凭证上签"现金付讫"章	出纳	
5	当场支付现金并要求当面点清	出纳、经办人员	
6	登记现金日记账	出纳	
7	在记账凭证上打钩	出纳	

2. 具体操作步骤

(1)出纳王晓雯受理赵志刚的报销办公费业务；

(2)出纳王晓雯审核费用报销单(见图4-15)的完整性和发票(见图4-16)的真实性，并进行比对；

图4-15 费用报销单

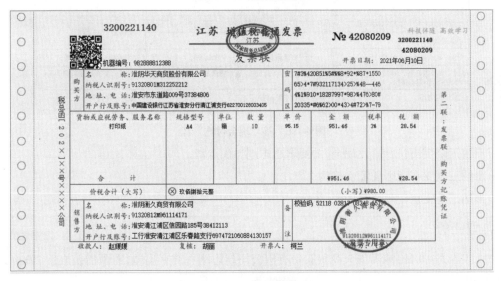

图4-16 增值税发票

(3)出纳王晓雯审核流转过来的记账凭证(见图4-17),并与费用报销单和发票进行比对,然后在记账凭证上签章;

图4-17　记账凭证

(4)出纳王晓雯在费用报销单上签"现金付讫"章(见图4-18);

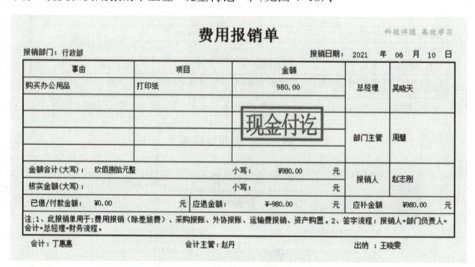

图4-18　签"现金付讫"章

(5)出纳王晓雯支付980元现金,并要求赵志刚当面点清;

(6)出纳王晓雯在记账凭证上打钩;

(7)出纳王晓雯登记现金日记账。(略)

二、典型任务2

2021年6月10日,淮阴华天商贸股份有限公司赵志刚去北京出差,需预借差旅费2 000元,出纳王晓雯以现金支付。

1. 操作流程

操作流程如表4-6所示。

表4-6 操作流程

序号	操作步骤	角色	注意事项
1	受理付款凭单	出纳	
2	审核借款单	出纳	
3	审核记账凭证并签章	出纳	
4	在原始凭证上签"现金付讫"章	出纳	
5	当场支付现金并要求当面点清	出纳、经办人员	
6	登记现金日记账	出纳	
7	在记账凭证上打钩	出纳	

2. 具体操作步骤

(1)出纳王晓雯受理赵志刚的借款业务;

(2)出纳王晓雯审核借款单(见图4-19)的完整性;

图4-19 借款单

(3)出纳王晓雯审核流转过来的记账凭证,并与借款单比对,然后在记账凭证上签章;

(4)出纳王晓雯在借款单上签"现金付讫"章(见图4-20);

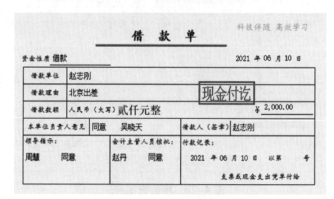

图4-20 签"现金付讫"章

(5)出纳王晓雯支付2 000元现金,并要求赵志刚当面点清;

(6)出纳王晓雯在记账凭证上打钩;

(7)出纳王晓雯登记现金日记账。(略)

三、典型任务3

2021年6月15日,淮阴华天商贸股份有限公司赵志刚从北京出差回来,报销差旅费3 250元(见图4-21至图4-24),出纳王晓雯以现金1 250元补付余额。

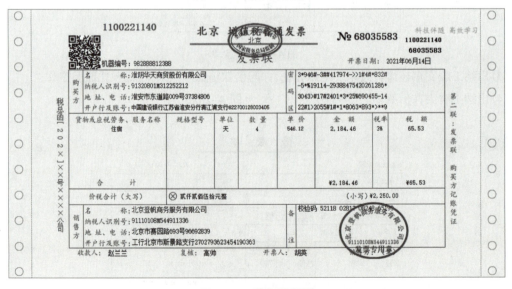

图4-21 差旅费报销单

图4-22 增值税发票

项目四 现金业务办理

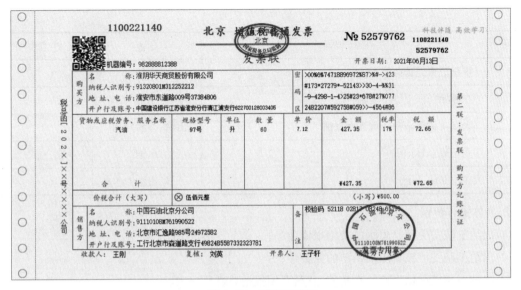

图 4-23 增值税发票

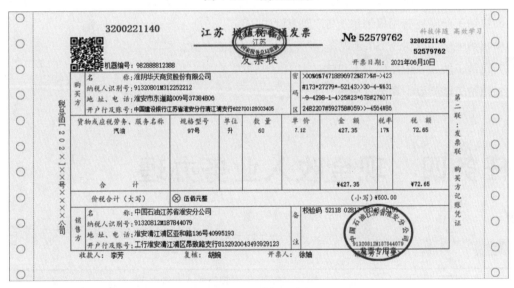

图 4-24 增值税发票

1. 操作流程

操作流程如表 4-7 所示。

表 4-7 操作流程

序号	操作步骤	角色	注意事项
1	受理付款凭单	出纳	
2	审核费用报销单	出纳	
3	审核发票并与费用报销单比对	出纳	

续表

序号	操作步骤	角色	注意事项
4	审核记账凭证并签章	出纳	
5	在原始凭证上签"现金付讫"章	出纳	
6	当场支付现金并要求当面点清	出纳、经办人员	
7	登记现金日记账	出纳	
8	在记账凭证上打钩	出纳	

2. 具体操作步骤

(1) 出纳王晓雯受理赵志刚的费用报销业务；

(2) 出纳王晓雯审核费用报销单的完整性；

(3) 出纳王晓雯审核发票的真实性,并与费用报销单进行比对；

(4) 出纳王晓雯审核流转过来的记账凭证,并与费用报销单比对,然后在记账凭证上签章；

(5) 出纳王晓雯在费用报销单上签"现金付讫"章；

(6) 出纳王晓雯支付1 250元现金,并要求赵志刚当面点清；

(7) 出纳王晓雯在记账凭证上打钩；

(8) 出纳王晓雯登记现金日记账。（略）

任务四　现金收入业务办理

任务目标

学习目标	工作任务	现金收入业务办理
	知识目标	1. 理解现金收入的概念和来源； 2. 掌握发票、出库单等结算凭据的审核方法； 3. 掌握现金收入的业务办理
	技能目标	1. 能够准确开具收款收据； 2. 能够按照规定的流程办理现金收入业务
	思政目标	1. 建立现金收入操作流程标准化意识； 2. 培养严谨的工作态度

任务导入

2021年8月5日,淮阴华天商贸股份有限公司进行促销活动,销售部交来销售单汇总表(见图4-25)、出库单(见图4-26)和现金4 632元(无票销售)。如果你是出纳王晓雯,你会如何办理呢？

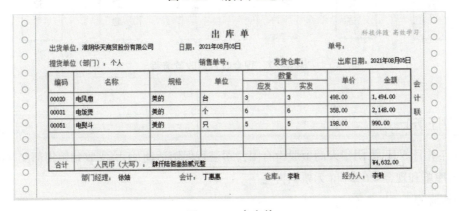

图 4-25　销售单汇总表

图 4-26　出库单

任务准备

一、现金收入的概念

现金收入是"现金支出"的对称,有狭义和广义之分。狭义即指银行回笼货币。在我国,中国人民银行发行的人民币是唯一合法的流通货币,现金收入即回笼流通中的人民币。广义则指社会各单位收入现金,如:商品销售现金收入、储蓄现金收入和非商品服务费收入等。

二、现金收入的来源

(1)销售商品取得的现金收入;

(2)提供劳务取得的现金收入;

(3)提供非经营性服务而取得的现金收入;

(4)其他罚没现金收入;

(5)单位内部往来的现金收入。

三、现金收入的审核要点

(1)审核经济业务事项的真实性和合法性;

(2)对取得的原始凭证的真实性和规范性进行审核;

(3)审核业务收入和其他收入现金取得过程的规范性;

(4)审核业务收入和其他收入现金会计核算的规范性。

四、现金收入的收款流程

现金收入的收款流程如图 4-27 所示。

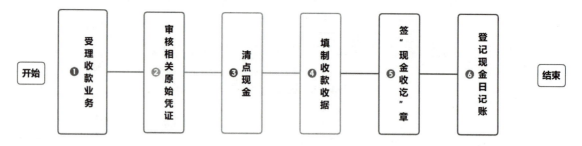

图 4-27　现金收入的收款流程

任务实施

一、典型任务1

2021 年 8 月 5 日,淮阴华天商贸股份有限公司进行促销活动,王晓雯收到销售部交来的销售单汇总表、出库单和现金 4 632 元(无票销售)。

1. 操作流程

操作流程如表 4-8 所示。

表 4-8　操作流程

序号	操作步骤	角色	注意事项
1	受理收款凭单	出纳	
2	审核原始凭证	出纳	

续表

序号	操作步骤	角色	注意事项
3	清点现金	出纳	
4	开具收据	出纳	
5	在收据上签"现金收讫"章	出纳	
6	登记现金日记账	出纳	
7	在记账凭证上打钩	出纳	

2. 具体操作步骤

(1) 出纳王晓雯受理销售单汇总表、出库单;

(2) 出纳王晓雯审核销售单汇总表、出库单填写的规范性和真实性,并比对原始单据金额的正确性;

(3) 出纳王晓雯清点交来的现金;

(4) 出纳王晓雯开具收款收据(见图 4-28 至图 4-30);

图 4-28 收款收据第一联

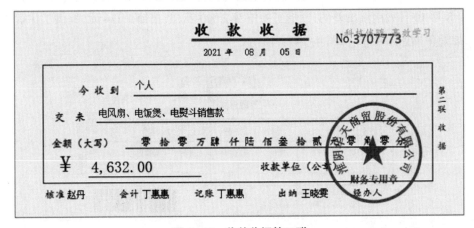

图 4-29 收款收据第二联

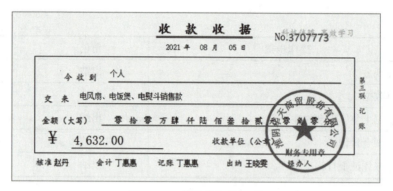

图 4-30　收款收据第三联

（5）出纳王晓雯在收款收据上签"现金收讫"章（见图 4-31）；

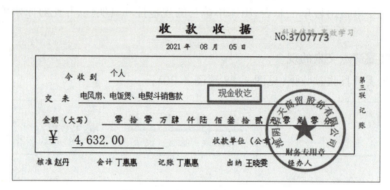

图 4-31　签"现金收讫"章

（6）出纳王晓雯将原始单据传递给制证会计丁惠惠编制记账凭证；
（7）出纳王晓雯审核记账凭证金额的正确性并登记现金日记账；
（8）出纳王晓雯在记账凭证"记账"栏打钩。

二、典型任务2

2021年8月13日，淮阴华天商贸股份有限公司销售人员张青到出纳王晓雯处报销差旅费，她是 2021 年 8 月 10 日去南京出差的，预借了差旅费 2 000 元，共报销 1 474 元，提供了住宿费和交通费发票。原始单据如图 4-32 至图 4-34 所示。

图 4-32　车票

图 4-33　车票

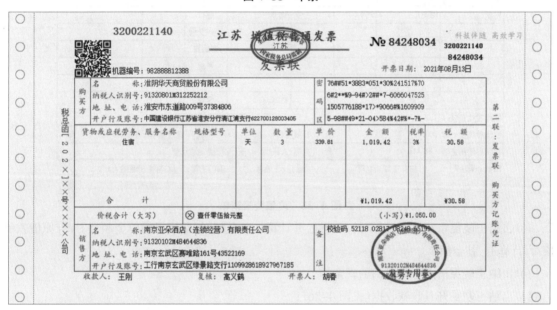

图 4-34　住宿费发票

1. 操作流程

操作流程如表 4-9 所示。

表 4-9　操作流程

序号	操作步骤	角色	注意事项
1	受理收款凭单	出纳	
2	审核原始凭证	出纳	
3	清点现金	出纳	
4	开具收据	出纳	
5	在收据上签"现金收讫"章	出纳	
6	登记现金日记账	出纳	
7	在记账凭证上打钩	出纳	

2.具体操作步骤

(1)出纳王晓雯受理费用报销单据;

(2)出纳王晓雯审核费用报销单填写的规范性和完整性(见图4-35);

差旅费报销单							
报销部门:销售部				报销日期:2021年08月13日			
出差人:张青				出差事由:南京办事处检查			
出差日期: 2021年08月10日至2021年08月13日共计:4天							
车船费				其他费用			
出发地	到达地	交通工具	附件张数	金额	项目	附件张数	金额
淮安	南京	汽车	1	62.00	住宿	1	1,050.00
南京	淮安	汽车	1	62.00	餐饮		
					市内交通		
					通信费		
					其他		300.00
合计			2	¥124.00	合计	1	¥1,350.00
费用合计:¥1,474.00 元 大写(人民币):壹仟肆佰柒拾肆元整							
预借差旅费:¥2,000.00 元 补领金额: 元 退还金额:¥526.00 元							
核实后报销金额:¥1,474.00 元 大写(人民币):壹仟肆佰柒拾肆元整							
审批:吴晓天 财务主管:赵丹 会计:丁惠惠 部门主管:赵志刚 领款人:							

图4-35 差旅费报销单

(3)出纳王晓雯审核车票、发票的真实性,并计算加总金额,与费用报销单金额核对,与原借款单核对,计算退、补金额;

(4)出纳王晓雯清点张青退回的现金;

(5)出纳王晓雯开具收款收据(见图4-36);

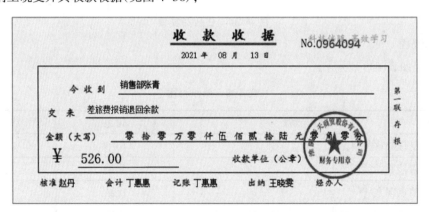

图4-36 收款收据第一联

(6)出纳王晓雯在第二联收据联加盖"现金收讫"章并交给张青(见图4-37);

(7)出纳王晓雯在第三联记账联加盖"现金收讫"章,连同其他原始凭证,交给制证会计丁惠惠编制记账凭证(见图4-38);

图 4-37　收款收据第二联

图 4-38　收款收据第三联

(8) 出纳王晓雯审核记账凭证金额的正确性并登记现金日记账；

(9) 出纳王晓雯在记账凭证"记账"栏打钩。

任务五　现金缴存业务办理

任务目标

学习目标	工作任务	现金缴存业务办理
	知识目标	1. 熟悉现金缴存的法律规定； 2. 掌握现金缴款单的填制方法； 3. 掌握现金缴存的业务办理
	技能目标	1. 能够准确填写现金缴款单； 2. 能够按照规定的流程办理现金缴存业务
	思政目标	1. 建立现金缴存操作流程标准化意识； 2. 能够与企业内外部人员进行友好沟通与交流

任务导入

2021年6月3日,淮阴华天商贸股份有限公司出纳王晓雯将当天销售款现金16 002元送存银行。其中,113张100元,80张50元,20张20元,30张10元,2张1元。(开户银行:中国建设银行江苏省淮安分行清江浦支行。账号:622700128003405。)

任务准备

一、现金缴存的法律规定

根据《现金管理暂行条例》的规定,为保证现金的安全,出纳应于当天将销货收到的现金和超过库存现金限额的现金存入开户银行,即现金缴存业务。

二、现金缴款单的填制

1. 现金缴款单简介

现金缴款单是银行开户单位将现金缴存银行时使用的一种凭证(见图4-39)。现金缴款单一式两联:第一联,客户回单联,开户银行收款后在此联加盖"现金收讫"章,作为缴款单位编制记账凭证后附的原始凭证;第二联,银行记账凭证联,作为开户银行登记企业银行存款增加的原始凭证。

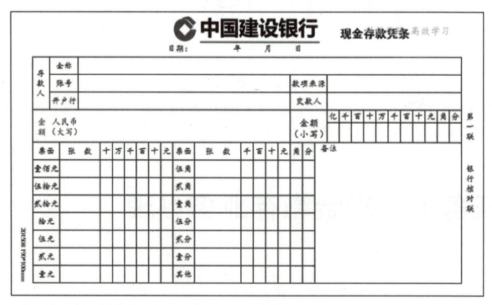

图4-39 现金缴款单

2. 现金缴款单填制要求

出纳人员在填写现金缴款单时,要按格式规定如实填写有关内容,包括收款人户名、收款人账号、收款人开户银行、款项来源、送款金额的大小写及各券别的数量等。出纳人员填写现金缴款单时应注意以下几点:

(1)必须如实填写现金缴款单的各项内容,特别是其中的款项来源等。

(2)交款日期应当填写送存银行当日的日期。

(3)券别的明细张数和金额必须与各券别的实际数一致,1元、5角、1角等既有纸币又有铸币的,

现金缴款单的填写

应填写纸币、铸币合计的数量和金额。

三、现金缴存流程

现金缴存流程如图4-40所示。

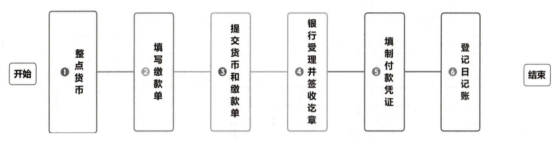

图4-40　现金缴存流程

> 任务实施

一、典型任务1

2021年6月3日,淮阴华天商贸股份有限公司出纳王晓雯将当天销售款现金16 002元送存银行。其中,113张100元,80张50元,20张20元,30张10元,2张1元。

1. 操作流程

操作流程如表4-10所示。

表4-10　操作流程

序号	操作步骤	角色	注意事项
1	清点货币	出纳	
2	填写缴款单	出纳	
3	提交货币和缴款单	出纳	
4	银行受理并签收讫章	银行柜员	
5	填制付款凭证	制证会计	
6	登记现金日记账	出纳	
7	登记银行存款日记账	出纳	

2. 具体操作步骤

(1)出纳王晓雯当日整理清点销货款16 002元,其中,113张100元,80张50元,20张20元,30张10元,2张1元,将其中113张100元,按照每100张为一把的整理要求将其捆扎好,其他券别分别整理墩齐摆好;

(2)出纳王晓雯据实填写现金缴款单;

(3)出纳王晓雯将现金和现金缴款单一并交开户银行收款;

(4)开户银行受理清点货币并审核现金缴款单,无误后开户银行在现金缴款单上加盖现金收讫

章,表示款项收妥,并将现金缴款单第一联退给王晓雯(见图4-41);

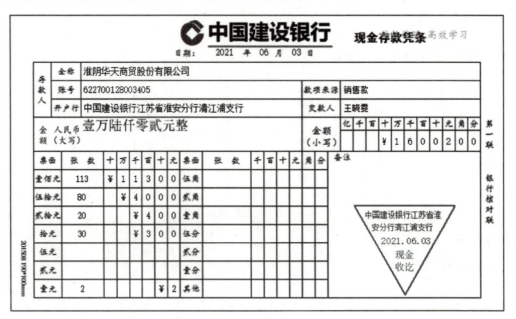

图 4-41　银行受理并签收讫章

(5)出纳王晓雯将现金缴款单交制证会计丁惠惠填写付款凭证(见图4-42);

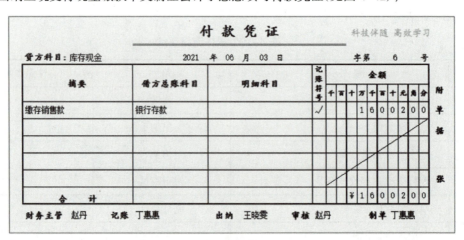

图 4-42　编制付款凭证

(6)出纳王晓雯依据审核无误的付款凭证,登记库存现金日记账和银行存款日记账。(略)

二、典型任务2

2021年8月5日,淮阴华天商贸股份有限公司出纳王晓雯将当天销售款现金4 632元送存银行。其中,40张100元,12张50元,3张10元,2张1元。请帮助出纳王晓雯审核销售单并完成现金缴款单的填制。

1.操作流程

操作流程如表4-11所示。

表 4-11 操作流程

序号	操作步骤	角色	注意事项
1	出纳审核销售单	出纳	
2	清点货币	出纳	
3	填写缴款单	出纳	
4	提交货币和缴款单	出纳	
5	银行受理并签收讫章	银行柜员	
6	填制付款凭证	制证会计	
7	登记现金日记账	出纳	
8	登记银行存款日记账	出纳	

2. 具体操作步骤

(1)出纳王晓雯审核销售单,加总金额合计,并与销售单合计数核对(见图4-43);

图 4-43 销售单汇总表

(2) 出纳王晓雯清点整理销货款 4 632 元。其中，40 张 100 元、12 张 50 元、3 张 10 元、2 张 1 元分别整理墩齐摆好；

(3) 出纳王晓雯据实填写现金缴款单；

(4) 出纳王晓雯将现金和现金缴款单一并交开户银行收款；

(5) 开户银行受理清点货币并审核现金缴款单，无误后开户银行在现金缴款单上加盖现金收讫章，表示款项收妥，并将现金缴款单第一联退给王晓雯；

(6) 出纳王晓雯将现金缴款单交制证会计丁惠惠填写付款凭证；

(7) 出纳王晓雯依据审核无误的付款凭证，登记库存现金日记账和银行存款日记账。

任务六　现金清查业务办理

任务目标

工作任务		现金清查业务办理
学习目标	知识目标	1. 理解现金按日清理的工作内容； 2. 理解现金的清查制度； 3. 掌握现金清查的方法
	技能目标	1. 能够准确填制现金盘点表； 2. 能够按照规定的流程进行现金盘点
	思政目标	1. 建立现金清查操作流程标准化意识； 2. 能够与企业内外部人员进行友好沟通与交流

任务导入

2021 年 10 月 15 日下午 5 点，淮阴华天商贸股份有限公司资产清查小组对出纳王晓雯保管的库存现金进行突击检查，王晓雯将所有应登记的现金业务全部登记入账，并结出当日库存现金日记账的余额为 3 900 元，王晓雯在清查小组的监督下复点了库存现金，实有数为 3 890 元，清查小组发现短款 10 元。如果你是出纳王晓雯，你应该怎么办？

任务准备

一、现金的日清月结制度

1. 现金的日清月结概念

现金的日清月结是指出纳人员办理现金出纳业务时，必须做到按日清理、按月结账。这里所说的按日清理，是指出纳人员应对当日的经济业务进行清理，全部登记日记账，结出库存现金账面余额，并与库存现金实地盘点数核对相符。这里所说的按月结账是指按月进行的短期结账，是为了总括反映当月在现金日记账中已经记录的经济业务，总结当月有关经济活动和财务状况。在结账时，要写出当月发生额和余额,并在摘要栏注明"本月合计"字样。日清月结是出纳人员办理现金出纳工作的基本制度,也是避免出现长款、短款的重要措施。

2. 现金按日清理的工作内容

(1)清理各种现金收付款凭证,检查单证是否相符,同时检查每张单证是否已经盖齐"现金收讫""现金付讫"的戳记。

(2)登记和清理日记账。将当日发生的所有现金收付业务全部登记入账,检查账证是否相符,并结出现金日记账的当日库存现金账面余额。

(3)现金盘点。出纳员应分别清点数量,加总得出当日现金的实存数,并与账面余额进行核对。如发现有长款或短款,应进一步查明原因并及时处理。

(4)检查库存现金是否超过规定的现金限额。如果超过规定限额,则出纳员应将超过部分及时送存银行;如果低于限额,应及时补提现金。

二、现金清查制度

1. 现金清查制度的概念

为了加强对出纳工作的监督,及时发现可能发生的现金差错或丢失,防止贪污、盗窃、挪用公款等不法行为的发生,确保库存现金安全完整,各单位应建立库存现金清查制度,由有关领导和专业人员组成清查小组,定期或不定期对库存现金情况进行清查盘点。

2. 现金清查的重点

(1)现金日记账的账面数与实有数是否相符;

(2)有无白条抵库;

(3)有无私借公款;

(4)有无挪用公款;

(5)有无账外资金。

3. 现金清查的方法

一般来说,现金清查多采用突击盘点方法,不预先通知出纳人员。盘点时间最好在一天业务没有开始之前或一天业务结束之后,由出纳人员将截至清查时的现金收付账项全部登记入账,并结出账面余额,这样可以避免干扰正常的业务。清查时,出纳人员应始终在场,并给予积极的配合。清查结束后,应由清查人填制现金盘点表,填列账存实存以及溢余或短缺金额,并说明原因,上报有关部门或负责人进行处理。

4. 清查结果的处理

(1)盘盈。所谓盘盈是指现金长款,指的是现金实有数大于现金日记账账面余额。对于长款,如果查明长款属于记账错误、丢失单据等,应及时更正错账或补办手续;如属少付他人,则应查明退还原主;如果确实无法退还,可以经过一定审批手续,作为单位的收益。

(2)盘亏。所谓盘亏又指现金短款,指的是现金实有数小于现金日记账账面余额。对于短款,如查明属于记账错误,应及时更正错账;如属于出纳人员工作疏忽或业务水平问题,一般应按规定由出纳赔偿。

现金的盘盈盘亏,究其原因,有人为的责任性差错,也有事故性、技术性差错,处理时要区别对待。对于一贯坚持按制度办事,工作认真,只是由于一时技术操作不慎而造成的长款或短款,如果金额较小,可在教育本人的基础上,按长款归公、短款报损的原则处理。对于因出纳人员工作不认真造成的短款,无论金额大小,都要由出纳个人赔偿,并对其加强教育,必要时将其调离出纳岗位。对于玩忽职守、违反纪律、有章不循等原因造成的重大责任性差错,应追究出纳的经济责任,给予适当的处分;数额较大,影响严重的,应追究法律责任。

三、现金清查流程

现金清查流程如图 4-44 所示。

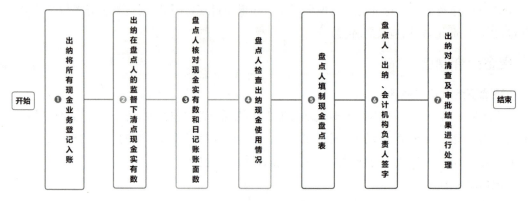

图 4-44 现金清查流程

> 任务实施

一、典型任务1

2021 年 10 月 15 日下午 5 点,淮阴华天商贸股份有限公司资产清查小组对出纳王晓雯保管的库存现金进行突击检查,王晓雯将所有应登记的现金业务全部登记入账,并结出当日库存现金日记账的余额为 3 900 元。王晓雯在清查小组的监督下复点了库存现金,实有数为 3 890 元,清查小组发现短款 10 元。

1. 操作流程

操作流程如表 4-12 所示。

表 4-12 操作流程

序号	操作步骤	角色	注意事项
1	出纳将所有现金业务登记入账	出纳	
2	出纳盘点现金实有数	出纳	
3	盘点人检查实有数和账面余额	清查小组成员	
4	填制现金盘点表	清查小组成员	

续表

序号	操作步骤	角色	注意事项
5	在盘点表上签字	出纳、清查小组成员	
6	出纳根据盘点表登记日记账	出纳	
7	在记账凭证上打钩	出纳	

2. 具体操作步骤

(1)出纳王晓雯将所有收付款凭证登记库存现金日记账,并结出余额;

(2)出纳王晓雯在盘点人赵丹、丁惠惠的监督下从保险柜中将现金及相关票证取出,对没有整点好的现金按照面额大小进行清点,确定实有数额;

(3)盘点人丁惠惠核对现金实有数和库存现金日记账余额,并监督是否有白条抵库等违反现金管理制度的行为发生,在现金清查中发现现金短缺10元,无违法违纪行为;

(4)丁惠惠编制现金盘点表;

(5)出纳王晓雯,清查小组成员赵丹、丁惠惠在库存现金盘点表上签字确认(见图4-45);

库存现金盘点表

2021年10月15日　　　　　　　　　单位:元

票面额	张数	金额	票面额	张数	金额
壹佰元	30	3000	伍角		
伍拾元	9	450	贰角		
贰拾元	20	400	壹角		
拾元	3	30	伍分		
伍元	2	10	贰分		
贰元			壹分		
壹元			合计		¥3890.00
库存现金日记账账面余额:					¥3900.00
差额:					10.00
盘亏库存现金10元,原因待查。					

处理意见:

审批人(签章):**赵丹**　　　监盘人(签章):**丁惠惠**　　　盘点人(签章):**王晓雯**

图4-45　库存现金盘点表

(6)出纳根据制证会计丁惠惠编制的付款凭证登记现金日记账,并在记账凭证上打钩(见图4-46和图4-47);

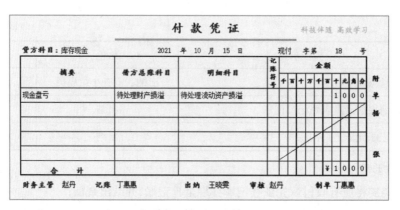

图 4-46 付款凭证

图 4-47 登记现金日记账

(7)10月25日,查明上述现金短缺属于出纳付款过程中发生的差错,由出纳赔偿(见图4-48);

图 4-48 处理意见

(8)根据现金盘点表的批复,制单会计编制转账凭证,会计分录为:

借:其他应收款　　　　　　　　　　　　　　　　　　10

　　贷:待处理财产损溢——待处理流动资产损溢　　　　10

二、典型任务2

2021年12月25日上午8点,淮阴华天商贸股份有限公司资产清查小组进行年末资产清查,对出纳王晓雯保管的库存现金进行突击检查。12月24日下班前,王晓雯已将所有应登记的现金业务全部登记入账,并结出库存现金日记账的余额为3 340元。王晓雯在清查小组的监督下复点了库存现金,实有数为3 360元,清查小组发现长款20元。

1. 操作流程

操作流程如表4-13所示。

表4-13　操作流程

序号	操作步骤	角色	注意事项
1	出纳确认现金业务登记入账情况	出纳	
2	出纳盘点现金实有数	出纳	
3	盘点人检查实有数和账面余额	清查小组成员	
4	填制现金盘点表	清查小组成员	
5	在盘点表上签字	出纳、清查小组成员	
6	出纳根据盘点表登记日记账	出纳	
7	在记账凭证上打钩	出纳	

2. 具体操作步骤

(1)出纳王晓雯确认所有收付款凭证均已登记到库存现金日记账;

(2)出纳王晓雯在清查小组成员赵丹、丁惠惠的监督下从保险柜中将现金及相关票证取出进行清点,确定实有数额;

(3)监盘人丁惠惠核对现金实有数和库存现金日记账余额,并监督是否有白条抵库、超现金限额等违反现金管理制度的行为发生,在现金清查中发现现金长款20元,无违法违纪行为;

(4)监盘人丁惠惠编制现金盘点表;

(5)出纳王晓雯,清查小组成员赵丹、丁惠惠在库存现金盘点表上签字确认(见图4-49);

(6)出纳王晓雯根据制证会计编制的付款凭证登记现金日记账,并在记账凭证上打钩(见图4-50);

(7)12月31日,查明上述现金长款属于出纳少支付给张青的预借差旅费退款(见图4-51);

(8)根据现金盘点表的批复,制证会计丁惠惠编制转账凭证,会计分录为:

借:待处理财产损溢——待处理流动资产损溢　　　　20

　　贷:其他应付款　　　　　　　　　　　　　　　　20

库存现金盘点表

2021 年 12 月 25 日　　　　单位：元

票面额	张数	金额	票面额	张数	金额
壹佰元	30	3,000.00	伍角		
伍拾元			贰角		
贰拾元	5	100.00	壹角		
拾元	26	260.00	伍分		
伍元			贰分		
贰元			壹分		
壹元			合计	61	¥3,360.00
现金日记账账面余额：¥3,340.00					
差额：¥20.00					
处理意见：					

审批人（签章）：赵丹　　监盘人（签章）：丁惠惠　　盘点人（签章）：王晓雯

图 4-49　库存现金盘点表

收款凭证

借方科目：库存现金　　2021 年 12 月 25 日　　现收 字第 26 号

摘要	贷方总账科目	明细科目	记账符号	千	百	十	万	千	百	十	元	角	分
现金盘盈	待处理财产损溢	待处理流动资产损溢								2	0	0	0
合计			√						¥	2	0	0	0

附单据 1 张

财务主管 赵丹　　记账 丁惠惠　　出纳 王晓雯　　审核 赵丹　　制单 丁惠惠

图 4-50　收款凭证

库存现金盘点表

2021 年 12 月 25 日　　　　单位：元

票面额	张数	金额	票面额	张数	金额
壹佰元	30	3,000.00	伍角		
伍拾元			贰角		
贰拾元	5	100.00	壹角		
拾元	26	260.00	伍分		
伍元			贰分		
贰元			壹分		
壹元			合计	61	¥3,360.00
现金日记账账面余额：¥3,340.00					
差额：¥20.00					
处理意见： 上述现金长款为应付张青的预借差旅费退款 总经理：吴晓天　2021年12月31日					

审批人（签章）：赵丹　　监盘人（签章）：丁惠惠　　盘点人（签章）：王晓雯

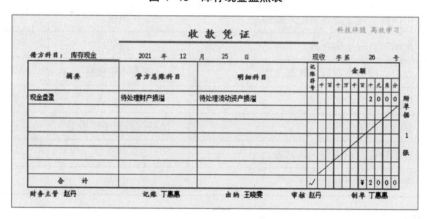

图 4-51　处理意见

☆ **项目内容结构**

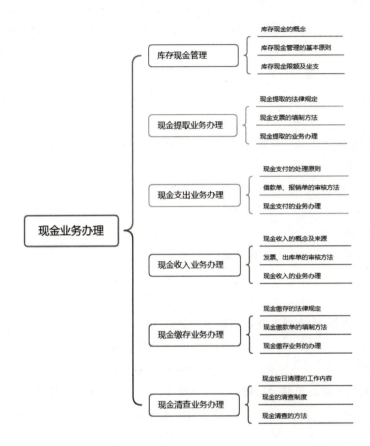

课后习题

一、单选题

1. 下列不能用现金支付的是（　　）。

A. 购买办公用品 250 元　　　　　　　　B. 向个人收购农副产品 20 000 元

C. 支付职工差旅费 10 000 元　　　　　　D. 从某公司购入工业产品 60 000 元

2. 从银行提取现金备用，登记库存现金日记账的依据是（　　）。

A. 现金付款凭证　　　　　　　　　　　B. 现金收款凭证

C. 银行存款付款凭证　　　　　　　　　D. 银行存款收款凭证

3. 张强报销差旅费 3 200 元，退回现金 800 元，结清原借款，该笔业务应计入管理费用的金额是（　　）。

A. 800 元　　　　　B. 3 200 元　　　　　C. 4 000 元　　　　　D. 2 400 元

4. 现金清查发现现金短款时，应贷记（　　）账户。

A."库存现金" B."其他应收款"
C."营业外支出" D."待处理财产损溢"

5. 某公司职工王强预支差旅费 8 000 元,财会部门以现金支付。下列会计分录正确的是( )。

    A. 借:应收账款——王强　　　　8 000
       贷:库存现金　　　　　　　　　　　8 000
    B. 借:其他应收款——王强　　　8 000
       贷:库存现金　　　　　　　　　　　8 000
    C. 借:其他应付款——王强　　　8 000
       贷:库存现金　　　　　　　　　　　8 000
    D. 借:管理费用　　　　　　　　8 000
       贷:库存现金　　　　　　　　　　　8 000

6. 对现金进行盘点时,( )必须在场。
    A. 会计人员 B. 单位负责人
    C. 出纳人员 D. 上级主管单位负责人

7. 对现金进行盘点时,盘点结果应编制的原始凭证是( )。
    A. 盘存单 B. 库存现金盘点表
    C. 账存实存对比表 D. 银行对账单

8. 以现金 50 元购买办公用品,应借记( )科目,贷记"库存现金"科目。
    A."制造费用" B."生产成本"
    C."管理费用" D."销售费用"

9. 对于职工公出借款的凭据,下列会计处理方法不正确的是( )。
    A. 收回借款时,退还借款副本
    B. 将借款凭据附在记账凭证之后
    C. 收回借款时,另开收据
    D. 收回借款时,退还原借款凭据

10. 所谓日清月结,是指出纳员办理现金出纳业务,必须做到( )。
    A. 按日清理,按月结账 B. 按月清理,按日结账
    C. 按日清理和结账 D. 按月清理和结账

11. 企业财务部门为了日常零星开支的需要,预付给企业内部各单位和职工个人备用的款项是( )。
    A. 现金 B. 备用金
    C. 应收账款 D. 货币资金

12. 江南企业"其他应收款"期初余额为借方 2 500 元,本期支付的存出保证金为 1 000 元,支付预借差旅费 1 000 元,采用定额制备用金的一车间前来报销办公费 1 500 元,出差人员退回多余预支款 100 元(原预支 800 元),该企业"其他应收款"期末余额为( )元。

A.2 200　　　　　　B.3 700　　　　　　C.3 000　　　　　　D.2 900

13."现金盘点报告表"应由(　　)签章方能生效。

A．经理和出纳　　　　　　　　　　B．盘点人员和出纳

C．会计和盘点人员　　　　　　　　D．会计和出纳

14．出纳人员支付货币资金的依据是(　　)。

A．收款凭证　　　　　　　　　　　B．转账凭证

C．付款凭证　　　　　　　　　　　D．原始凭证

15．以下说法错误的是(　　)。

A．开户单位库存现金一律实行限额管理

B．不准擅自"坐支"现金

C."坐支"在一定的条件下是允许的

D．企业之间可以互借现金

16．关于库存现金限额的规定，以下说法错误的是(　　)。

A．现金限额一般按3～5天的日常零星开支核定

B．限额是由人民银行与开户单位商定的

C．边远地区、交通不便地区可按5～15天的日常零星开支核定

D．库存现金限额每年核定一次

17．以下不能用现金支付的是(　　)。

A．收购农副产品50 000元

B．张某出差借差旅费5 000元

C．购买劳保用品2 000元

D．职工工资

18．以下不属于现金审批制度内容的是(　　)。

A．制定各种报销凭证，规定报销手续和方法

B．确定各种现金支出的审批权限

C．明确本单位的现金开支范围

D．明确现金结算的办法

19．针对现金管理制度，以下说法正确的是(　　)。

A．出纳员下班前应将所有的现金送存银行

B．出纳员可将单位日常开支使用的备用金放在办公桌内，其余的应存入银行

C．库存现金包括纸币和铸币，应分类保管

D．为保证现金安全，出纳员可以将日常开支使用的备用金存入个人存折

二、多选题

1．企业支付现金，不得(　　)。

A．从企业库存现金限额中支付　　　B．坐支现金

C. 从开户银行中提取支付　　　　　　D. 从本企业的现金收入中直接支付

2. 对库存现金进行清查盘点时,应该(　　　)。

A. 清查现金实有数,并且与日记账余额核对

B. 盘点的结果应填列"现金盘点报告表"

C. 出纳人员必须在场,并且由出纳亲自盘点

D. 检查库存限额的遵守情况及有无白条抵库情况

3. 某企业月末编制试算平衡表时,因"库存现金"账户的余额计算不正确,导致试算平衡中月末借方余额合计为168万元,而全部账户月末贷方余额合计为164万元。则"库存现金"账户(　　　)。

A. 为借方余额　　　　　　　　　　　B. 为贷方余额

C. 借方余额多记 4 万元　　　　　　　D. 借方余额为 4 万元

4. 若企业库存现金实有数小于账面数 200 元,则导致该差错的原因可能有(　　　)。

A. 库存现金出纳员多付库存现金　　　B. 库存现金出纳员少收库存现金

C. 库存现金出纳员贪污　　　　　　　D. 误将 100 元支出作为收入入账

5. 下列符合现金管理内部控制规定的是(　　　)。

A. 出纳员登记现金日记账　　　　　　B. 出纳员每日盘点现金

C. 出纳员负责稽核　　　　　　　　　D. 出纳员管理现金

6. 企业以现金 25 000 元捐赠给灾区,会计分录为(　　　)。

A. 借:管理费用 25 000 元　　　　　　B. 贷:库存现金 25 000 元

C. 借:库存现金 25 000 元　　　　　　D. 借:营业外支出 25 000 元

7. 下列关于原始凭证的叙述正确的是(　　　)。

A. 自制原始凭证必须由经办单位领导人或其指定的人员签名或盖章

B. 销货退回时以退回发票及退货入库单作为销货退回的入账依据

C. 凡填写大小写金额的原始凭证,大小写如果不一致的,以大写为准

D. 原始凭证金额错误的由原开具单位重开

8. 按照规定,允许"坐支"现金的单位主要有(　　　)。

A. 基层供销社、粮店、食品店、委托商店等销售兼营收购的单位,向个人收购支付的款项

B. 邮局以汇兑收入款支付个人汇款

C. 医院以收入款退还病人的住院押金、伙食费等

D. 饮食店等服务行业找零款项等

9. 现金管理条例的基本原则有(　　　)。

A. 不准擅自"坐支"现金

B. 企业收入的现金不准作为储蓄存款存储

C. 严格按照国家规定的开支范围使用现金,结算金额超过起点的,不得使用现金

D. 不准编造用途套取现金

三、判断题

1. 现金清查时出纳人员不得在场,应回避。(　　　)

2. 现金清查后,如出现现金日记账账面余额和库存现金数额不符,应填写"现金盘点报告表",并据以调整现金日记账的账面记录。(   )

3. 对于库存现金,只要保证出纳人员每天与日记账核对相符,就无须专门进行清查。(   )

4. 企事业单位在需要库存现金开支时,可以从本单位的库存现金中支付,也可以从本单位的库存现金收入中直接支付。(   )

项目五

银行业务基础知识

☆ **项目导读**

按照《现金管理暂行条例》第三条之规定:"开户单位之间的经济往来,除按本条例规定的范围可以使用现金外,应当通过开户银行进行转账结算。"通过项目四的学习,我们知道,现金的使用范围是非常有限的,企业间的绝大部分交易行为必须通过银行系统结算。本项目主要介绍支付结算办法的基本法律规定、账户的开立与使用,初步认识各类结算票据,并学会使用对账单进行银行存款的核对。

☆ **知识目标**

1. 了解支付结算办法;
2. 熟悉账户的开立与使用;
3. 熟悉银行票据和结算凭证;
4. 掌握银行存款的核对方法。

☆ **技能目标**

1. 会开立账户;
2. 会按照法律规定使用账户;
3. 能够辨识银行票据和结算凭证;
4. 会利用对账单编制银行存款余额调节表。

☆ **思政目标**

1. 培养沉着冷静、一丝不苟、严谨细致的工作作风;
2. 建立遵守国家法律法规的意识;
3. 建立出纳工作的操作流程标准化意识。

任务一 支付结算办法概述

▍任务目标

工作任务		支付结算办法概述
学习目标	知识目标	1. 了解支付结算的概念； 2. 熟悉银行账户管理的基本原则； 3. 熟悉支付结算的基本要求； 4. 熟悉银行结算纪律
	技能目标	明确办理非现金业务的基本规则
	思政目标	1. 培养法律意识； 2. 能够与企业内外部人员进行友好沟通与交流

▍任务导入

早上，淮阴华天商贸股份有限公司出纳王晓雯发现保险柜里的现金不多了，远低于库存现金限额，遂向财务经理赵丹申请去银行提取备用金。因为开户银行离公司比较远，王晓雯就给赵经理提了一个建议，说："赵经理，我建议公司在我们单位附近的一个银行开个户，方便我们出纳存取现金。"赵经理问王晓雯："你知道哪些账户可以取现金吗？这些银行结算规定你还记得吗？"王晓雯尴尬地点点头说："赵经理，我明白了！"到底怎么回事呢？

银行支付
结算简介

▍任务准备

一、支付结算的概念

支付结算是指单位、个人在社会经济活动中使用票据、银行卡、汇兑、托收承付、委托收款、信用证等结算方式进行货币给付及其资金清算的行为，是国民经济活动中资金清算的中介。

为了规范支付结算工作，我国制定了一系列支付结算方面的法律、法规和制度，主要包括1996年1月1日起施行的《票据法》、1997年10月起施行的《票据管理实施办法》、1997年12月起施行的《支付结算办法》，以及《人民币银行结算账户管理办法》等。

二、支付结算的基本原则

支付结算的基本原则是单位、个人和银行在进行支付结算活动时所必须遵循的行为准则。早在1988年12月由中国人民银行颁布的《银行结算办法》就根据社会经济发展的需要，在总结了中国改革开放以来结算工作经验的基础上，确立了以下原则：

(1)恪守信用,履约付款原则。这一原则主要在于产生支付结算行为时,结算当事人必须依照双方约定,依法履行义务和行使权利,严格遵守信用,履行付款义务,特别是应当按照约定的付款金额和付款日期进行支付。

(2)谁的钱进谁的账,由谁支配原则。这一原则主要在于维护存款人对存款资金的所有权,保证其对资金支配的自主权。

(3)银行不垫款原则。即银行在办理结算过程中,只负责办理结算当事人之间的款项划拨,不承担垫付任何款项的责任。这一原则主要在于划清银行资金与存款人资金的界限,保护银行资金的所有权和安全,有利于促使单位和个人直接对自己的债权债务负责。

三、支付结算的基本要求

(1)单位和个人办理支付结算必须使用中国人民银行统一规定印制的票据和结算凭证。未使用中国人民银行统一规定印制的票据,票据无效;未使用中国人民银行统一规定格式的结算凭证,银行不予受理。

(2)单位、个人必须按照《人民币银行结算账户管理办法》的统一规定开立、使用账户。

办理支付结算的具体要求

(3)填写票据和结算凭证应当全面规范,做到数字正确、要素齐全、不错不漏、字迹清楚、防止涂改;票据和结算凭证金额以中文大写和阿拉伯数码同时记载,二者必须一致,二者不一致的票据无效,二者不一致的结算凭证,银行不予受理;出票或者签发日期、收款人名称不得更改,更改的票据无效,更改的结算凭证,银行不予受理。对票据和结算凭证上的其他记载事项,原记载人可以更改,更改时应当由原记载人在更改处签章证明。

(4)票据和结算凭证上的签章和记载事项必须真实,不得变造、伪造。票据和结算凭证上的签章,为签名、盖章或者签名加盖章,具体规定为:

①银行汇票的出票人(即有权签发银行汇票的经办行)在票据上的签章,应为经中国人民银行批准使用的该银行汇票专用章加其法定代表人或其授权经办人的签名或者盖章。

②银行承兑商业汇票,办理商业汇票的转贴现、再贴现时的签章,应为经中国人民银行批准使用的该银行汇票专用章加其法定代表人或其授权经办人的签名或者盖章。

③银行本票的出票人(即签发本票的经办行)在票据上的签章,应为经当地人民银行批准使用且统一刻制的该银行本票专用章加其法定代表人或其授权经办人的签名或者盖章。

④单位在票据上的签章,应为该单位的财务专用章或者公章加其法定代表人或者其授权的代理人的签名或盖章;个人在票据上的签章,应为该个人的签名或者盖章。

⑤支票的出票人和商业承兑汇票的承兑人在票据上的签章,为其预留银行的签章。

⑥出票人在票据上的签章不符合《票据法》《票据管理实施办法》和《支付结算办法》规定的,票据无效。

⑦承兑人、保证人在票据上的签章不符合《票据法》《票据管理实施办法》和《支付结算办法》规定的,其签章无效,但不影响其他符合规定签章的效力。

⑧背书人在票据上的签章不符合《票据法》《票据管理实施办法》和《支付结算办法》规定的，其签章无效，但不影响其前手符合规定签章的效力。

四、银行结算纪律

银行是办理结算的主体，是维护结算秩序的重要环节，银行必须严格按照结算制度办理结算。银行应该遵守的结算纪律主要包括以下几条：

(1) 不准以任何理由压票、任意退票、截留挪用客户和他行资金；

(2) 不准受理无理拒付、不扣少扣滞纳金；

(3) 不准在结算制度之外规定附加条件，影响汇路畅通；

(4) 不准违反规定开立账户；

(5) 不准拒绝受理、代理他行正常结算业务；

(6) 不准放弃对企事业单位违反结算纪律的制裁；

(7) 不准违章承兑、贴现商业汇票和逃避承兑责任，拒绝支付已承兑的商业汇票票款。

银行除了严格遵守上述纪律之外，为了保证结算质量，还必须严格遵守规定的办理结算的时间标准。根据《关于加强银行结算工作的决定》，向外发出的结算凭证，必须于当天至迟次日寄发；收到的结算凭证，必须及时将款项支付给收款人。结算的时间，同城一般不超过2天；异地全国或省内直接通汇行之间，电汇一般不超过4天，信汇一般不超过7天。

任务实施

1. 技能点

技能点如表5-1所示。

表5-1 技能点

序号	技能点	注意事项
1	票据和结算凭证的金额填写	大小写必须一致
2	票据的签发日期	必须大写
3	票据的收款人名称	必须写全称
4	银行汇票出票人的签章	必须符合法律规定
5	银行本票出票人的签章	必须符合法律规定
6	支票的出票人签章	预留银行印鉴章
7	承兑人、背书人、贴现人的签章	必须符合法律规定
8	银行结算纪律	维护结算单位的权益

2. 典型案例

2021年11月16日，淮阴华天商贸股份有限公司出纳王晓雯收到支票一张，是淮阴振华鞋帽有限公司购买电风扇的货款，金额为¥3 980.00(见图5-1)。

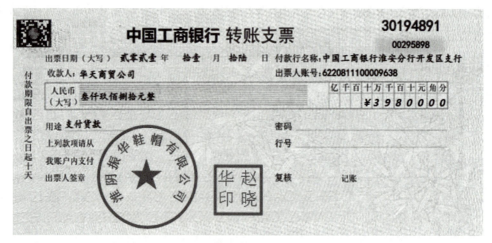

图 5-1 转账支票

出纳王晓雯拿到淮阴振华鞋帽有限公司开来的这张支票，认为这张支票是无效票据，理由如下：

（1）出票日期的书写不符合要求，虽然是大写，但是大写书写不符合出票日期大写的书写规定；

（2）收款人的书写不符合要求，应书写淮阴华天商贸股份有限公司全称；

（3）金额大写不符合要求，金额大写和小写不一致；

（4）签章不符合要求，支票签章为预留银行印鉴章，通常为出票企业的财务专用章和法人代表名章。

任务二　银行结算账户的开立与使用

任务目标

工作任务		银行结算账户的开立与使用
学习目标	知识目标	1. 了解银行结算账户的概念、分类和用途； 2. 熟悉银行结算账户的开立； 3. 熟悉银行结算账户的变更； 4. 熟悉银行结算账户的撤销
	技能目标	明确银行结算账户开立和使用的具体规定
	思政目标	1. 培养业务办理的流程意识； 2. 能够与企业内外部人员进行友好沟通与交流

任务导入

淮阴华天商贸股份有限公司考虑到原基本存款账户地址距离本单位比较远，给财务人员带来诸多不便，同意财务科申请，将基本存款账户变更到离单位比较近的中国建设银行江苏省淮安分行清江浦支行。那么，出纳王晓雯应当如何办理变更手续呢？企业账户的开立和使用又有哪些规定呢？

任务准备

一、银行结算账户的概念

银行结算账户是指存款人在经办银行开立的办理资金收付结算的人民币活期存款账户。这里的存款人是指在中国境内开立银行结算账户的机关、团体、部队、企事业单位、其他组织、个体工商户和自然人；银行是指在中国境内经中国人民银行批准经营支付结算业务的政策性银行、商业银行(含外资独资银行、中外合资银行、外国银行分行)、城市商业银行、农村商业银行、城市信用合作社、农村信用合作社。

银行结算方式简介

二、银行结算账户的分类和用途

1. 按存款人不同分类

银行结算账户按存款人不同分为单位银行结算账户和个人银行结算账户。存款人以单位名称开立的银行结算账户为单位银行结算账户；存款人以个人名义开立的银行结算账户为个人银行结算账户。

2. 按用途不同分类

单位银行结算账户按用途不同分为基本存款账户、一般存款账户、临时存款账户、专用存款账户。

(1)基本存款账户：是指存款人因办理日常转账结算和现金收付需要开立的银行结算账户。存款人只能选择一家银行的一个营业机构开立一个基本存款账户，不得同时开立多个基本存款账户。基本存款账户主要用于：

①存款人日常经营活动的资金收付；

②工资、奖金的支取；

③现金的支取。

(2)一般存款账户：是指存款人因借款或者其他结算需要，在基本存款账户开户银行以外的银行营业机构开立的银行结算账户。一般存款账户主要用于：

①借款转存；

②借款归还；

③其他结算资金的收付。

需要注意的是，该账户可以办理现金缴存，但不能办理现金支取。

(3)临时存款账户：是指存款人因临时需要并在规定期限内使用而开立的银行结算账户。存款人有设立临时机构、异地临时经营活动、注册验资情况的，可以申请开立临时存款账户。其具体使用规定如下：

①临时机构发生的资金收付；

②存款人临时经营活动发生的资金收付；

③注册验资，验资期间只收不付；

④有效期最长不得超过 2 年。

(4) 专用存款账户：是指存款人按照法律、行政法规和规章，对有特定用途资金进行专项管理和使用而开立的银行结算账户。其具体使用规定如下：

①单位银行卡账户的资金必须由基本存款账户转账存入，该账户不得办理现金收付业务。

②财政预算外资金、证券交易结算资金、期货交易保证金和信托基金专用存款账户，不得支取现金。

③基本建设资金、更新改造资金、政策性房地产开发资金、金融机构存放同业资金账户需要支取现金的，应在开户时报中国人民银行当地分支行批准。

④粮、棉、油收购资金，社会保障基金，住房基金和党、团、工会经费专用存款账户支取现金应按照国家现金管理的规定办理。

⑤收入汇缴账户除向其基本存款账户或预算外资金财政专用存款户划缴款项外，只收不付；业务支出账户除从其基本存款账户拨入款项外，只付不收。

三、银行结算账户的开立

开立银行结算账户是做好资金结算工作的基础，企业只有在银行开立存款账户，才能通过银行跟其他单位进行结算。作为出纳，应当了解如何开立银行结算账户。根据《人民币银行结算账户管理办法》的要求，企业在申请开立银行结算账户时需明了以下规定：

银行账户的开立

(1) 存款人申请开立银行结算账户时应填制开户申请书并提供规定的证明文件。银行应对存款人的开户申请书的事项和证明文件的真实性、完整性、合规性进行审查，并将符合审查要求的存款人开户资料向中国人民银行当地分支行备案。开立基本存款账户的，开户银行同意开户后会核发基本存款账户信息表，如图 5-2 所示。

图 5-2 基本存款账户信息表

(2)开户银行为存款人开立银行结算账户,应与存款人签订银行结算账户管理协议,明确双方的权利与义务。

(3)除中国人民银行另有规定以外,应建立存款人的预留签章卡片,并将签章式样和有关证明文件的原件或复印件留存归档,如图5-3所示。

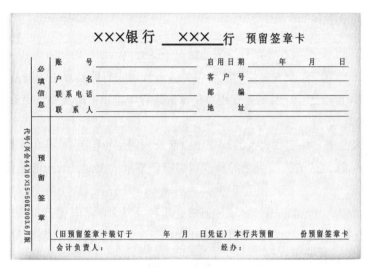

图5-3 预留签章卡

(4)银行在为存款人开立一般存款账户、专用存款账户和临时存款账户时,应在其基本存款账户开户登记证上登记账户名称、账号、账户性质、开户银行、开户日期,并签章,但临时机构和注册验资需要开立的临时存款账户除外。

开立银行结算账户的流程如图5-4所示。

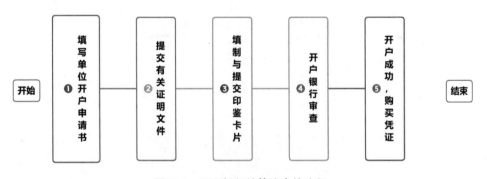

图5-4 开立银行结算账户的流程

四、银行结算账户的使用与管理

开户单位按要求开立存款账户后,还需按照《人民币银行结算账户管理办法》的要求使用账户,具体规定如下:

(1)存款人可以自主选择银行开立银行结算账户,除国家法律、行政法规和国务院规定外,任何单位和个人不得强令存款人到指定银行开立银行结算账户。

银行账户的使用

(2)银行结算账户的开立和使用应当遵守法律、法规,不得利用银行结算账户进行偷逃税款、逃废债务、套取现金及其他违法犯罪活动。

(3)银行应依法为存款人的银行结算账户信息保密。除国家法律、行政法规另有规定外,银行有权拒绝向任何单位和个人提供查询。

五、银行结算账户的变更

银行结算账户的变更是指在非账号变更的情况下变更银行账户的相关内容,具体规定如下:

(1)存款人名称变更。存款人名称的改变主要涉及预留银行印鉴章中的财务专用章,单位名称改变会导致印章的内容发生改变,财务专用章是预留银行印鉴章中的重要证明资料,名称变更需要办理账户变更手续。

(2)法定代表人变更。法定代表人的改变也会涉及预留银行印鉴章,作为预留银行印鉴章中的另一重要证明资料,法定代表人变更会导致预留银行印鉴章的改变,因此,法定代表人发生变更需要办理变更手续。

(3)单位主要负责人、经营范围、地址、注册资金币种及其金额等其他开户资料发生变更。上述内容主要涉及营业执照相关内容,营业执照是开立银行账户的重要证明资料(见图5-5),其内容发生改变需要对银行账户做变更处理。

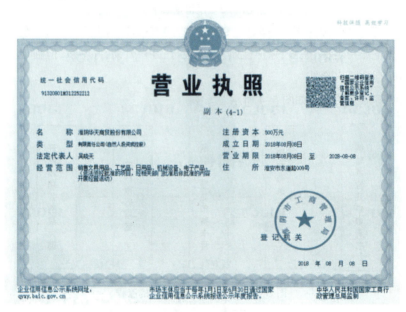

图 5-5　营业执照

上述内容发生变更后,存款人应在5个工作日内向开户银行提出书面申请并提供有关证明,开户银行在2个工作日内向当地中国人民银行报告。

六、银行结算账户的撤销

银行结算账户的撤销是指存款人因开户资格或其他原因终止银行结算账户的行为。存款人有下列情形的,应向开户银行提出撤销银行结算账户的申请:

(1) 被撤并、解散、宣告破产或关闭的；
(2) 注销、被吊销营业执照的；
(3) 因迁址需要变更开户银行的；
(4) 其他原因需要撤销其银行结算账户的。

对于被撤并、解散、宣告破产、关闭、注销、被吊销营业执照等原因需要撤销银行结算账户的，其撤销顺序是存款人主体资格终止后，应首先撤销一般存款账户、专用存款账户、临时存款账户，将这些账户资金转入基本存款账户后，方可办理基本存款账户的撤销。银行得知存款人主体资格终止情况的，存款人超过规定期限未主动办理撤销银行结算账户手续的，银行有权终止其银行结算账户的对外支付。

具体操作流程为：存款人在5个工作日内向基本存款账户开户银行提出撤销申请，基本存款账户开户银行在2个工作日内书面通知一般存款账户、专用存款账户、临时存款账户开户银行，上述开户银行在接到通知之日起2个工作日内通知企业撤销账户，企业在接到通知之日起3个工作日内撤销一般存款账户、专用存款账户、临时存款账户，最后撤销基本存款账户。

对于因迁址需要撤销银行结算账户的，其撤销程序是：企业向开户银行提出申请，开户银行审核，企业在2个工作日内办理撤销手续。存款人撤销基本存款账户后，需要重新开立基本存款账户的，应在撤销其原账户后10日内申请重新开立基本存款账户，同时应出具"已开立银行结算账户清单"。

对于基本存款账户转户，也就是存款人因迁址或其他需要，在原基本存款账户开户银行撤销基本存款账户后，选择其他银行申请重新开立基本存款账户的行为，存款人应按照《人民币银行结算账户管理办法》规定办理销户手续，向其他银行申请重新开立基本存款账户时，应按规定如实填写开立单位银行结算账户申请书，并与相关的证明文件和原基本存款账户开户行出具的销户证明一并提交银行审核。

任务实施

1. 知识点与技能点

知识点与技能点如表5-2所示。

表5-2　知识点与技能点

序号	知识点与技能点	注意事项
1	银行结算账户的种类	
2	银行结算账户的用途	分辨可以支取现金的账户
3	银行结算账户的使用	
4	银行结算账户的开立	
5	银行结算账户的变更	账号变更属银行账户撤销
6	银行结算账户的撤销	账户撤销顺序

2. 典型案例

淮阴华天商贸股份有限公司考虑到原基本存款账户地址距离本单位比较远,给财务人员带来诸多不便,同意财务科申请,将基本存款账户变更到离单位比较近的中国建设银行江苏省淮安分行清江浦支行,出纳王晓雯办理变更手续。

(1)出纳王晓雯填制一式三联的撤销银行结算账户申请书(见图5-6);

图5-6 撤销银行结算账户申请书

(2)出纳王晓雯携带空白现金支票、转账支票及申请书向原基本存款账户开户银行申请撤销银行结算账户;

(3)原开户银行同意撤销申请,并出具销户证明;

(4)王晓雯填写开立单位银行结算账户申请书,并提交原基本存款账户销户证明(见图5-7);

(5)王晓雯提交营业执照及印鉴卡片(见图5-8);

(6)开户银行同意申请。

图 5-7 开立单位银行结算账户申请书

图 5-8 印鉴卡片

任务三　银行结算收付款业务概述

任务目标

工作任务		银行结算收付款业务概述
学习目标	知识目标	1. 银行结算的概念及种类； 2. 银行结算收付款业务办理
	技能目标	1. 能够识别各种银行票据； 2. 能够识别各种银行结算凭证； 3. 理解银行结算收付业务流程
	思政目标	1. 建立业务流程意识； 2. 能够与企业内外部人员进行友好沟通与交流

任务导入

这天，淮阴华天商贸股份有限公司财务经理赵丹来到出纳室检查出纳工作，场景再现：

财务经理赵丹：小王，单位的小额零星现金支出的最高限额是多少？

出纳王晓雯：根据《现金管理暂行条例》中现金使用范围的规定，单位的小额零星现金支出的最高限额为1 000元。

财务经理赵丹：超过1 000元怎么处理？

出纳王晓雯：通过银行结算呀！

财务经理赵丹：你最近采用哪种银行结算方式办理业务的呢？

出纳王晓雯：赵经理，我主要填了现金支票和转账支票，其他业务暂时还没有涉及！

财务经理赵丹：好的，有不懂的要多请教丁会计。

任务准备

一、银行结算的概念和种类

1. 银行结算的概念

银行结算是指通过银行账户的资金转移所实现收付的行为，即银行接受客户委托代收代付，从付款单位存款账户划出款项，转入收款单位存款账户，以此完成经济单位之间债权债务的清算或资金的调拨。银行结算是商品交换的媒介，是社会经济活动中清算资金的中介。

2. 银行结算的种类

（1）支票结算方式。支票是单位或个人签发的，委托办理支票存款业务的银行在见票时无条件支付确定的金额给收款人或者持票人的票据(见图 5-9)。支票可分为现金支票、转账支票和普通支票。

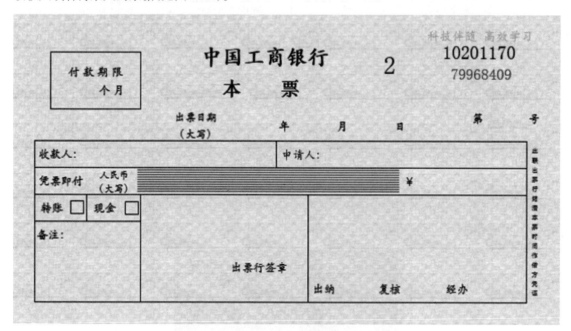

图 5-9 支票

（2）银行本票结算方式。银行本票是银行签发的,承诺自己在见票时无条件支付确定的金额给收款人或者持票人的票据(见图 5-10)。

图 5-10 银行本票

（3）银行汇票结算方式。银行汇票是汇款人将款项交存当地出票银行,由出票银行签发的,由其在见票时,按照实际结算金额无条件支付给收款人或持票人的票据(见图 5-11)。

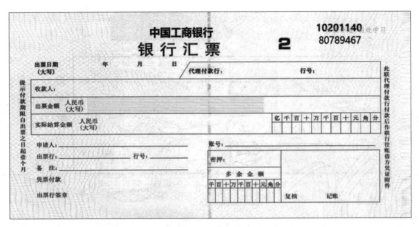

图 5-11　银行汇票

(4) 商业汇票结算方式。商业汇票是出票人签发的,委托付款人在指定日期无条件支付确定的金额给收款人或者持票人的票据(见图 5-12)。商业汇票按承兑人不同分为商业承兑汇票和银行承兑汇票两种。

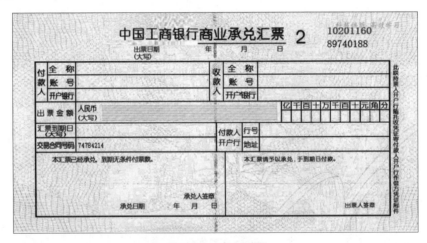

图 5-12　商业汇票

(5) 信用卡结算方式。信用卡是指商业银行向个人和单位发行的,凭以向特约单位购物、消费和向银行存取现金,且具有消费信用的特制载体卡片(见图 5-13)。信用卡按使用对象分为单位卡和个人卡,按信誉等级分为金卡和普通卡。

图 5-13　信用卡

(6)汇兑结算方式。汇兑是汇款人委托银行将其款项支付给收款人的结算方式(见图5-14)。汇兑分信汇和电汇两种。汇兑结算方式适用于异地之间的各种款项结算。

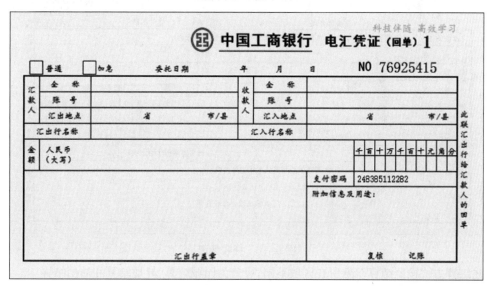

图5-14 电汇凭证

(7)委托收款结算方式。委托收款是收款人委托银行向付款人收取款项的结算方式(见图5-15)。无论单位还是个人都可收取同城和异地的款项。委托收款结算款项划回的方式分为邮寄和电报两种。

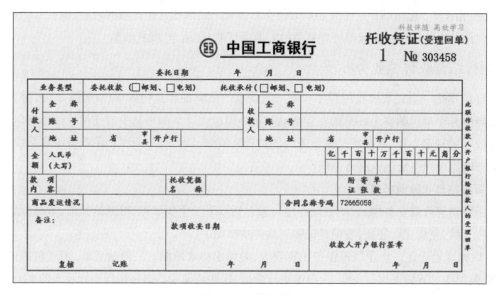

图5-15 托收凭证

(8)托收承付结算方式。托收承付是根据购销合同由收款人发货后委托银行向异地付款人收取款项,由付款人向银行承认付款的结算方式(见图5-16)。按照《支付结算办法》的规定,承付货款分为验单付款与验货付款两种。

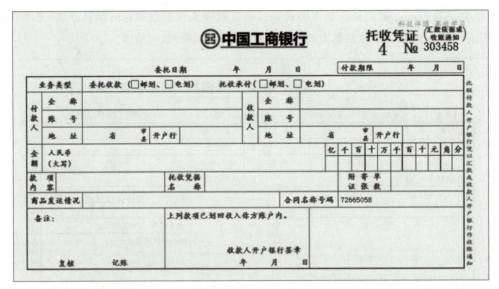

图 5-16　托收凭证

上述结算方式按照结算双方所在区域不同,可分为同城结算、异地结算和通用结算。

(1)同城结算。同城结算是指交易双方使用的结算方式必须在一个票据交换区域才能完成的结算方式,适合同城结算的有支票、银行本票。

(2)异地结算。异地结算是指交易双方使用的结算方式必须在分属于不同票据交换区域才能完成的结算方式,适合异地结算的有银行汇票、汇兑、托收承付。

(3)通用结算。通用结算是指交易双方的结算方式不受票据交换区域的限制,也就是同城、异地都可以使用的方式,同城、异地都可以使用的有商业汇票、信用卡、委托收款。

二、银行结算收付款业务办理

银行结算是一个复杂的收付程序。每一笔款项的结算都涉及付款单位、收款单位、付款银行、收款银行等几个单位的多个环节的业务活动和资金增减变动。如果其中的任何单位和任何一个环节不按统一的规定办理,都会给结算业务的进行带来困难。因此,企业在利用银行结算系统办理收付款业务时需按照一定流程进行办理。

1. 银行结算收款业务流程

在银行结算收款业务中,它的处理程序一般包括以下 5 个步骤:取得原始凭证,审核原始凭证,办理进账手续,复核记账凭证,登记日记账。具体步骤如下:

(1)取得原始凭证。企业取得银行结算收入,必须取得或填制有关原始凭证,主要包括销售单、出库单、发票等结算凭证以及支票、汇票等银行票据,这些凭证和票据是银行结算收入的书面证明。

(2)审核原始凭证。原始凭证需经专门人员审核,审核的内容包括支票、商业汇票等银行票据的收款人是否为本单位,金额大小写是否一致,与实际发生的业务是否一致,是否在银行票据的有效期内等,审核无误后方可转给出纳。

(3)办理进账手续。出纳人员在办理银行结算收入业务时,必须要对结算凭证进行认真复核。复核无误后方可填写收款收据并在票据背面背书人处背书并填写进账单,然后去银行办理进账手续。

(4) 复核记账凭证。制单会计根据发票、收据、进账单编制收款凭证并签章，然后转给专门的稽核会计审核，稽核会计审核无误后在记账凭证上签章交给出纳，出纳人员对转过来的收款凭证再次进行复核，复核无误后在收款凭证上签章并在收据等原始凭证上加盖转账收讫章。

(5) 登记日记账。出纳根据复核无误的收款凭证登记银行存款日记账。

2. 银行结算付款业务流程

银行结算付款业务处理程序，一般也包括5个步骤，即取得付款凭据，审核付款凭据，办理支付手续，复核记账凭证，登记日记账。具体步骤如下：

(1) 取得付款凭据。企业发生付款支出时，需要取得或填制有关原始凭证，主要包括购货发票、付款申请书、购货合同等原始凭证，作为支付结算的书面证明。

(2) 审核付款凭据。会计专门人员对支付结算的原始凭证的合法性、真实性、准确性进行复核；出纳人员则主要是对原始凭证手续的完备性进行复核，即相关支出业务的部门领导、单位领导以及财务负责人是否均已审核完毕，手续完备即可填制支票领用登记簿，领取空白转账支票，或者采用其他银行结算方式办理付款业务。

(3) 办理支付手续。出纳人员在复核无误的银行存款支付凭证上，加盖带有付款日期的"转账付讫"戳记，并填制转账支票，将正本联交给经办人，或采用其他银行结算方式办理付款业务。

(4) 复核付款凭证。制单人员根据付款通知等审核无误的原始凭证编制银行存款付款凭证，然后交由专门的稽核会计审核，审核无误后转给出纳，出纳再次对银行存款付款凭证进行复核，无误后在出纳签章处签章。

(5) 登记日记账。出纳根据审核过的记账凭证登记银行存款日记账。

任务实施

1. 识别银行结算收款业务中出纳的工作环节

银行结算收款业务中出纳的工作环节如表5-3所示。

表5-3 银行结算收款业务中出纳的工作环节

序号	技能点	注意事项
1	办理进账手续	出纳需在银行票据背面背书并填制进账单
2	填制收款收据	出纳根据进账单填制收款收据
3	传递原始单据给制单会计	
4	复核记账凭证并签章	在记账凭证出纳栏签章，在原始凭证上签"转账收讫"章
5	登记银行存款日记账	

出纳在银行结算收款业务中，核心工作环节是办理进账手续，此环节关系到资金能否顺利到达企业银行账户。因此，出纳对银行票据的收款人是否为本单位，金额大小写是否一致，与实际发生的业务是否一致，是否在银行票据的有效期内等内容需要再次进行复核，复核无误后方可进行背书

和填制进账单,办理进账手续。

2. 识别银行结算付款业务中出纳的工作环节

银行结算付款业务中出纳的工作环节如表5-4所示。

表5-4　银行结算付款业务中出纳的工作环节

序号	技能点	注意事项
1	审核付款原始凭证	出纳主要对原始凭证手续的完备性进行审核
2	查询企业账户余额	
3	填写支票领用簿等	
4	填制支票或其他银行票据	在相关原始凭证上签"转账付讫"章
5	复核记账凭证并签章	在记账凭证出纳栏签章
6	登记银行存款日记账	

出纳在银行结算付款业务中,核心工作环节是办理支付手续,此环节关系到资金是否正确流出企业银行账户。因此,出纳对据以支付的有关原始凭证要认真复核,确保相关责任人均已知晓付款事宜并签章,然后才能办理下一步的付款手续。需要格外注意的是,出纳在办理付款手续之前必须查询账户余额,不能开具超过账户余额的银行票据,带来法律风险。

任务四　银行存款的核对

任务目标

工作任务		银行存款的核对
学习目标	知识目标	1. 银行存款核对的概念; 2. 银行存款核对不符的原因; 3. 银行存款余额调节表的编制方法
	技能目标	1. 能够判断未达账项的类型; 2. 能够编制银行存款余额调节表
	思政目标	1. 培养严谨细致、一丝不苟的工作作风; 2. 培养与人友好沟通与交流的能力

任务导入

2021年12月15日,淮阴华天商贸股份有限公司出纳王晓雯收到开户银行传递过来的银行对账单,王晓雯将该开户银行的银行存款日记账取出进行核对,发现余额不一样,王晓雯应该如何处理呢?

任务准备

一、银行存款核对的概念和方法

1. 银行存款核对的概念

银行存款的核对又称银行存款的清查,是财产清查的重要内容,是采用与开户银行核对账目的方法进行的,将本单位银行存款日记账的账簿记录与开户银行转来的对账单逐笔进行核对,以此来查明银行存款的实有数额。

银行存款的核对

2. 银行存款核对的方法

银行存款核对的方法是询证核对法,也就是将企业的日记账与银行出具的对账单进行核对。在核对过程中需注意以下3点:

(1)核对前需检查单位银行存款日记账的正确性和完整性;

(2)主要核对金额方向及金额大小,同时要核对银行结算凭证的种类和号码;

(3)核对后的金额要做出标记,以免漏对或重对。

二、银行存款核对不符的原因

银行存款核对不符主要是由两个方面原因造成的:一是记账错误,二是未达账项。

1. 记账错误

记账错误是指会计记录发生差错,记账错误主要表现为以下4种情形:

(1)记账凭证没有登记记入银行存款日记账;

(2)记账凭证重复登记记入银行存款日记账;

(3)记账凭证记账错误导致银行存款日记账错误;

(4)记账凭证没有错误而登记银行存款日记账时发生错误。

2. 未达账项

未达账项是企业与银行之间,对同一项经济业务,由于凭证传递上的时间差,所形成的一方已登记入账,而另一方因未收到相关凭证,尚未登记入账的事项。依据企业和银行登记时间的先后,可以将未达账项分为以下4类:

(1)企业已收,银行未收,是指企业已经收到外单位交付的转账支票或者银行本票,编制了银行存款收款凭证并登记入账,而因为票据未及时送存银行,导致银行尚未办理转账手续,未能登记入账的款项;

(2)企业已付,银行未付,是指企业已经开出转账支票支付了相关款项,编制了记账凭证并登记入账,而因为收款方未及时将票据送存银行,导致银行尚未办理转账手续,未能登记入账的款项;

(3)银行已收,企业未收,是指银行已经收款,如企业委托银行收款业务,银行已收到托收款项并做了记账处理,而企业尚未收到银行的收款通知,因而未能编制记账凭证登记记入银行存款日记账;

(4)银行已付,企业未付,是指银行已经付款,如借款利息的扣付,银行已做账务处理登记入账,而企业尚未收到银行的付款通知,因而未能编制记账凭证登记记入银行存款日记账。

三、银行存款核对的步骤

由于记账错误和未达账项等原因,导致银行存款的账面余额和银行的对账单余额不相符,因此必须定期、不定期地进行银行存款的核对。银行存款核对的总体工作流程有以下 5 个步骤:

(1)获取核对目标,即银行存款日记账和银行对账单;

(2)检查银行存款日记账登记的正确性和完整性并进行账证核对、账账核对;

(3)核对银行存款日记账和银行对账单的余额;

(4)查找余额不符的原因;

(5)编制银行存款余额调节表(见图 5-17)。

银行存款余额调节表的编制

图 5-17 银行存款余额调节表

任务实施

2021 年 12 月 15 日,淮阴华天商贸股份有限公司出纳王晓雯收到开户银行传递过来的银行对账单,王晓雯将该开户银行的银行存款日记账取出进行核对,发现余额不符,如图 5-18 和图 5-19 所示。

图 5-18 银行存款日记账

中国建设银行江苏省淮安分行清江浦支行 银行对账单

户名：淮阴华天商贸股份有限公司
账号：6227001280003405
2021 年 12 月 15 日止
第　　页
利率：　　%

日期	摘要	结算凭证		借方	贷方	余额
		种类	号数			
2021年12月01日	承前页					10,000.00
2021年12月08日	收款	转账支票	20241		20,000.00	30,000.00
2021年12月09日	收款	汇兑凭证	346251		50,000.00	80,000.00
2021年12月13日	付款	现金支票	324510	10,000.00		70,000.00
2021年12月13日	付款	转账支票	334532	30,000.00		40,000.00
2021年12月14日	付款	托收凭证	370645	5,000.00		35,000.00

图 5-19　银行对账单

1. 操作流程

操作流程如表 5-5 所示。

表 5-5　操作流程

序号	操作步骤	角色	注意事项
1	获取银行对账单	出纳	
2	检查银行存款日记账	出纳	进行账证、账账核对
3	核对	出纳	相符的要打钩
4	编制银行存款余额调节表	出纳	将不相符的金额填到银行存款余额调节表内
5	上报财务经理审核	经理	财务经理审核银行存款余额调节表
6	呈报开户银行	出纳	

2. 具体操作步骤

(1) 出纳王晓雯取得银行对账单；

(2) 出纳王晓雯检查银行存款日记账，并与记账凭证、银行存款总账进行核对；

(3) 出纳王晓雯核对银行存款日记账和银行对账单；

(4) 出纳王晓雯编制银行存款余额调节表（见图 5-20）；

(5) 出纳王晓雯将编好的银行存款余额调节表报送财务经理赵丹审核；

(6) 出纳王晓雯将银行存款余额调节表呈送开户银行。

银行存款余额调节表

编制单位：淮阴华天商贸股份有限公司　　2021 年 12 月 15 日　　　　　　　　单位：元

项目	金额	项目	金额
企业银行存款日记账余额	40,000.00	银行对账单余额	35,000.00
加：银行已收、企业未收的款项		加：企业已收、银行未收的款项	
1、货款	50,000.00	1、货款	52,000.00
2、		2、	
3、		3、	
减：银行已付、企业未付的款项		减：企业已付、银行未付的款项	
1、水电费	5,000.00	1、支付办公费	2,000.00
2、		2、	
3、		3、	
调节后余额	85,000.00	调节后余额	85,000.00

图 5-20　银行存款余额调节表

☆ **项目内容结构**

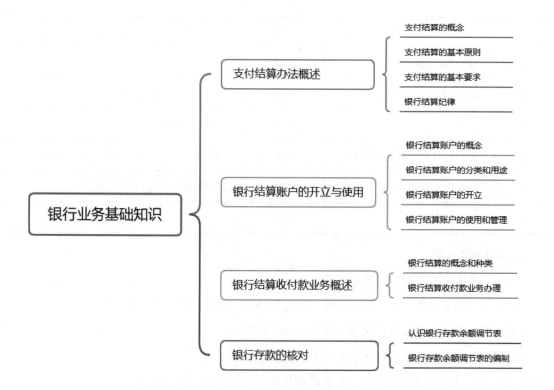

项目五 银行业务基础知识

课后习题

一、单选题

1. 下列可用于支付工资及奖金的账户是( )。
   A. 一般存款账户　　　　　　　　B. 基本存款账户
   C. 临时存款账户　　　　　　　　D. 专用存款账户

2. 一般存款账户可以进行的结算内容不包括( )。
   A. 借款转存　　　　　　　　　　B. 借款归还
   C. 现金支取　　　　　　　　　　D. 现金缴存

3. 下列存款人中,不可以申请开立基本存款账户的是( )。
   A. 多人合伙设立的某科技产品经营部
   B. 某市财政局
   C. 某中学在校内设立的非独立核算的小卖部
   D. 个体工商户李某经营的水果零售部

4. 下列各项中,不具备开立基本存款账户资格的存款人是( )。
   A. 企业法人　　　　　　　　　　B. 个体工商户
   C. 社会委员会　　　　　　　　　D. 单位设立的非独立核算的附属机构

5. 存款人依法对有特定用途的资金进行专项管理和使用而开立的银行结算账户是( )。
   A. 基本存款账户　　　　　　　　B. 一般存款账户
   C. 专用存款账户　　　　　　　　D. 临时存款账户

6. 下列不属于单位、个人和银行办理支付结算必须遵守的原则的是( )。
   A. 恪守信用,履约付款　　　　　B. 谁的钱进谁的账,由谁支配
   C. 银行不垫款　　　　　　　　　D. 不得出租或出借银行账户

7. ( )负责制定统一的支付结算法律制度。
   A. 中国银行总行　　　　　　　　B. 中国人民银行总行
   C. 国家政策性银行　　　　　　　D. 商业银行总行

8. ( )负责制定统一的支付结算制度。
   A. 中国人民银行　　　　　　　　B. 国务院财政部门
   C. 银监会　　　　　　　　　　　D. 中国银行

9. 支付结算的基本原则中( )原则是《中华人民共和国民法典》中诚信原则在支付结算中的具体表现。
   A. 诚实守信原则　　　　　　　　B. 谁的钱进谁的账,由谁支配原则
   C. 银行不垫款原则　　　　　　　D. 恪守信用,履约付款的原则

10. 单位、个人和银行办理支付结算必须使用( )。

A. 各开户银行印制的票据和结算凭证

B. 按财政部统一规定印制的票据和结算凭证

C. 按中国人民银行统一规定印制的票据和结算凭证

D. 按国家税务部门统一规定印制的票据和结算凭证

11. 根据《人民币银行结算账户管理办法》的规定,一般企事业单位只能选择一家银行的一个营业机构开立一个(　　)。

　　A 专用存款账户　　　　　　　　　B. 临时存款账户

　　C. 基本存款账户　　　　　　　　　D. 一般存款账户

12. 开户单位之间的经济往来,除按规定的范围可以使用现金外,应当通过(　　)进行转账结算。

　　A. 开户银行　　　　　　　　　　　B. 人民银行

　　C. 财务公司　　　　　　　　　　　D. 政策性银行

13. 存款人更改名称,但不改变开户银行及账号的,应于(　　)个工作日内向开户银行提出银行结算账户的变更申请。

　　A.2　　　　　B.10　　　　　C.5　　　　　D.15

14. 存款人开立一般存款账户应向银行出具的证明文件不包括(　　)。

　　A. 基本存款账户开户许可证　　　　B. 单位负责人的身份证

　　C. 单位的营业执照　　　　　　　　D. 借款合同

15. 临时存款账户有效期最长不得超过(　　)。

　　A.6个月　　　B.1年　　　　C.3年　　　　D.2年

16. 下列各项不属于银行结算账户特点的是(　　)。

　　A. 办理人民币业务　　　　　　　　B. 办理资金结算业务

　　C. 是活期存款账户　　　　　　　　D. 是定期存款账户

17. 凤华公司基本存款账户开在建设银行A市支行,现因经营需要向工商银行B市分行申请贷款1 000万元,经审查同意贷款,其应在B分行开设(　　)账户。

　　A. 专用存款账户　　　　　　　　　B. 一般存款账户

　　C. 临时存款账户　　　　　　　　　D. 基本存款账户

18. 当单位发生以下(　　)事项,应在规定的时间内办理变更手续。

　　A. 存款人改变名称但不改变账号

　　B. 因迁址改变开户银行

　　C. 未获工商局批准登记的单位开立验资临时存款账户

　　D. 存款人改变名称并改变账号

19. 根据《人民币银行结算账户管理办法》规定,存款人可以申请开立(　　)一般存款账户。

　　A.1个　　　　B.2个　　　　C.3个　　　　D. 没有数量限制

20. 从银行提取现金备发工资的业务,应填制的记账凭证是(　　)。

　　A. 付款凭证　　　　　　　　　　　B. 收款凭证

C. 转账凭证　　　　　　　　　　D. 收款和付款凭证

21. 用转账支票支付前欠货款,应填制( )。
   A. 转账凭证　　　　　　　　　B. 付款凭证
   C. 收款凭证　　　　　　　　　D. 原始凭证

22. 既可支取现金,又可转账的支票是( )。
   A. 现金支票　　　　　　　　　B. 转账支票
   C. 普通支票　　　　　　　　　D. 划线支票

23. 银行存款日记账的账簿形式应该是( )。
   A. 三栏式活式账簿　　　　　　B. 多栏式活式账簿
   C. 三栏式订本序时账簿　　　　D. 两栏式订本序时账簿

24. 银行存款日记账的登记方法是( )。
   A. 每日汇总登记　　　　　　　B. 定期汇总登记
   C. 月末一次登记　　　　　　　D. 逐日逐笔登记

25. 从银行提取现金或把现金存入银行的经济业务,一般是( )。
   A. 只填收款凭证,不填付款凭证
   B. 只填付款凭证,不填收款凭证
   C. 既填付款凭证,又填收款凭证
   D. 填付款凭证或填收款凭证

26. 对银行存款进行清查时,应将( )与银行编制的对账单进行逐笔核对。
   A. 银行存款日记账　　　　　　B. 银行存款总账
   C. 银行存款结算单据　　　　　D. 支票簿

27. 某企业2021年10月31日银行存款日记账余额为80 000元,银行对账单余额为85 000元。经逐笔核查,发现有如下2笔未达账项:①10月15日,外地某购货单位汇来一笔预付货款4 000元,银行已收妥入账,而企业尚未记账;②10月29日,企业开出现金支票一张计1 000元,但持票人尚未到银行提现。编制"银行存款余额调节表"调节后的银行存款余额应为( )。
   A. 79 000元　　　B. 82 000元　　　C. 84 000元　　　D. 86 000元

28. 存款人因办理日常转账结算和现金收付的银行账户属于( )。
   A. 临时存款账户　　　　　　　B. 专用存款账户
   C. 一般存款账户　　　　　　　D. 基本存款账户

二、多选题

1. 下列单位中,可以开立基本存款账户的有( )。
   A. 企业法人　　　　　　　　　B. 武警部队
   C. 外国驻华机构　　　　　　　D. 企业非独立核算的附属机构

2. 根据《人民币银行结算账户管理办法》的规定,下列事项中存款人应向开户银行申请撤销银行结算账户的是( )。
   A. 尚未清偿其开户银行债务的

B. 存款人因迁址需要变更开户银行的

C. 存款人迁址但不变更开户银行

D. 注销、被吊销营业执照

3. 根据《人民币银行结算账户管理办法》的规定,存款人开立(　　)账户实行核准制度,经中国人民银行核准后由开户银行核发开户许可证。

　　A. 基本存款账户　　　　　　　　B. QFII 账户

　　C. 个人银行结算账户　　　　　　D. 临时存款账户

4. 根据支付结算法律制度的规定,一般存款账户的存款人可以办理(　　)。

　　A. 现金缴存　　　　　　　　　　B. 借款转存

　　C. 现金支取　　　　　　　　　　D. 借款归还

5. 下列银行账户中,可以办理现金支付的有(　　)。

　　A. 一般存款账户　　　　　　　　B. 专用存款账户

　　C. 基本存款账户　　　　　　　　D. 临时存款账户

6. 下列各项中,属于存款人申请开立基本存款账户证明文件的有(　　)。

　　A. 承包双方签订的承包协议

　　B. 当地工商行政管理机关核发的营业执照正本

　　C. 个人的居民身份证和户口簿

　　D. 借款合同或借据

7. 存款人有下列资金可以申请开立专用存款账户的是(　　)。

　　A. 财政预算外资金　　　　　　　B. 住房基金

　　C. 证券交易保证金　　　　　　　D. 社会保障基金

8. 下列情形,存款人可以申请开立临时存款账户的是(　　)。

　　A. 设立临时机构　　　　　　　　B. 异地建筑施工

　　C. 注册验资　　　　　　　　　　D. 证券交易结算

9. 单位、个人和银行办理支付结算必须遵守的原则是(　　)。

　　A. 恪守信用,履约付款

　　B. 谁的钱进谁的账,由谁支配

　　C. 银行不垫款

　　D. 一个基本账户原则

10. 关于银行汇票结算方式,下列说法正确的有(　　)。

　　A. 单位和个人的各种款项结算,均可使用银行汇票

　　B. 银行汇票的提示付款期限自出票日起 2 个月

　　C. 银行汇票未填明实际结算金额和多余金额的,银行不受理

　　D. 实际结算金额超过出票金额的银行汇票不得背书转让

11. 单位有下列(　　)情况的,应于 5 日内向开户银行提出销户申请。

　　A. 开立　　　　B. 撤并　　　　C. 解散　　　　D. 宣告破产

12. ( )的管理与使用,可以申请开设专用存款账户。
A. 基本建设资金
B. 粮、棉、油收购资金
C. 更新改造资金
D. 证券交易结算资金

13. 关于银行存款余额调节表说法正确的是( )。
A. 只是起对账作用,不能作为会计核算的依据
B. 调节后的余额是企业实际可以使用的存款数额
C. 经过调节以后双方账面余额相等,说明双方记账肯定无错误
D. 属于会计档案,应保存5年

三、判断题

1. 存款人为注册资金验资而开设的临时存款账户,在验资期间只收不付。( )
2. 基本存款账户和一般存款账户均可以存入现金,但单位信用卡不得存入现金,也不得支取现金。( )
3. 企业及企业的附属单位均可以开立基本存款账户。( )
4. 存款人因异地临时经营活动需要可以申请开立一般存款账户。( )
5. 存款人的工资、奖金等现金的支取,只能通过一般存款账户办理。( )
6. 以收款人姓名开立的临时存款账户,只付不收,付完清户,不计付利息。( )
7. 为了便于结算,一个单位可以同时在几家金融机构开立银行基本存款账户。( )
8. 单位开设的各种专用存款账户应经中国人民银行当地分行核准才能开户,该账户可以存入现金也可以支取现金。( )
9. 无论企业或个人在银行是否开立存款账户,均可通过银行办理支付结算。( )
10. 开立基本存款账户的存款人都可以开立一般存款账户,且没有数量限制,但在基本存款账户的开户银行只能开立一个一般存款账户。( )
11. 因注册验资在银行开设临时存款账户的单位,若未获得工商行政管理部门核准登记的,在验资期满后,应向银行申请撤销该账户,其账户资金应退还给原汇款人账户。( )
12. 没有开立存款账户的个人向银行交付款项后,也可以通过银行办理支付结算。( )
13. 为了便于结算,一个单位可以同时在几家不同的金融机构开立银行一般存款账户。( )
14. 临时存款账户的有效期最长不得超过一年。( )
15. 单位存款人只能选择一家商业银行的一个营业机构开立一个基本存款账户,用于各种转账结算和现金收付。( )
16. 临时存款账户、专用存款账户、一般存款账户需支取现金,应符合现金管理的有关规定,经人民银行当地分支机构核发"开户许可证"后可办理现金支取。( )
17. 银行应当依法为存款人保密,不得代任何单位和个人查询、冻结、扣划存款人账户内的存款。( )
18. 存款人在同一营业机构已有定期存款账户并预留印鉴卡的,新开立的定期存款账户与其共用一套预留印鉴,可不用签订共用一套印鉴协议。( )
19. 没有开立银行存款账户的个人不能通过银行办理支付结算。( )

项目六

银行结算业务办理

☆ **项目导读**

根据《现金管理暂行条例》要求,企业除了符合现金收支范围的业务外,大多数的业务需要通过银行进行转账结算,财务人员需根据业务的类型选择合适的银行结算方式。本项目主要介绍支票、银行本票、银行汇票、商业汇票等银行结算方式的有关规定。

☆ **知识目标**

1. 掌握支票业务办理;
2. 掌握银行本票业务办理;
3. 掌握银行汇票业务办理;
4. 掌握商业汇票业务办理;
5. 掌握电子支付业务办理;
6. 掌握委托收款业务办理;
7. 掌握托收承付业务办理;
8. 掌握汇兑业务办理。

☆ **技能目标**

1. 会使用转账支票办理银行结算业务;
2. 会使用银行本票办理银行结算业务;
3. 会使用银行汇票办理银行结算业务;
4. 会使用商业汇票办理银行结算业务;
5. 会使用电子支付办理银行结算业务;
6. 掌握委托收款业务办理;
7. 会使用托收承付办理银行结算业务;

8.会使用汇兑办理银行结算业务。

☆ **思政目标**

1.遵守银行结算制度的有关规定;
2.建立银行结算操作流程标准化意识;
3.培养严谨细致、友善沟通的良好职业素质。

任务一 支票业务办理

任务目标

工作任务		支票业务办理
学习目标	知识目标	1. 理解支票的概念; 2. 掌握支票的适用范围; 3. 掌握转账支票的办理流程; 4. 掌握支票背书流程; 5. 掌握支票挂失办理流程
	技能目标	1. 能够正确填写转账支票; 2. 能够运用转账支票转账; 3. 能够办理支票的背书转让; 4. 能够办理支票的挂失止付
	思政目标	1. 建立支票操作流程标准化意识; 2. 培养严谨细致、友善沟通的良好职业素质

任务导入

(1)淮阴华天商贸股份有限公司2021年4月13日从淮阴振华鞋帽有限公司购进一批劳保用品,收到增值税专用发票一张,注明的价款是60 000元,增值税7 800元,双方协商采用转账支票结算货款,商品已验收入库。转账支票正存情况下淮阴华天商贸股份有限公司财务部门应如何办理付款业务?转账支票倒存情况下淮阴华天商贸股份有限公司财务部门应如何办理付款业务?

(2)淮阴衡久商贸有限公司2021年11月15日销售一批酒给淮阴华天商贸股份有限公司,开具增值税专用发票一张,数量50箱,单价2 000元,价款是100 000元,增值税13 000元,商品已发出,同日收到淮阴华天商贸股份有限公司签发的一张面额为113 000元的转账支票。转账支票正存情况下淮阴衡久商贸有限公司财务部门应如何办理收款业务?转账支票倒存情况下淮阴衡久商贸有限公司的财务人员应如何办理收款业务?

> 任务准备

一、支票的概念

支票是指出票人签发的,委托办理支票存款业务的银行在见票时无条件支付确定的金额给收款人或者持票人的票据。支票结算是指顾客根据其在银行的存款签发支票,命令银行从其账户中支付一定款项给收款人,从而实现资金调拨,了结债权债务关系的一种过程。

二、支票的种类

支票分为现金支票、转账支票和普通支票三种。支票上印有"现金"字样的为现金支票,现金支票只能用于支取现金;支票上印有"转账"字样的为转账支票,转账支票只能用于转账(见图6-1);支票上未印有"现金"或"转账"字样的为普通支票,普通支票可以用于支取现金,也可以用于转账。普通支票左上角划两条平行线的,为划线支票,只能用于转账,不能支取现金,未划线的可用于支取现金。

正面

背面

图6-1 转账支票

三、转账支票的填制

(1)转账支票正联填写说明:

①出票日期:填写开票当天日期。

②收款人:填写收款单位名称的全称。

③付款行名称:填写出票人开户银行的名称。

④出票人账号:填写出票人在开户银行的账号。

⑤金额:大写按要求规范填写,小写金额必须与大写金额一致,并在小写最高位前一格填写人民币符号"￥"。

⑥用途:填写转账的用途,如支付货款等。

⑦小写金额正下方的空格栏:采用支付密码的,可在此填写支付密码。

⑧出票人签章:应加盖银行预留印鉴章(银行预留印鉴章是指单位财务专用章、法定代表人或其授权代理人印章)。加盖印章时要清晰。

(2)转账支票存根联填写说明:

①出票日期:用小写填写与正联相同的日期。

②收款人:与正联所填相同。

③金额:用小写填写与正联相同的金额。

④用途:与正联所填相同。

⑤单位主管、会计:由单位财务负责人、会计签名或盖章。

转账支票的填制

(3)转账支票背面填写说明:

收款人将转账支票交与本单位开户银行,委托本单位开户银行收款时转账支票背面的填写内容:

①背书人签章:加盖收款人在本单位开户银行预留的印章。

②年、月、日:用小写填写委托收款的当日。

③被背书人:填写收款人的开户银行。

④在背书栏的空白处记载"委托收款"字样。

四、支票结算的法律规定

(1)单位和个人在同一票据交换区的各种款项结算均可使用支票,2007年6月25日,中国人民银行宣布,支票可以在全国范围内互通使用。

(2)出纳人员签发的支票必须记载下列事项:①表明"支票"的字样;②无条件支付的委托;③确定的金额;④付款人名称;⑤出票日期;⑥出票人签章。

支票上未记载上述规定事项之一的,支票无效。支票上的金额和收款人名称可以由出票人授权补记,未补记前的支票不得提示付款和背书转让。

(3)签发支票应使用碳素墨水或墨汁填写(或使用打印机打印)。支票的日期、收款人名称、金额不得更改,更改的票据无效。对票据上的其他记载事项,可由原记载人划线更正,并加盖预留银行印鉴之一证明。

(4)支票的出票日期必须使用中文大写,小写填写出票日期,银行不予受理。

(5)单位和个人的名称应填写全称,并且和其在银行开户的名称相一致。

(6)付款行名称和出票人账号为出票人开户行名称和银行账号。

(7)现金支票和用于支取现金的普通支票,只能用于符合国家现金管理规定的支出项目。

(8)不准签发远期支票。远期支票是指签发当日之后日期的支票。

(9)不准签发空头支票。所谓的空头支票是指,支票金额超过出票人付款时在付款人处实有的存款余额。如果签发了空头支票,中国人民银行将按票面金额5%但不低于1 000元处以罚款,持票人也有权要求出票人按支票金额2%支付赔偿金。

(10)支票出票人不得签发与其在开户银行预留银行签章不相符的支票。

(11)支票使用时需输入密码的,不得签发密码错误的支票。

(12)支票的提示付款期是自出票日起的10日内(遇法定休假日顺延)。超过提示付款期的支票,银行不予办理。

(13)已签发的现金支票不慎遗失,可以向银行申请挂失,但如果挂失前款项已经支付,银行不承担责任。已签发的转账支票不慎遗失,不得向银行申请挂失,但可以请求收款单位协助防范。

> 任务实施

一、典型任务1

淮阴华天商贸股份有限公司2021年4月13日从淮阴振华鞋帽有限公司购进一批劳保用品,收到增值税专用发票一张,注明的价款是60 000元,增值税7 800元,双方协商采用转账支票结算货款,商品已验收入库。转账支票正存情况下淮阴华天商贸股份有限公司财务部门应如何办理付款业务?

1. 操作流程

转账支票正存是指付款方出纳人员签发支票交给收款方,由收款方送至收款方开户银行办理转账结算的支票结算方式,其工作流程图如图6-2所示。

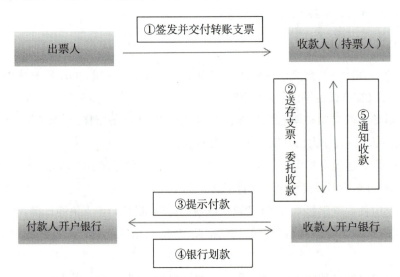

图6-2 转账支票正存情况下付款业务操作流程图

2. 具体操作步骤

(1)采购人员根据收到的购货发票第二联抵扣联(见图6-3)和第三联发票联,仓库出具的采购人员已签字确认的入库单、购货合同等单据填写付款申请书,经有关领导审批后,交出纳人员王晓雯。

图 6-3 增值税专用发票第二联

(2) 出纳人员王晓雯根据购货合同、入库单对增值税专用发票进行审核,如购买方单位名称和纳税人识别号是否填写正确;品种、单价、金额是否与合同相符;发票联和抵扣联销货单位的发票专用章是否齐全。查询银行存款余额是否足够支付款项,审核无误后按要求签发转账支票。

(3) 印鉴管理人员审核转账支票填写是否正确并在转账支票正面加盖财务专用章及法人代表(代理人)印鉴(见图 6-4)。

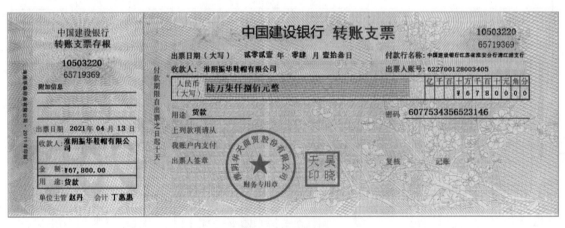

图 6-4 转账支票

(4) 出纳人员王晓雯将剪下的转账支票存根、购货发票、入库单、合同等原始单据传给制证人员,制证人员审核无误,根据转账支票存根联、购货发票、入库单填制付款凭证,并将原始单据粘贴在付款凭证后,并在付款凭证制单处签章。购货合同交与专人单独保管。

(5) 复核人员审核付款凭证及所附原始单据并在付款凭证复核处签章(见图 6-5)。

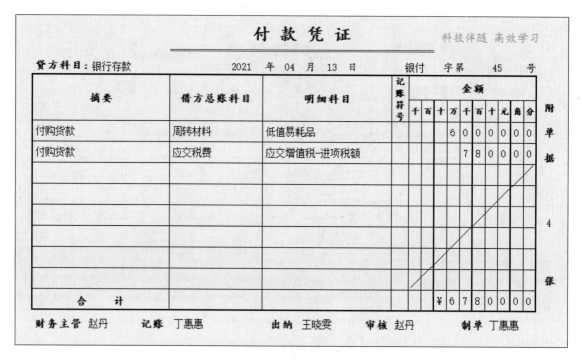

图 6-5 付款凭证

(6)出纳人员王晓雯再次审核付款凭证,无误后将转账支票正联交与收款人经办人员徐永,并登记"支票领用登记簿",由经手人和领用人签名或盖章(见图6-6),然后在购货发票上加盖"付讫"章。

支票领用登记簿

出票日期	支票号	金额	收款单位	用途	经手人签章	领用人签章	备注
2021.04.13	65719369	67,800.00	淮阴振华鞋帽有限公司	货款	刘焕	徐永	

图 6-6 支票领用登记簿

(7)出纳人员根据付款凭证逐日逐笔登记银行存款日记账(见图6-7),在付款凭证出纳栏处签章,并将付款凭证交由会计人员登记相关明细账及总账。

开户行:中国建设银行江苏省淮安分行清江浦支行
账号:622700128003405

银行存款日记账

2021年		记账凭证		对方科目	摘要	结算凭证		借方	贷方	借或贷	余额
月	日	字	号			种类	号码	千百十万千百十元角分	千百十万千百十元角分		千百十万千百十元角分
4	12				承前页			3 0 0 0 0 0 0 0	2 7 0 0 0 0 0 0		3 4 5 0 0 0 0 0
4	13	银付	45		购买劳保用品				6 7 8 0 0 0 0		2 7 7 2 0 0 0 0

图 6-7 银行存款日记账

(8)出纳人员每日终了应结出银行存款日记账的余额,并每月将银行存款日记账与银行对账单进行核对,以保证账实相符。

二、典型任务2

淮阴华天商贸股份有限公司2021年4月13日从淮阴振华鞋帽有限公司购进一批劳保用品，收到增值税专用发票一张，注明的价款是60 000元，增值税7 800元，双方协商采用转账支票结算货款，商品已验收入库。转账支票倒存情况下淮阴华天商贸股份有限公司财务部门应如何办理付款业务？

1. 操作流程

转账支票倒存是指由付款方出纳人员签发转账支票，并由付款方出纳人员将转账支票送至付款方开户银行办理转账结算的支票结算方式。其工作流程如图6-8所示。

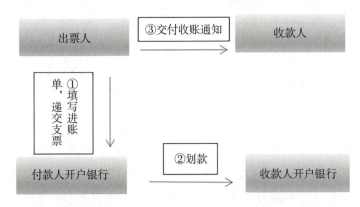

图6-8 转账支票倒存的情况下付款业务的操作流程图

2. 具体操作步骤

第(1)~(5)各步骤的处理流程与转账支票正存付款业务的流程相同。

(6)出纳人员填制一式三联的进账单，连同转账支票的正联一并交其开户银行，委托银行将款项划拨给指定的收款人，银行审核签章后，退回进账单第一联和第三联。收到银行签章退回的第一联(见图6-9)，表示其开户银行接受委托，同意将款项划拨给指定的收款人。

进账单的填制

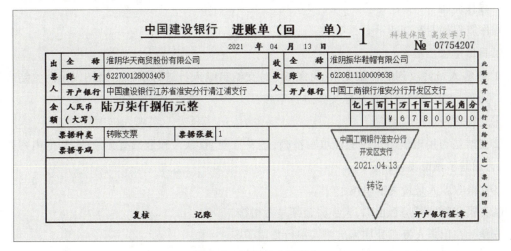

图6-9 进账单(回单)

(7)出纳人员将进账单第三联收账通知(见图6-10)交与收款人经办人员徐永,并登记"支票领用登记簿",由经手人和领用人签名或盖章,然后在购货发票上加盖"付讫"章。

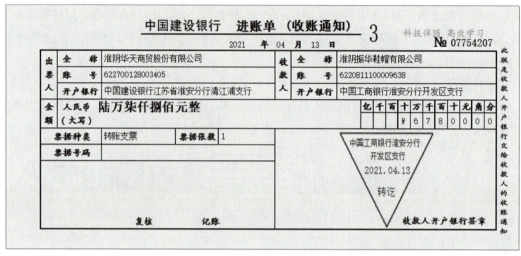

图6-10 进账单(收账通知)

(8)出纳人员根据付款凭证逐日逐笔登记银行存款日记账,在付款凭证出纳栏处签章,并将付款凭证交由会计人员登记相关明细账及总账。

(9)出纳人员每日终了应结出银行存款日记账的余额,并每月将银行存款日记账与银行对账单进行核对,以保证账实相符。

三、典型任务3

淮阴衡久商贸有限公司2021年11月15日销售一批酒给淮阴华天商贸股份有限公司,开具增值税专用发票一张,数量50箱,单价2 000元,价款是100 000元,增值税13 000元,商品已发出,同日收到淮阴华天商贸股份有限公司签发的一张面额为113 000元的转账支票。转账支票正存情况下淮阴衡久商贸有限公司财务部门应如何办理收款业务?

1. 操作流程

操作流程如图6-2所示。

2. 具体操作步骤

(1)销售人员将收到的转账支票(见图6-11)交给出纳人员进行审核。出纳人员柯兰结合销售发票(见图6-12)、销售合同对转账支票进行审核:

①支票是否在付款期内。

②支票是否用碳素墨水或墨汁填写清晰,签发日期、收款人和金额有无涂改,其他内容有无变动,是否加盖了预留银行印鉴。

③支票收款人是否为本单位。

④支票金额填写是否正确,大小写金额是否相符。

⑤是否在出票人签章处加盖出票人银行预留印鉴。

⑥背书转让的支票其背书是否正确,背书是否连续。

⑦使用密码的转账支票,密码是否填写。

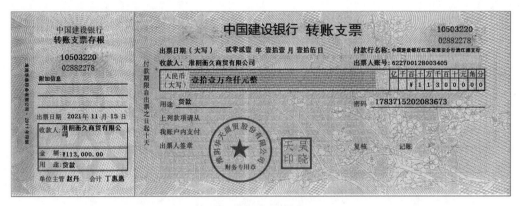

图 6-11 转账支票

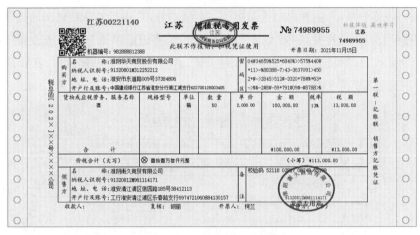

图 6-12 增值税专用发票

(2)审核无误后,出纳人员柯兰将转账支票交印鉴管理人员,由其在支票背面"背书人签章"栏加盖财务专用章、法人代表(授权人)名章,出纳人员柯兰在转账支票背面"背书人签章"栏空白处记载"委托收款"字样并填写背书日期(见图6-13),在被背书人栏记载本单位开户银行名称。

图 6-13 转账支票背面

(3)出纳人员柯兰填写一式三联的进账单,连同转账支票一起送其开户银行,办理委托收款手续。银行审核后在第一联回单联加盖受理凭证章,退还给出纳人员柯兰(见图6-14)。收到银行签章退回的第一联,表示其开户银行接受委托,同意向付款人收取款项。

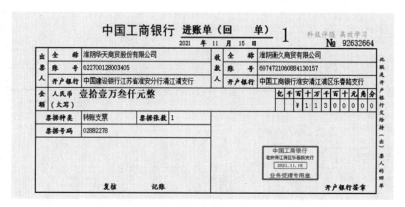

图6-14 进账单(回单)

(4)开户银行收妥款项后,通知出纳人员柯兰,柯兰收到开户银行签章后退回的进账单第三联收账通知联(见图6-15),在销货发票"收款人"签章处签章,将进账单第三联收账通知和销货发票的记账联传递给制证人员,制证人员据以编制收款凭证,并将原始凭证粘贴其后,在收款凭证制单处签章。销售合同交与专人单独保管。

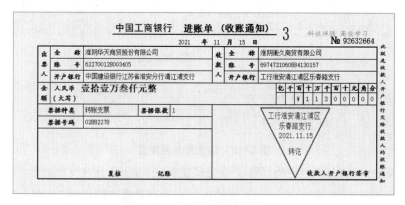

图6-15 进账单(收账通知)

(5)稽核人员审核记账凭证及所附原始凭证并在收款凭证审核处签章(见图6-16)。

图6-16 收款凭证

(6)出纳人员柯兰根据审核后的收款凭证逐日逐笔登记银行存款日记账(见图6-17),并在收款凭证出纳处签章，然后将收款凭证交由会计人员登记相关明细账及总账。

开户行：工行淮安清江浦区乐春路支行
账号：6974721060884130157

银行存款日记账

2021年		记账凭证		对方科目	摘要	结算凭证		借方										贷方										借或贷	余额									
月	日	字	号			种类	号码	千	百	十	万	千	百	十	元	角	分	千	百	十	万	千	百	十	元	角	分		千	百	十	万	千	百	十	元	角	分
11	14				承前页					2	3	1	9	0	0	0	0			3	1	9	8	3	0	0	0				6	7	0	2	1	0	0	0
11	15	银收	34		收到销货款					1	1	3	0	0	0	0	0														7	8	3	2	1	0	0	0

图 6–17　银行存款日记账

(7) 出纳人员每日终了应结出银行存款日记账的余额，并每月将银行存款日记账与银行对账单进行核对，以保证账实相符。

四、典型任务4

淮阴衡久商贸有限公司 2021 年 11 月 15 日销售一批酒给淮阴华天商贸股份有限公司，数量 50 箱，单价 2 000 元，价款是 100 000 元，增值税 13 000 元，商品已发出，同日收到淮阴华天商贸股份有限公司签发的一张面额为 113 000 元的转账支票。转账支票倒存情况下淮阴衡久商贸有限公司的财务人员应如何办理收款业务？

1. 操作流程

操作流程如图 6–8 所示。

2. 具体操作步骤

(1) 出纳人员柯兰收到销售人员交来的进账单第三联即收账通知，将收账通知和销售合同核对。

(2) 核对无误后会计人员根据销售部门的开票通知开具增值税专用发票，发票专用章管理人员审核后在销售方加盖发票专用章。

(3) 出纳人员柯兰在销货发票“收款人”处签章，将销货发票和收账通知传给制证人员，制证人员审核无误后据以编制收款凭证，并将原始凭证粘贴在收款凭证后，在收款凭证制证处签章。销售合同交专人单独保管。

(4) 稽核人员审核记账凭证及所附原始凭证并在审核栏签章。

(5) 出纳人员柯兰对上述收款凭证审核后在收款凭证出纳处签章。

(6) 出纳人员柯兰根据收款凭证逐日逐笔登记银行存款日记账，并将记账凭证交由会计人员登记相关明细账和总账。

(7) 出纳人员柯兰每日终了结出银行存款日记账余额，并每月将银行存款日记账与银行对账单相核对，保证账实相符。

任务拓展

一、支票背书业务办理

1. 背书的概念

背书是指票据的收款人或者持票人为将票据权利转让给他人或者将一定的票据权利授予他人行使而在票据背面或粘单上记载有关事项并签章的行为。

2. 背书的种类

背书按照目的不同分为转让背书和非转让背书。

转让背书是指以持票人将票据权利转让给他人为目的的背书。

非转让背书是指持票人将一定的票据权利授予他人行使,包括委托收款背书和质押背书。委托收款背书是背书人委托被背书人代替自己行使票据权利,收取票据金额的背书。但是,被背书人不能再通过背书转让票据权利。质押背书是为了给债务提供担保而在票据上设定质权所进行的背书。当被背书人依法行使其质权时,可以获得票据权利。

3. 背书的法律规定

(1)转账支票可以背书转让,支取现金的支票不能背书转让。

(2)背书记载的事项包括背书人签章、背书日期、被背书人。背书日期未记载的视为在票据到期日前背书。委托收款背书应在背书人签章空白处记载"委托收款"字样。质押背书应在背书人签章空白处记载"质押"字样。

(3)票据不能满足背书人记载事项的,可以使用粘单,粘贴于票据上。粘单上的第一记载人,应当在票据与粘单的粘接处盖骑缝章。

(4)背书应当连续。背书连续是指在票据转让过程中,背书人与被背书人在支票上的签章依次前后衔接,即首次背书的背书人为票据的收款人,第二次背书的背书人为首次背书的被背书人,以此类推。

(5)背书不能附有条件,背书时附有条件,所附条件不具有票据上的效力。

(6)出票人在支票上记载了"不得转让"字样的,票据不得背书转让。

(7)支票被拒绝付款或者超过付款提示期限的,不能背书转让,背书转让的,背书人应承担票据责任。

(8)将支票的金额部分背书转让或者将一张支票金额背书转让给二人以上,背书无效。

(9)背书人背书转让支票后,应该对其后手承担保证其收款的责任。持票人在支票无法收款时,可要求背书人清偿。

4. 背书任务实施

淮阴衡久商贸有限公司2021年11月15日销售一批商品给淮阴华天商贸股份有限公司,开具增值税专用发票一张,价款是100 000元,增值税13 000元,商品已发出,同日收到淮阴华天商贸股份有限公司签发的一张面额为113 000元的转账支票。2021年11月22日,淮阴衡久商贸有限公司将收到的淮阴华天商贸股份有限公司开具的金额为113 000元的转账支票背书转让给淮阴振华鞋帽有限公司,偿还前欠的购货款。

(1)出纳人员柯兰对收到的转账支票进行审核,审核其有无"不得转让"字样,是否超过付款提示期限,以确定其是否可以背书转让(见图6-18)。

(2)2021年11月22日对于可以背书转让的转账支票,经领导人批准后,出纳人员将支票交与印鉴管理人员,由其审核后在支票背面"背书人签章"栏加盖财务专用章、法人代表(授权人)名章。

(3)出纳人员柯兰在转账支票背面"背书人签章"栏填写背书日期,在"被背书人"处填写受让人即被背书人淮阴振华鞋帽有限公司全称(见图6-19)。

图 6-18　转账支票

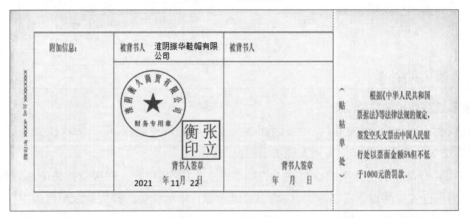

图 6-19　转账支票背面

(4) 将已背书的支票交给被背书人。

(5) 收到被背书人淮阴振华鞋帽有限公司开具的收款收据(见图 6-20)。

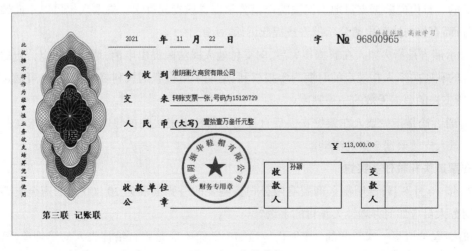

图 6-20　收款收据

(6)出纳人员柯兰将收款收据和销货发票传递给制证人员,制证人员编制转账凭证(见图6-21)。

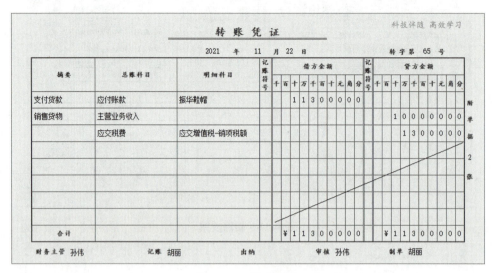

图6-21 转账凭证

二、支票遗失的补救

1. 支票遗失补救的法律规定

票据权利人因灭失、遗失、被盗等原因而丧失了对票据的占有权,可以采取挂失止付、公示催告、普通诉讼三种补救措施降低失票人经济上的损失。

(1)挂失止付是指失票人向票据付款人告知票据丧失情况,付款人在接受挂失申请后暂停支付票款的行为。已签发的现金支票遗失,失票人可以向银行申请挂失。挂失前款项已经支付的,银行不接受挂失止付的申请。已签发的转账支票遗失,银行不接受挂失止付申请,但可以请求收款单位协助防范。空白现金支票、空白转账支票遗失,银行不接受挂失申请。

挂失止付是失票人采取的临时补救措施,但不是必经的补救措施。失票人应在银行接受挂失止付申请后的3日内向票据支付地人民法院申请公示催告或提起诉讼。失票人也可以不向银行申请挂失止付,而直接向法院申请公示催告或提起诉讼。

(2)公示催告是指失票人在票据丧失后,向支付地人民法院提出申请,请求法院以公告的方法通知不确定的利害关系人在规定的时期内申报权利,逾期未申报者则权利将丧失,法院可通过除权判决,宣告所丧失的票据无效的一种制度。

(3)普通诉讼是指失票人在票据丧失后直接向支付地人民法院提起民事诉讼,请求法院判决付款人向失票人支付票据金额的活动。

2. 支票遗失补救任务实施

2021年10月5日,淮阴衡久商贸有限公司将签发的一张面额为20 000元的现金支票遗失。该公司财务人员应如何办理挂失止付的手续?

(1)出纳人员填写一式三联的"挂失止付通知书",第一联是银行给挂失人的受理单,第二联银行凭以登记挂失登记簿,第三联银行凭以拍发电报。挂失止付通知书上需记载丧失票据的种类、号码、金额、付款人、收款人、出票日期、付款日期、票据丧失时间、丧失地点、丧失原因等事项。

（2）出纳人员将"挂失止付通知书"交印鉴管理人员，审核后加盖银行预留印鉴财务专用章及法人代表（授权人）名章。

（3）出纳人员将本单位出具的公函及"挂失止付通知书"送交付款行，申请挂失止付。

（4）付款行审查"挂失止付通知书"记载事项是否填写完整、准确。

（5）付款行查明挂失票据尚未付款时，应立即暂停支付；在挂失前票款已支付的，付款行不承担责任。

（6）出纳人员在付款行接受挂失止付申请后3日内向人民法院申请公示催告或提起诉讼。

（7）出纳人员向付款行提供已经申请公示催告或提起诉讼的证明。法院决定受理公示催告申请后，应当同时通知付款行停止支付票款。法院的停止支付通知书送达后，就取代了失票人的挂失止付通知书，而产生停止付款的法律效力。

（8）付款行自收到挂失止付通知书之日起12日内没收到法院的止付通知书，从第13日开始，不再承担止付责任，持票人提示付款应依法付款。

任务二　银行本票业务办理

任务目标

工作任务		银行本票业务办理
学习目标	知识目标	1. 理解银行本票的概念； 2. 掌握银行本票的适用范围； 3. 掌握银行本票的办理流程
	技能目标	1. 能正确填写银行本票申请书； 2. 能正确应用银行本票办理结算
	思政目标	1. 建立银行本票操作流程标准化意识； 2. 培养严谨细致、友善沟通的良好职业素质

任务导入

2021年3月25日，淮阴衡久商贸有限公司准备前往淮阴振华鞋帽有限公司购买鞋一批，预计价款60 000元，税款7 800元，合计67 800元。货款以银行本票结算，实际结算时价款58 000元，税款7 540元，合计65 540元。淮阴衡久商贸有限公司财务部门应如何办理银行本票的申请业务和采购业务？

2021年4月5日，淮阴衡久商贸有限公司销售给淮阴华天商贸股份有限公司鞋一批，价款100 000元，税款13 000元。淮阴衡久商贸有限公司财务部门收到淮阴华天商贸股份有限公司银行本票一张，金额为115 000元。淮阴衡久商贸有限公司应如何办理进账手续和销售业务？

> 任务准备

一、银行本票的概念

银行本票是申请人将款项交给出票银行，由出票银行签发，承诺其在见票时无条件支付确定金额给收款人或持票人的一种票据。

二、银行本票的种类

银行本票按出票金额是否事先确定分为定额银行本票和不定额银行本票。

(1)定额本票。定额本票是出票金额事先确定的本票，面额为1 000元、5 000元、10 000元和50 000元（见图6-22）。

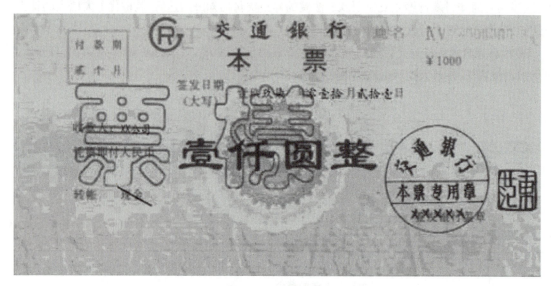

图6-22 定额本票

(2)不定额本票。不定额本票是出票金额根据实际需要签发的本票。

三、银行本票的适用范围

银行本票适用于单位或个人在同一票据交换区域内各种款项的结算，可以用于转账，也可用于支取现金。

四、银行本票申请书的填制

银行本票申请书一式三联。第一联为存根联，由银行本票申请人办妥银行本票后据以编制记账凭证；第二联为借方凭证，是出票银行办理银行本票从银行本票申请人的存款账户中付出款项的凭证；第三联为贷方凭证，是出票银行根据银行本票汇出款项的凭证。

出纳人员填写完，交与银行预留印鉴管理人员审核后，在申请书第二联加盖预留银行印鉴财务专用章和法人代表(授权人)名章。银行本票申请书格式如图6-23所示。

银行本票
申请书的填制

图 6-23　银行本票申请书第二联

五、银行本票的填制

经办人员持银行本票申请书向银行申请办理银行本票,并将款项缴存银行(申请人到本单位开户银行申请办理银行本票时,出票银行凭"银行本票申请书"从申请人存款账户中划转款项,据以签发银行本票)。

不定额本票一式两联,第一联卡片联,由出票行留存,结清本票时作借方凭证的附件;第二联为本票联,出票行结清本票时作借方凭证。

银行本票的第一联卡片联,左下角转账与现金框,是用来区分支取现金还是转账。如为现金,将转账用斜线注销即可(见图 6-24)。

银行本票的填制

图 6-24　银行本票第一联

图 6-25 为银行本票第二联本票联,此联需出票银行在出票行签章处加盖本票专用章并由授权的经办人签名或盖章。

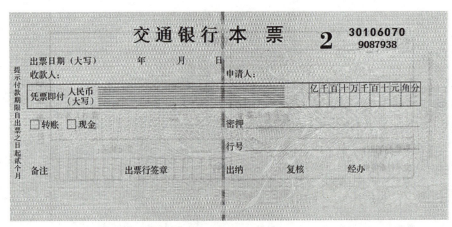

图 6-25　银行本票第二联

图 6-26 为银行本票第二联背面。其用途是持票人收款时在"持票人向银行提示付款签章"处加盖持票人银行预留印鉴财务专用章、法人代表(授权人)名章；如用于背书时，记载背书人与被背书人的有关信息。

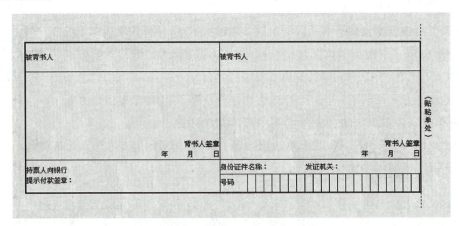

图 6-26　银行本票第二联背面

六、银行本票结算的法律规定

(1)银行本票应记载事项：①表明"银行本票"的字样；②出票日期；③收款人名称；④确定的金额；⑤无条件支付的委托；⑥出票行签章。

(2)银行本票一律记名。记名是指在银行本票中必须填写收款人。

(3)银行本票既可用于转账结算，也可用于支取现金，支取现金必须是申请人和收款人均为个人。注明"现金"字样的银行本票，持票人才能向代理付款行支取现金。

(4)银行本票提示付款期。提示付款期是银行本票出票日起 2 个月内(按次月对日计算，无对日的，月末日为到期日，遇法定休假日顺延)。持票人超过提示付款期限再提示付款的，代理付款人不予受理。但可以在票据权利时效内向出票银行做出说明，并提供经办人员身份证件或单位证明，可持银行汇票向出票银行请求付款。

(5)银行本票可以背书转让。

> 任务实施

一、典型任务1

2021年3月25日,淮阴衡久商贸有限公司准备前往淮阴振华鞋帽有限公司购买鞋一批,预计价款60 000元,税款7 800元,合计67 800元。货款以银行本票结算,实际结算时价款58 000元,税款7 540元,合计65 540元。淮阴衡久商贸有限公司财务部门应如何办理银行本票的申请业务和采购业务?

1. 操作流程

银行本票付款业务办理流程如图6-27所示。

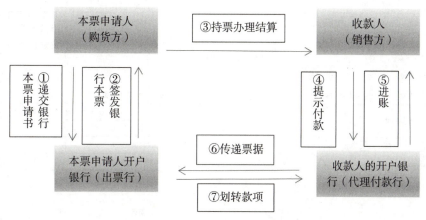

图6-27 银行本票业务流程图

2. 具体操作步骤

(1)2021年3月25日,出纳人员柯兰根据付款审批单填写"银行本票申请书",填写内容包括申请日期、申请人名称、申请人账号、用途、收款人名称、收款人账号、汇票金额等。

(2)印鉴管理人员审核"银行本票申请书",并在第二联加盖单位预留印鉴财务专用章和法人代表(授权人)名章(见图6-28)。

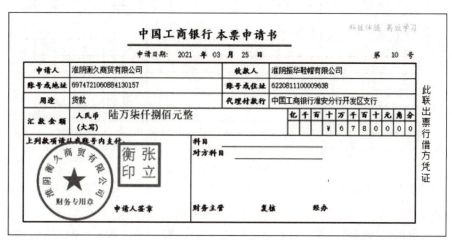

图6-28 银行本票申请书

(3) 出纳人员柯兰将一式三联"银行本票申请书"交出票行。出票银行收到银行本票申请书,收妥款项后签发银行本票,用压数机压印出票金额,在第二联出票行签章处加盖本票专用章(见图6-29)并由授权的经办人签名或盖章。出票行退还"银行本票申请书"第一联存根联,并将已开具的银行本票第二联银行本票联交给出纳人员。

(4) 出纳人员柯兰将出票银行签发的银行本票联(第二联)复印,并由采购人员在复印件上签字,确认收到银行本票。

(5) 出纳人员柯兰将银行盖章退回的"银行本票申请书"第一联存根联、银行汇票联(第二联)复印件和付款审批单传给制证人员,制证人员审核后填制付款凭证,并将原始单据粘贴在付款凭证后,在付款凭证制单处签章。

图 6-29　银行本票第二联

(6) 复核人员审核付款凭证及所附原始单据并在付款凭证复核处签章(见图6-30)。

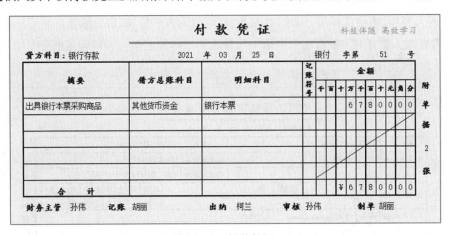

图 6-30　付款凭证

(7) 出纳人员柯兰再次审核付款凭证,无误后将银行本票联(第二联)交采购人员办理采购业务。

(8) 出纳人员柯兰根据付款凭证逐日逐笔登记银行存款日记账(见图6-31),在付款凭证出纳栏处签章,并将付款凭证交由会计人员登记相关明细账及总账。

项目六 银行结算业务办理

银行存款日记账

开户行：工行淮安清江浦区乐春路支行
账号：6974721060884130157

2021年		记账凭证		对方科目	摘要	结算凭证		借方	贷方	借或贷	余额
月	日	字	号			种类	号码	千百十万千百十元角分	千百十万千百十元角分		千百十万千百十元角分
03	25				承前页			2 9 8 7 3 0 0 0	1 1 2 6 2 0 0 0		4 8 3 5 0 0 0 0
03	25	银付	51		开具银行本票采购商品				6 7 8 0 0 0 0 0		4 1 5 7 0 0 0 0

图 6-31　银行存款日记账

(9)2021年3月25日，采购人员持银行本票第二联到淮阴振华鞋帽有限公司进行采购，签订购销合同，淮阴振华鞋帽有限公司仓库已发货并取得该公司开具的增值税专用发票一张（见图 6-32），不含税金额 58 000 元，税款 7 540 元，取得转账支票一张（见图 6-33），金额为 2 260 元（多余款退回）。

图 6-32　增值税专用发票

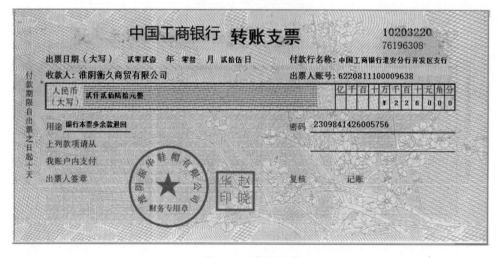

图 6-33　转账支票

(10)2021年3月26日,采购商品已验收入库,出纳人员柯兰审核销售部门提供的购货合同、增值税专用发票、采购人员签字确认的入库单、质检报告和支票,填写一式三联进账单(见图6-34),连同转账支票办理进账手续。

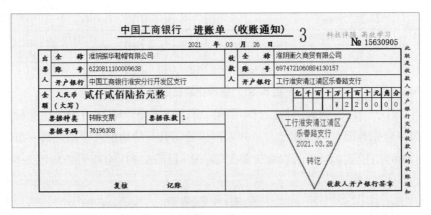

图6-34 进账单

(11)出纳人员柯兰将增值税专用发票、进账单第一联回单联和入库单、质检报告传递给制证人员,制证人员审核无误后据以编制凭证,并将原始凭证粘贴在凭证后,在凭证制证处签章(见图6-35和图6-36)。购货合同由专人另行保管。

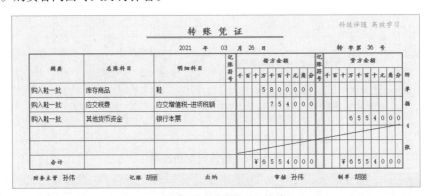

图6-35 转账凭证

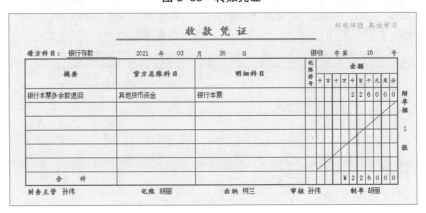

图6-36 收款凭证

(12)稽核人员审核记账凭证及所附原始凭证并在审核栏签章。

(13)出纳人员柯兰对上述收款凭证审核后在收款凭证出纳处签章。

(14)出纳人员柯兰根据收款凭证逐日逐笔登记银行存款日记账(见图 6-37),并将记账凭证交由会计人员登记相关明细账和总账。

开户行：工行淮安清江浦区乐春路支行
账号：6974721060884130157

银行存款日记账

2021年		记账凭证		对方科目	摘要	结算凭证		借方	贷方	借或贷	余额
月	日	字	号			种类	号码	千百十万千百十元角分	千百十万千百十元角分		千百十万千百十元角分
03	25				承前页			2 9 8 7 3 0 0 0	1 1 2 6 2 0 0 0		4 8 3 5 0 0 0 0
03	25	银付	51		开具银行本票采购商品				6 7 8 0 0 0 0		4 1 5 7 0 0 0 0
03	26	银收	16		银行本票退回多余款			2 2 6 0 0 0 0			4 1 7 9 6 0 0 0

图 6-37 银行存款日记账

(15)出纳人员柯兰每日终了结出银行存款日记账余额,并每月将银行存款日记账与银行对账单相核对,保证账实相符。

二、典型任务2

2021 年 4 月 5 日,淮阴衡久商贸有限公司销售给淮阴华天商贸股份有限公司鞋一批,价款 100 000 元,税款 13 000 元。淮阴衡久商贸有限公司财务部门收到淮阴华天商贸股份有限公司银行本票一张,金额为 115 000 元。淮阴衡久商贸有限公司应如何办理进账手续和销售业务?

1. 操作流程

银行本票收款业务的办理流程如图 6-27 所示。

2. 具体操作步骤

(1)出纳人员柯兰根据销售合同审核淮阴华天商贸股份有限公司采购人员交来的银行本票(见图 6-38),审核的内容包括:①收款人是否为本单位;②银行本票是否在提示付款期内;③必须记载的事项是否齐全;④出票行印章是否清晰并符合规定,压数机压印的金额是否清晰,大小写金额是否相同;⑤出票日期、收款人名称、出票金额有无涂改,其他记载事项有涂改是否由原记载人签章证明。

(2)印鉴管理人员审核无误后,在银行本票背面的"持票人向银行提示付款签章"处盖银行预留印鉴财务专用章、法人代表(授权人)名章(见图 6-39)。

图 6-38 银行本票第二联

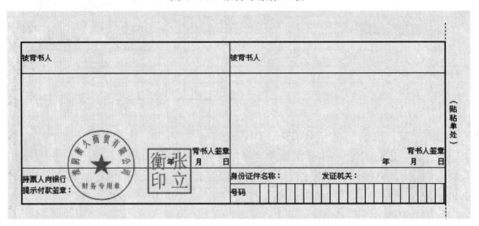

图 6-39 银行本票第二联背面

(3) 出纳人员填写一式三联进账单,并将银行本票联和进账单送其开户银行办理入账手续,出纳人员柯兰收到银行退回的进账单第三联(收账通知)(见图 6-40)。

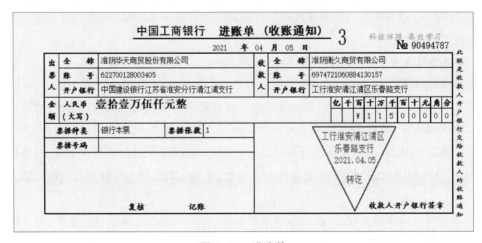

图 6-40 进账单

(4) 会计人员根据销售部门开票通知开具增值税专用发票,金额为 113 000 元,交由发票专用章管理人员审核后在发票联和抵扣联销货单位盖章处盖章(见图 6-41),然后将发票联和抵扣联交给淮阴华天商贸股份有限公司采购人员。

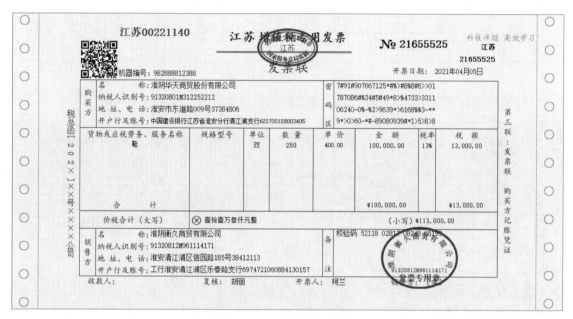

图 6-41　增值税专用发票

(5) 出纳人员柯兰在发票记账联收款人处签章,连同进账单第三联(收账通知)等原始凭证传递给制证会计,制证人员审核后填制收款凭证,将原始单据粘贴在收款凭证后,并在收款凭证制单处签章。销售合同交专人单独保管。

(6) 复核人员审核收款凭证及所附原始单据并在收款凭证复核处签章(见图 6-42)。

图 6-42　收款凭证

(7) 出纳人员柯兰再次审核收款凭证,根据收款凭证逐日逐笔登记银行存款日记账(见图 6-43),在收款凭证出纳栏处签章,并将收款凭证交由会计人员登记相关明细账及总账。

图 6-43 银行存款日记账

(8) 出纳人员柯兰签发转账支票一张,金额 2 000 元(多余款退回)(见图 6-44)。

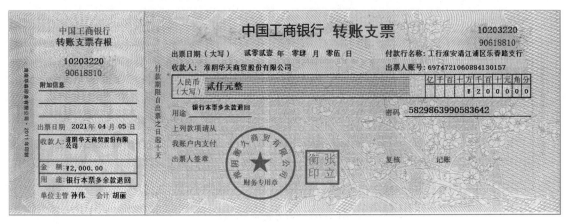

图 6-44 转账支票

(9) 印鉴管理人员审核转账支票填写是否正确并在转账支票正面加盖财务专用章及法人代表(授权人)印鉴。

(10) 出纳人员柯兰将剪下的转账支票存根传给制证人员,制证人员审核无误填制付款凭证,将原始单据粘贴在付款凭证后,并在付款凭证制单处签章。

(11) 复核人员审核付款凭证及所附原始单据并在付款凭证复核处签章(见图 6-45)。

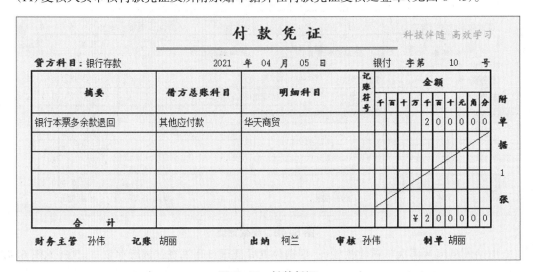

图 6-45 付款凭证

（12）出纳人员柯兰再次审核付款凭证，无误后将转账支票正联交与淮阴华天商贸股份有限公司经办人员，并登记"支票领用登记簿"，由批准人和领用人签名或盖章。销售部门出具出库单给淮阴华天商贸股份有限公司采购人员到仓库提货。

（13）出纳人员柯兰根据付款凭证逐日逐笔登记银行存款日记账（见图6-46），在付款凭证出纳栏处签章，并将付款凭证交由会计人员登记相关明细账及总账。

开户行：工行淮安清江浦区乐春路支行
账号：6974721060884130157

2021年		记账凭证		对方科目	摘要	结算凭证		借方	贷方	借或贷	余额
月	日	字	号			种类	号码	千百十万千百十元角分	千百十万千百十元角分		千百十万千百十元角分
04	05				承前页			2 0 0 0 0 0 0 0	1 0 0 0 0 0 0 0		3 3 2 7 8 0 0 0
04	05	银收	5					1 1 5 0 0 0 0 0			4 4 7 7 8 0 0 0
04	05	银付	10						2 0 0 0 0 0 0		4 4 5 7 8 0 0 0

图 6-46　银行存款日记账

（14）出纳人员柯兰每日终了应结出银行存款日记账的余额，并每月将银行存款日记账与银行对账单核对。

任务三　银行汇票业务办理

任务目标

工作任务		银行汇票业务办理
学习目标	知识目标	1. 理解银行汇票的概念； 2. 掌握银行汇票的适用范围； 3. 掌握银行汇票的办理流程
	技能目标	1. 能正确填写银行汇票申请书； 2. 能正确应用银行汇票办理结算
	思政目标	1. 建立银行汇票操作流程标准化意识； 2. 培养严谨细致、友善沟通的良好职业素质

任务导入

2021年8月19日，淮阴华天商贸股份有限公司拟从上海持天纺织股份有限公司购买纺织用品250套，预计每套不含税单价200元，货款50 000元，增值税税款6 500元，采用银行汇票结算。淮阴华天商贸股份有限公司出纳人员准备到开户银行办理一张面额为57 000元的银行汇票。淮阴华天商贸股份有限公司应如何办理银行汇票申请业务和相关采购业务？上海持天纺织股份有限公司的财务部门在收到对方的银行汇票时应如何办理进账业务和相关销售业务？

任务准备

一、银行汇票的概念

银行汇票是出票银行签发的，由出票银行在见票时按照实际结算金额无条件支付给收款人或者持票人的票据。

二、银行汇票的适用范围

银行汇票适用于同城或异地之间单位和个人各种款项的结算，主要适用于钱货两清或先发货后收款的商品交易。多余款项由银行自动退回。这样，可以有效地防止交易尾差的发生。

三、银行汇票申请书的填写

银行汇票申请书一式三联：第一联为存根联，由银行汇票申请人办妥银行汇票后据以编制记账凭证（见图 6-47）；第二联为借方凭证，是出票银行办理银行汇票，从银行汇票申请人的存款账户中付出款项的凭证（见图 6-48）；第三联为贷方凭证，是出票银行根据银行汇票汇出款项的凭证（见图 6-49）。

银行汇票申请书的填制

出纳人员填写完，交与银行预留印鉴管理人员审核后，在申请书第二联加盖财务专用章和法人代表（授权人）名章。

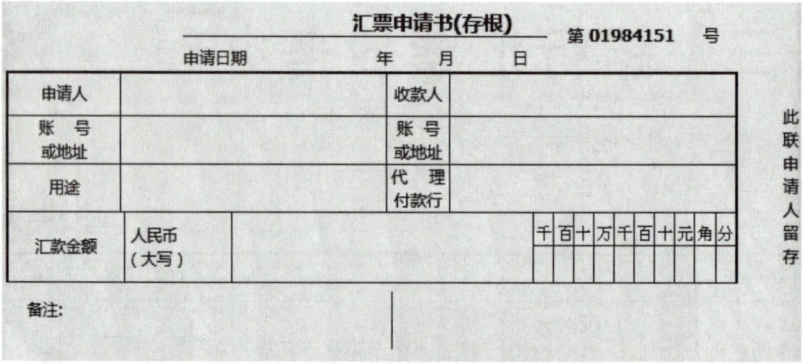

汇票申请书(存根)　　第 01984151 号

申请日期　　年　　月　　日

申请人		收款人	
账　号 或地址		账　号 或地址	
用途		代　理 付款行	
汇款金额	人民币 （大写）		千 百 十 万 千 百 十 元 角 分

备注:

此联申请人留存

图 6-47　汇票申请书第一联

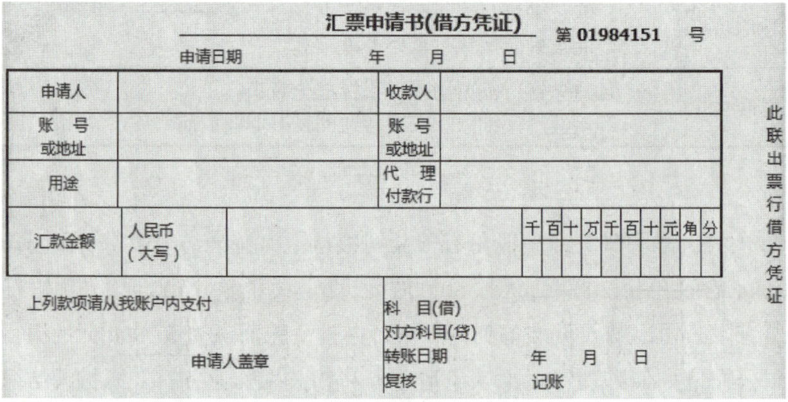

汇票申请书(借方凭证)　　第 01984151 号

申请日期　　年　　月　　日

申请人		收款人	
账　号 或地址		账　号 或地址	
用途		代　理 付款行	
汇款金额	人民币 （大写）		千 百 十 万 千 百 十 元 角 分

上列款项请从我账户内支付

申请人盖章

科　目(借)
对方科目(贷)
转账日期　　年　　月　　日
复核　　记账

此联出票行借方凭证

图 6-48　汇票申请书第二联

图 6-49　汇票申请书第三联

四、银行汇票的填写

经办人员持银行汇票申请书向银行申请办理银行汇票,并将款项缴存银行(申请人到本单位开户银行申请办理银行汇票时,出票银行凭"银行汇票申请书"从申请人存款账户中划转款项,据以签发银行汇票)。

银行汇票一式四联:第一联为卡片联,由出票行结清汇票时作汇出汇款借方凭证(见图 6-50);第二联为银行汇票,此联为代理付款行付款后作联行往账借方凭证附件(见图 6-51);第三联解讫通知,在代理付款行兑付后随报单寄出票银行,由出票银行作余款收入传票(见图 6-52);第四联为多余款退申请人通知,在签发行结清多余款后交申请人(见图 6-53)。

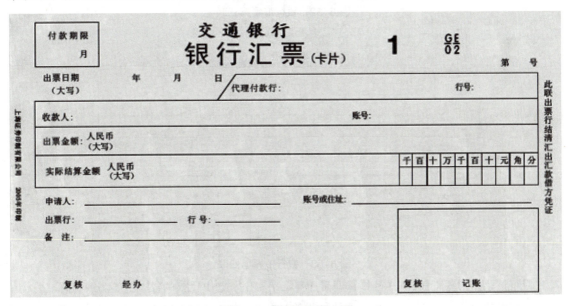

图 6-50　银行汇票第一联

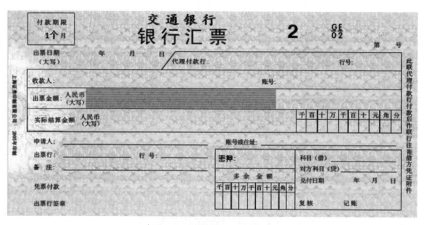

图 6-51　银行汇票第二联

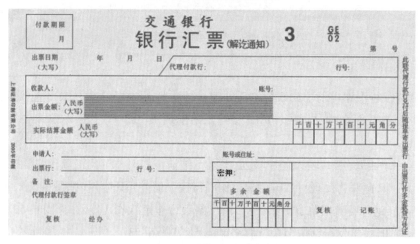

图 6-52　银行汇票第三联

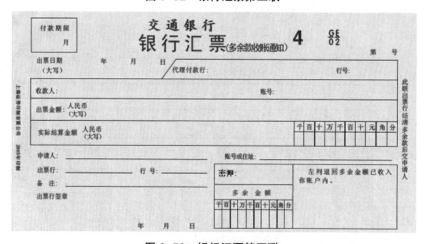

图 6-53　银行汇票第四联

银行汇票第二联正面，出票行签章处需加盖汇票专用章并由授权的经办人签名或盖章。

银行汇票第二联背面，其用途是持票人收款时在左下角"持票人向银行提示付款签章"处加盖持票人银行预留印鉴，另外用于背书时记载背书人与被背书人的有关信息（见图6-54）。

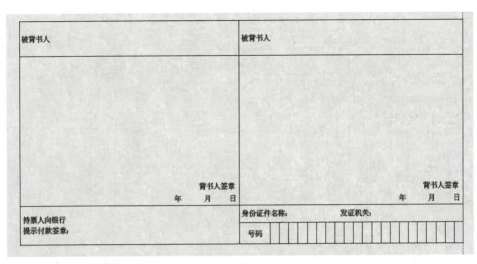

图 6-54　银行汇票第二联背面

五、银行汇票结算的法律规定

(1)银行汇票必须记载的事项:"银行汇票"的字样、出票日期、收款人名称、出票金额、付款人名称、出票行签章、无条件支付的承诺。

(2)银行汇票一律记名。记名是指在银行汇票中必须填写收款人。

(3)银行汇票既可用于转账结算,也可用于支取现金,支取现金必须是申请人和收款人均为个人,银行汇票的"出票金额"栏有"现金"字样的,持票人才能向代理付款行支取现金。

(4)银行汇票提示付款期:提示付款期是银行汇票出票日起 1 个月内(按次月对日计算,无对日的,月末日为到期日,遇法定休假日顺延)。持票人超过提示付款期限再提示付款的,代理付款人不予受理。持票人提示付款时,须同时向代理付款行提交银行汇票和解讫通知,缺任何一联,银行不予办理。

(5)银行汇票可以背书转让。

> 任务实施

一、典型任务1

2021 年 8 月 19 日,淮阴华天商贸股份有限公司拟从上海持天纺织股份有限公司购买纺织用品 250 套,预计每套不含税单价 200 元,货款 50 000 元,增值税税款 6 500 元,采用银行汇票结算。淮阴华天商贸股份有限公司出纳人员准备到开户银行办理一张面额为 57 000 元的银行汇票。淮阴华天商贸股份有限公司应如何办理银行汇票申请业务和相关采购业务?

银行汇票的审核

1. 操作流程

银行汇票付款业务办理流程如图 6-55 所示。

2. 具体操作步骤

(1)2021 年 8 月 19 日,出纳人员王晓雯根据付款审批单填写"银行汇票申请书",填写内容包括申请日期、申请人名称、申请人账号、用途、收款人名称、收款人账号、汇票金额等。

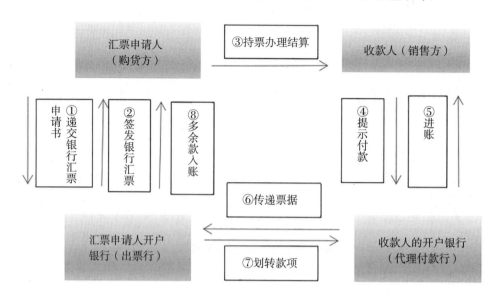

图 6-55　银行汇票业务办理流程图

(2) 印鉴管理人员审核"银行汇票申请书",并在第二联加盖单位预留银行印鉴财务专用章和法人代表（授权人）名章（见图 6-56）。

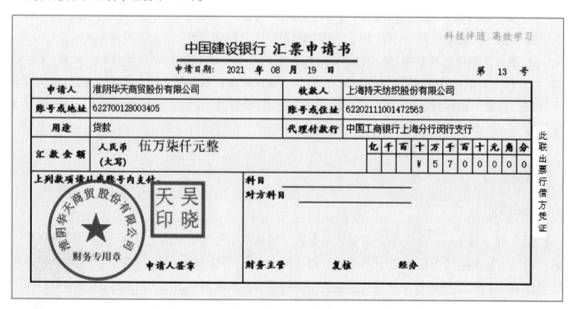

图 6-56　汇票申请书

(3) 出纳人员王晓雯将一式三联"银行汇票申请书"交出票行。出票银行收到银行汇票申请书，收妥款项后签发一式四联银行汇票，用压数机压印出票金额，在第二联出票行签章处加盖汇票专用章并由授权的经办人签名或盖章（见图 6-57 至图 6-60）。出票行退还"银行汇票申请书"第一联存根联，并将已开具的银行汇票第二联银行汇票联和第三联解讫通知联交给出纳人员。

项目六　银行结算业务办理

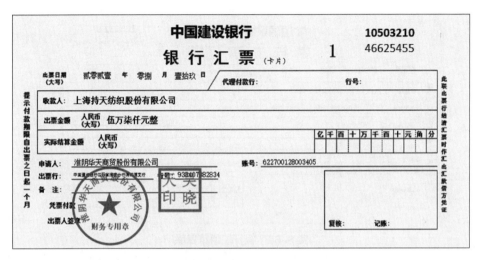

图 6-57　银行汇票第一联

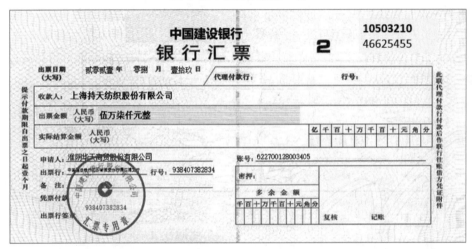

图 6-58　银行汇票第二联

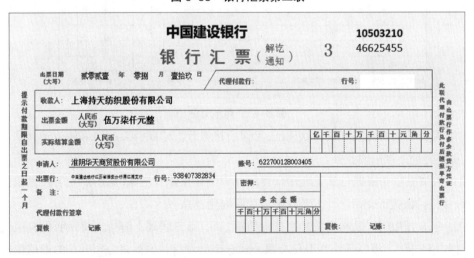

图 6-59　银行汇票第三联

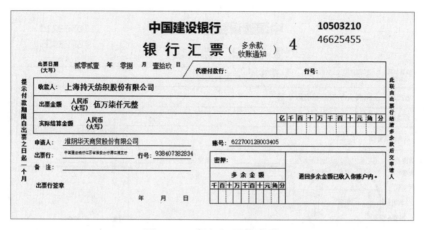

图 6-60　银行汇票第四联

（4）出纳人员王晓雯将出票银行签发的银行汇票联（第二联）复印，并由采购人员在复印件上签字，确认收到银行汇票第二联和第三联。

（5）出纳人员王晓雯将银行盖章退回的银行汇票申请书第一联存根联、银行汇票联（第二联）复印件和付款审批单传给制证人员，制证人员审核后填制付款凭证，将原始单据粘贴在付款凭证后，并在付款凭证制单处签章。

（6）复核人员审核付款凭证及所附原始单据并在付款凭证复核处签章（见图6-61）。

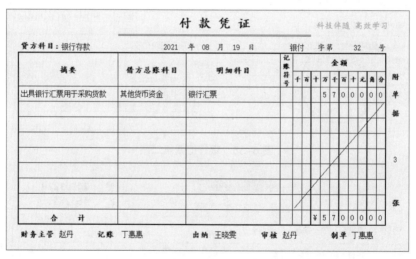

图 6-61　付款凭证

（7）出纳人员王晓雯再次审核付款凭证，无误后将银行汇票联（第二联）和解讫通知联（第三联）交采购人员到异地办理采购业务。

（8）出纳人员王晓雯根据付款凭证逐日逐笔登记银行存款日记账（见图6-62），在付款凭证出纳栏处签章，并将付款凭证交由会计人员登记相关明细账及总账。

（9）2021年8月20日，采购人员持银行汇票第二联、第三联到上海持天纺织股份有限公司进行采购，签订购销合同，上海持天纺织股份有限公司仓库已发货并取得该公司开具的增值税专用发票一张（见图6-63），不含税金额50 000元，税额6 500元。

项目六 银行结算业务办理

图 6-62 银行存款日记账

图 6-63 增值税专用发票

(10)2021 年 8 月 20 日，采购商品已验收入库，出纳人员根据销售部门提供的采购合同、增值税专用发票和经采购人员签字确认的入库单、质检报告，与收到的银行汇票多余款收账通知（见图 6-64）进行核对，核对无误后交制证人员。

银行汇票补填实际结算金额

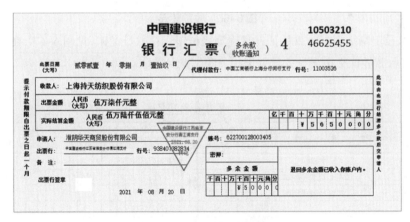

图 6-64 银行汇票第四联

(11)制证人员审核后根据增值税专用发票、入库单、质检报告、多余款收账通知编制转账凭证、收款凭证。采购合同交专人单独保管。

(12)复核人员审核转账凭证、收款凭证及所附原始单据并在凭证复核处签章（见图 6-65 和图 6-66）。

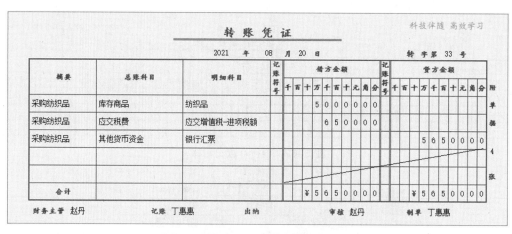

图 6-65 转账凭证

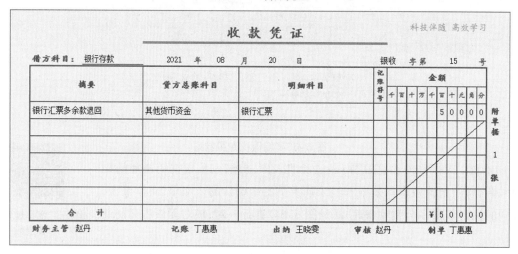

图 6-66 收款凭证

(13)出纳人员王晓雯根据收款凭证逐日逐笔登记银行存款日记账(见图6-67),在收款凭证出纳栏处签章,并将收款凭证交由会计人员登记相关明细账及总账。

图 6-67 银行存款日记账

(14)出纳人员王晓雯每日终了应结出银行存款日记账的余额,并每月将银行存款日记账与银行对账单进行核对,以保证账实相符。

二、典型任务2

2021年8月19日,淮阴华天商贸股份有限公司拟从上海持天纺织股份有限公司购买纺织用品250套,预计每套不含税单价200元,货款50 000元,增值税税款6 500元,采用银行汇票结算。淮阴华天商贸股份有限公司出纳人员准备到开户银行办理一张面额为57 000元的银行汇票。上海持天纺织股份有限公司的财务部门在收到对方的银行汇票时应如何办理进账业务和相关销售业务?

1. 操作流程

银行汇票收款业务的办理流程如图6-55所示。

2. 具体操作步骤

(1)2021年8月20日,出纳人员庄英雯根据销售部门提供的销售合同审核淮阴华天商贸股份有限公司采购人员交来的银行汇票(见图6-58和图6-59),审核的内容包括:①银行汇票和解讫通知是否齐全、内容是否相同;②收款人是否为本单位;③银行汇票是否在提示付款期内;④必须记载的事项是否齐全;⑤出票行印章是否清晰并符合规定,压数机压印的金额是否清晰,大小写金额是否相同;⑥出票日期、收款人名称、出票金额有无涂改,其他记载事项有涂改是否由原记载人签章证明。

(2)办理结算。出纳人员庄英雯审查无误后,在出票金额以内,根据实际的销售款办理结算,并在银行汇票和解讫通知的实际结算金额栏填入56 500,在多余金额栏填入500(见图6-68)。(金额如果填错,应用红线划去全部数字,在上方重新填写正确数字并加盖本单位印章,但只限更改一次。若实际结算金额和出票金额一致,应在"多余金额"栏写上"0"。)

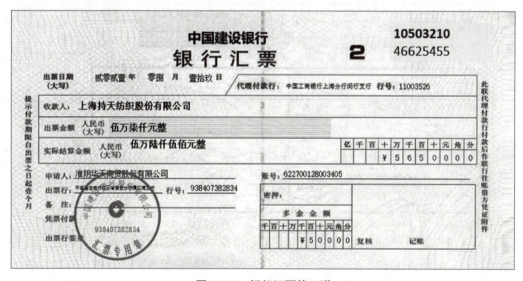

图6-68 银行汇票第二联

(3)印鉴管理人员审核无误后,在银行汇票第二联背面的"持票人向银行提示付款签章"处盖银行预留印鉴财务专用章、法人代表(授权人)名章(见图6-69)。

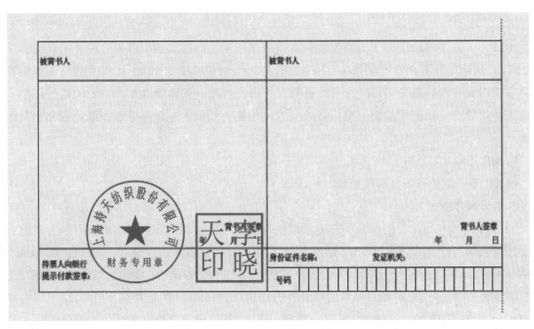

图 6-69 银行汇票第二联背面

(4)2021年8月20日,出纳人员庄英雯填写一式三联进账单,并将银行汇票联、解讫通知联和进账单送其开户银行办理入账手续,出纳人员收到银行退回的进账单第三联(收账通知)(见图6-70)。

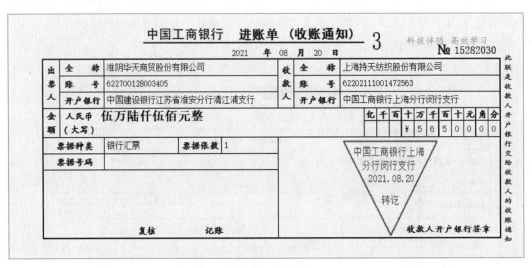

图 6-70 进账单

(5)会计人员根据销售部出具的开票通知开具增值税专用发票,交由发票专用章管理人员审核后在发票联和抵扣联销货单位盖章处盖章(见图6-63),然后将发票联和抵扣联交给淮阴华天商贸股份有限公司采购人员。销售部门出具出库单给淮阴华天商贸股份有限公司采购人员到仓库提货。

(6)出纳人员庄英雯在发票记账联(见图6-71)收款人处签章,连同进账单第三联(收账通知)等原始凭证传递给制证会计,制证人员审核后填制收款凭证,将原始单据粘贴在收款凭证后,并在收款凭证制单处签章。销售合同交专人单独保管。

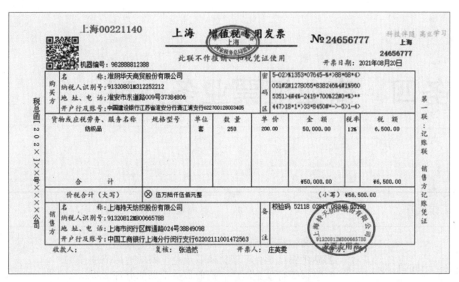

图 6-71 增值税专用发票第一联

(7) 复核人员审核收款凭证及所附原始单据并在收款凭证复核处签章(见图 6-72)。

(8) 出纳人员庄英雯再次审核收款凭证,根据收款凭证逐日逐笔登记银行存款日记账(见图 6-73),在收款凭证出纳栏处签章,并将收款凭证交由会计人员登记相关明细账及总账。

(9) 出纳人员庄英雯每日终了应结出银行存款日记账的余额,并每月将银行存款日记账与银行对账单核对。

图 6-72 收款凭证

图 6-73 银行存款日记账

出纳岗位工作手册

任务四　商业汇票业务办理

任务目标

工作任务		商业汇票业务办理
学习目标	知识目标	1. 理解银行承兑汇票、商业承兑汇票的概念； 2. 熟悉银行承兑汇票、商业承兑汇票的适用范围； 3. 掌握银行承兑汇票、商业承兑汇票的办理流程； 4. 掌握商业汇票贴现业务的办理流程
	技能目标	1. 能正确填写银行承兑汇票、商业承兑汇票； 2. 能应用银行承兑汇票、商业承兑汇票进行交易及转账； 3. 能办理商业汇票贴现业务
	思政目标	1. 建立商业汇票操作流程标准化意识； 2. 培养严谨细致的职业素质； 3. 培养良好的人际交往能力

任务导入

2021年3月8日，淮阴华天商贸股份有限公司从上海持天纺织股份有限公司购买纺织用品250套，每套不含税单价200元，货款50 000元，增值税税款6 500元，合同规定采用商业承兑汇票结算，到期日为出票后的4个月，商品已于3月9日入库。淮阴华天商贸股份有限公司如何办理商业承兑汇票业务和相关采购业务？如果合同规定采用银行承兑汇票结算，淮阴华天商贸股份有限公司该如何办理银行承兑汇票申请业务和相关采购业务？

2021年6月8日，北京春秋商贸有限公司销售给淮阴华天商贸股份有限公司家电20套，每套不含税单价10 000元，货款200 000元，增值税税款26 000元，合同规定以商业承兑汇票结算。北京春秋商贸有限公司开具了一张出票日为2021年6月8日、到期日为出票后的3个月的商业承兑汇票，淮阴华天商贸股份有限公司于2021年6月11日承兑付款。北京春秋商贸有限公司如何办理商业承兑汇票进账业务和相关销售业务？

2021年8月25日，淮阴衡久商贸有限公司销售给北京春秋商贸有限公司纺织用品500套，每套不含税单价300元，货款150 000元，增值税税款19 500元，合同规定以银行承兑汇票结算。北京春秋商贸有限公司开具了一张出票日为2021年8月25日、到期日为出票后的2个月的银行承兑汇票采购商品。淮阴衡久商贸有限公司如何办理银行承兑汇票进账业务和相关销售业务？

> 任务准备

一、商业汇票的概念

商业汇票是出票人签发的，委托付款人在指定日期无条件支付确定的金额给收款人或者持票人的票据。

二、商业汇票的种类

商业汇票按照承兑人的不同可分为商业承兑汇票和银行承兑汇票。所谓的承兑是指承诺到期付款的意思。商业承兑汇票是指由收款人签发，经付款人承兑，或由付款人签发并承兑的商业汇票。银行承兑汇票是指由在承兑银行开立存款账户的存款人（即付款人）签发的，由承兑银行负责承兑的商业汇票。

商业承兑汇票简介

三、商业汇票的适用范围

在银行开立存款账户的法人及其他组织之间，必须具有真实的交易关系或债权债务关系，才能使用商业汇票。个人不可以使用商业汇票，出票人不得签发无对价的商业汇票用以骗取银行或者其他票据当事人的资金。商业汇票同城或异地结算均可使用，没有结算起点的限制。

四、商业承兑汇票签发

1. 付款人签发的商业承兑汇票

由付款人签发的商业承兑汇票出票人是付款人，承兑人也是付款人。

商业承兑汇票一式三联：第一联是卡片联，出票人（付款人）盖银行预留印鉴章财务专用章和法人代表（代理人）名章后由承兑人（付款人）留存（见图6-74）；第二联正联，有正、背两面，汇票正联是银行之间的传递凭证（见图6-75和图6-76），出票人（付款人）和承兑人（付款人）盖银行预留印鉴章财务专用章和法人代表（代理人）名章后交与收款人；第三联存根联，由出票人（付款人）存查（见图6-77）。

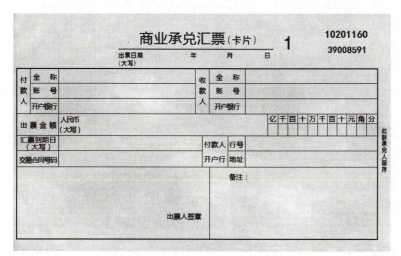

图6-74　商业承兑汇票第一联

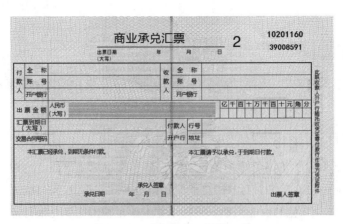

图 6-75 商业承兑汇票第二联

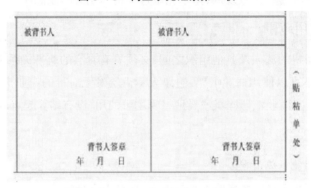

图 6-76 商业承兑汇票第二联背面

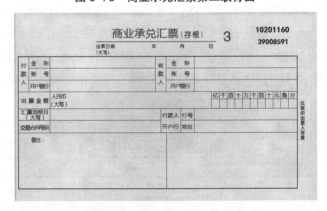

图 6-77 商业承兑汇票第三联

2. 收款人签发的商业承兑汇票

由收款人签发的商业承兑汇票出票人是收款人,承兑人是付款人。

商业承兑汇票一式三联:第一联是卡片联,出票人(收款人)盖银行预留印鉴章财务专用章和法人代表(代理人)名章后由承兑人(付款人)留存;第二联正联,有正、背两面,汇票正联是银行之间的传递凭证,出票人(收款人)和承兑人(付款人)盖银行预留印鉴章后交与收款人;第三联存根联,由出票人(收款人)存查。具体格式见图 6-74 至图 6-77。

五、银行承兑汇票签发

1. 银行承兑汇票申请书

银行承兑汇票只能由付款人签发,并由付款人向开户银行申请,经银行审查同意承兑。

付款人的出纳人员需先填银行承兑汇票申请书,内容包括申请人名称、开户行名称、申请人账号、汇票的号码、汇票的金额、出票日期、汇票到期日、承兑银行名称、收款人名称、收款人开户银行和账号、付款的用途等。印鉴管理人员审核后在承兑申请人处加盖单位公章及法人代表名章。

2. 银行承兑协议

银行承兑汇票的出票人或持票人向银行提示承兑时,银行信贷部门对出票人的资格、资信、购销合同、发票和银行承兑汇票记载的内容进行认真审查,必要时须由出票人提供担保。满足承兑条件的,与出票人签订承兑协议。

银行承兑协议(见图 6–78)一式二联,第一联出票人(付款人)留存;第二联由承兑银行留存。银行承兑协议需由付款人(出票人)在出票人签章处加盖单位公章和法人代表(授权人)名章。承兑银行需加盖承兑银行公章和法人代表(授权人)名章。

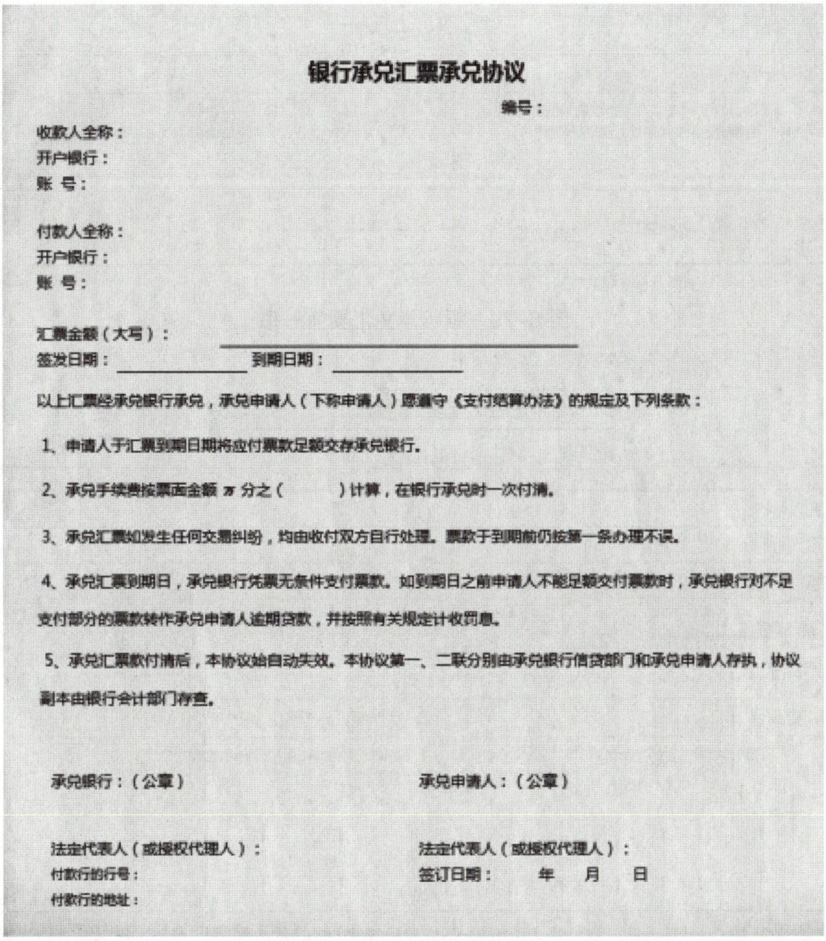

银行承兑汇票承兑协议

编号：

收款人全称：
开户银行：
账　号：

付款人全称：
开户银行：
账　号：

汇票金额（大写）：______
签发日期：______　到期日期：______

以上汇票经承兑银行承兑，承兑申请人（下称申请人）愿遵守《支付结算办法》的规定及下列条款：

1、申请人于汇票到期日期将应付票款足额交存承兑银行。

2、承兑手续费按票面金额 万 分之（　　）计算，在银行承兑时一次付清。

3、承兑汇票如发生任何交易纠纷，均由收付双方自行处理。票款于到期前仍按第一条办理不误。

4、承兑汇票到期日，承兑银行凭票无条件支付票款。如到期日之前申请人不能足额交付票款时，承兑银行对不足支付部分的票款转作承兑申请人逾期贷款，并按照有关规定计收罚息。

5、承兑汇票款付清后，本协议始自动失效。本协议第一、二联分别由承兑银行信贷部门和承兑申请人存执，协议副本由银行会计部门存查。

承兑银行：（公章）　　承兑申请人：（公章）

法定代表人（或授权代理人）：　　法定代表人（或授权代理人）：
付款行的行号：　　签订日期：　年　月　日
付款行的地址：

图 6–78　银行承兑协议

3. 银行承兑汇票

银行承兑汇票一式三联，第一联卡片联，由出票人（付款人）在出票人签章处加盖银行预留印鉴，由承兑银行留存备查（见图 6-79）；第二联银行承兑汇票正联，此联是银行之间的传递凭证，正面由出票人（付款人）在出票人签章处加盖银行预留印鉴财务专用章和法人代表（代理人）名章，承兑银行在承兑行签章处加盖汇票专用章并由授权的经办人签名或盖章，背面可用于背书转让（见图 6-80）；第三联存根联，由出票人（付款人）存查（见图 6-81）。

银行承兑汇票

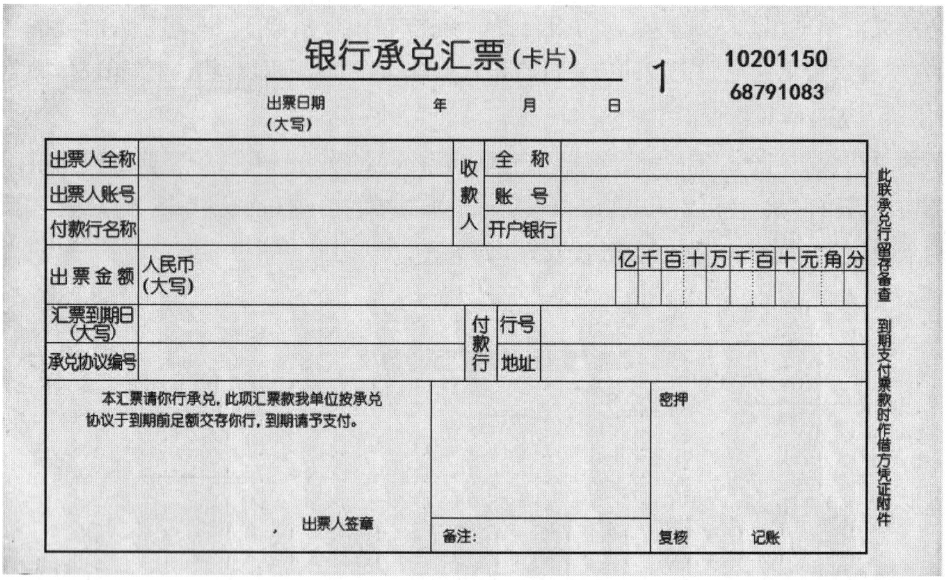

银行承兑汇票（卡片） 1

10201150
68791083

出票日期（大写） 年 月 日

出票人全称		收款人	全称	
出票人账号			账号	
付款行名称			开户银行	
出票金额	人民币（大写）			亿 千 百 十 万 千 百 十 元 角 分
汇票到期日（大写）		付款行	行号	
承兑协议编号			地址	
本汇票请你行承兑，此项汇票款我单位按承兑协议于到期前足额交存你行，到期请予支付。 出票人签章		备注：		密押 复核 记账

此联承兑行留存备查 到期支付票款时作借方凭证附件

图 6-79 银行承兑汇票第一联

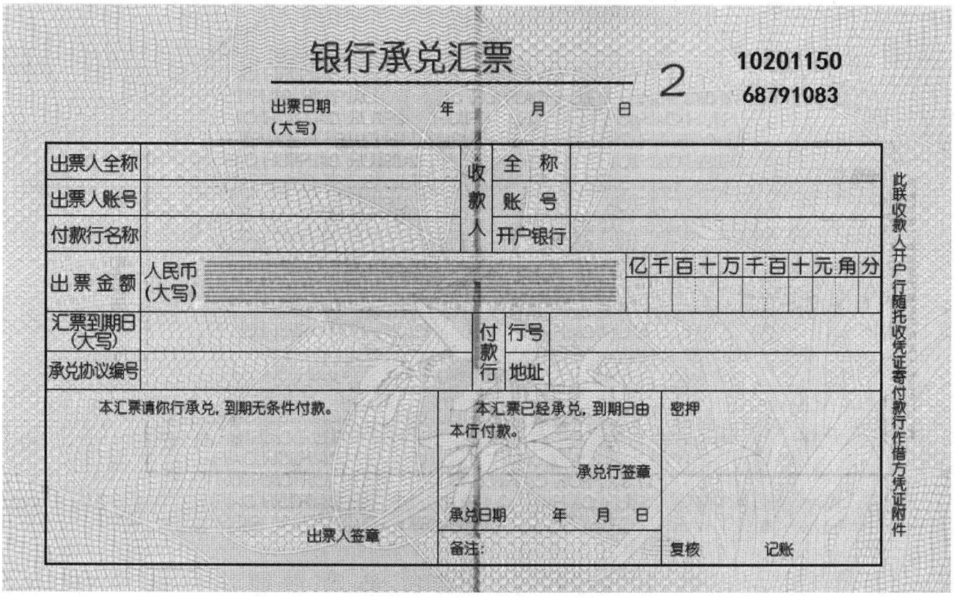

银行承兑汇票 2

10201150
68791083

出票日期（大写） 年 月 日

出票人全称		收款人	全称	
出票人账号			账号	
付款行名称			开户银行	
出票金额	人民币（大写）			亿 千 百 十 万 千 百 十 元 角 分
汇票到期日（大写）		付款行	行号	
承兑协议编号			地址	
本汇票请你行承兑，到期无条件付款。 出票人签章		本汇票已经承兑，到期日由本行付款。 承兑行签章 承兑日期 年 月 日 备注：		密押 复核 记账

此联收款人开户行随托收凭证寄付款行作借方凭证附件

图 6-80 银行承兑汇票第二联

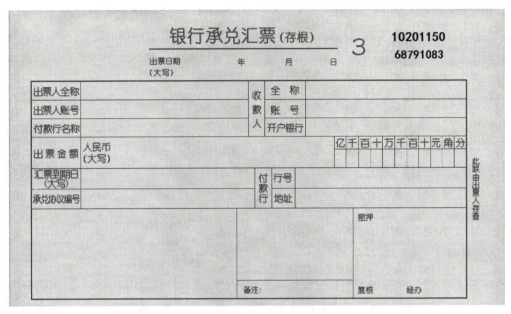

图 6-81　银行承兑汇票第三联

六、商业汇票结算的法律规定

(1) 商业汇票必须记载下列事项：① 表明"商业承兑汇票"或"银行承兑汇票"的字样；② 出票日期；③ 付款人名称；④ 收款人名称；⑤ 确定的金额；⑥ 无条件支付的委托；⑦ 出票人签章。

(2) 商业汇票的提示承兑期。商业汇票的提示承兑期是指持票人向承兑人出示票据，承兑人承诺在汇票到期日支付汇票金额的期限。商业汇票可于出票时向付款人提示承兑后使用，也可于出票后先使用再向付款人提示承兑。对于定日付款或者出票后定期付款的商业汇票，持票人应在汇票到期日前向付款人提示承兑。见票后定期付款的汇票，持票人应自出票日起 1 个月内向付款人提示承兑。付款人接到提示承兑的汇票时，应当从收到提示承兑的汇票当日起 3 日内承兑或者拒绝承兑，拒绝承兑时必须出具拒绝承兑的证明。

(3) 商业汇票的付款期限，最长不得超过 6 个月。如果是定日付款的商业汇票，付款期限自出票日起按实际经历的天数计算，且算头不算尾，或算尾不算头，并在商业汇票上记载具体的到期日；如果是出票后定期付款的商业汇票，付款期限自出票日起按月对日计算，月末签发的商业票据不论大小月均以到期月的月末为到期日，并在商业汇票上记载；如果是见票后定期付款的商业汇票，付款期限自承兑或拒绝承兑日起按月计算，并在汇票上记载。

(4) 商业汇票的提示付款期限，自汇票到期日起 10 日。商业汇票的收款人向其开户银行提示付款时，应提交已到期商业汇票第二联及一式五联的托收凭证。

(5) 商业汇票的付款人开户银行收到收款人或持票人委托其开户银行寄来的商业汇票第二联及托收凭证第三联(付款人开户银行作借方凭证)和第五联(付款通知联)，付款人开户银行应及时通知付款人付款。付款人收到开户银行的托收凭证第五联付款通知，应于当日通知银行付款。付款人在接到付款通知次日起 3 日内(遇法定休假日顺延)未通知银行付款的，视同付款人承诺付款，银行应于付款人接到通知次日起第 4 日(遇法定休假日顺延)上午开始营业时,将票款划给持票人。

(6)付款人开户银行在办理到期商业承兑汇票划款时,付款人存款账户不足支付的,应填制付款人未付票款通知书,连同商业承兑汇票邮寄持票人开户银行转交持票人,由收款单位和付款单位自行协商票款的清偿问题。

(7)付款人存在合法抗辩事由拒绝支付到期商业汇票,应自接到付款通知的次日起 3 日内,将全部(部分)拒绝付款理由书(具体见委托收款结算方式)送交开户银行,银行将拒绝付款理由书和商业汇票邮寄持票人开户银行转交持票人。

(8)商业汇票的持票人可持未到期的商业汇票向银行申请贴现。

(9)商业汇票可以背书转让。

商业汇票背书

> 任务实施

一、典型任务1

2021 年 3 月 8 日,淮阴华天商贸股份有限公司从上海持天纺织股份有限公司购买纺织用品 250 套,每套不含税单价 200 元,货款 50 000 元,增值税税款 6 500 元,合同规定采用商业承兑汇票结算,到期日为出票后的 4 个月,商品已于 3 月 9 日入库。淮阴华天商贸股份有限公司如何办理商业承兑汇票业务和相关采购业务?

商业承兑汇票(付款人签发)

1. 操作流程

商业承兑汇票付款业务办理流程如图 6-82 所示。

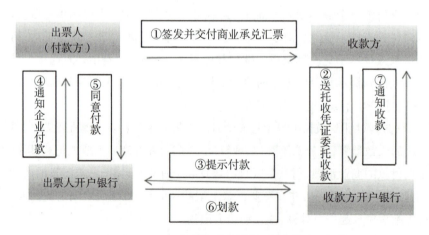

图 6-82 商业承兑汇票业务流程图

2. 具体操作步骤

(1)2021 年 3 月 9 日,淮阴华天商贸股份有限公司出纳人员王晓雯根据销售部门提供的增值税专用发票(见图 6-83)、购货合同及经采购人员签字确认的入库单、质检报告开具一式三联的商业承兑汇票(见图 6-84 至图 6-86)。

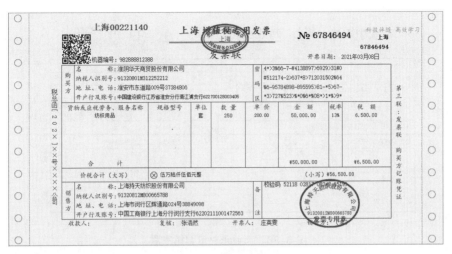

图 6-83　增值税专用发票

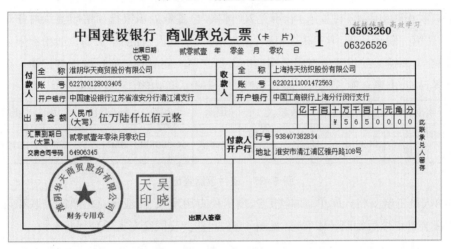

图 6-84　商业承兑汇票第一联

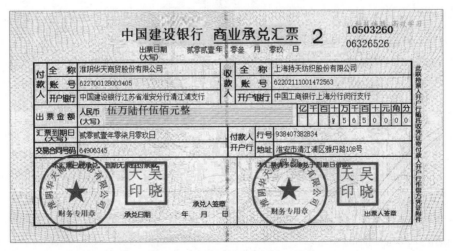

图 6-85　商业承兑汇票第二联

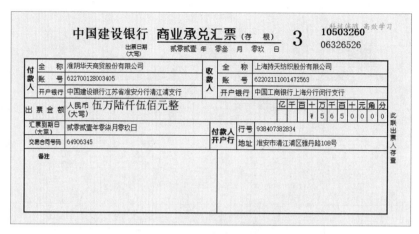

图 6-86　商业承兑汇票第三联

(2) 印鉴管理人员审核商业承兑汇票填写是否齐全、正确。审核无误后在第一联卡片联出票人签章处、第二联正联出票人(付款人)和承兑人(付款人)签章处盖银行预留印鉴章财务专用章和法人代表名章。第一联卡片联、第三联存根联，由出票人(承兑人)淮阴华天商贸股份有限公司存查。第二联正联交上海持天纺织股份有限公司经办人员李军。同时登记应付票据登记簿。登记簿记载收款人、出票日期、出票金额、到期日、票号、领取人、审批人等内容(见图 6-87)。

出票日期	票据种类	票据号码	收款人	用途	金额	到期日	领用人	批准人	备注
2021-3-9	商业承兑汇票	06326526	上海持天纺织股份有限公司	购货款	56 500.00	2021-7-9	李军	赵丹	

图 6-87　应付票据登记簿

(3) 出纳人员王晓雯将入库单、质检报告、增值税专用发票、商业承兑汇票第一联和第三联交制证会计，制证会计审核后编制转账凭证(见图 6-88)。购货合同交专人单独保管。

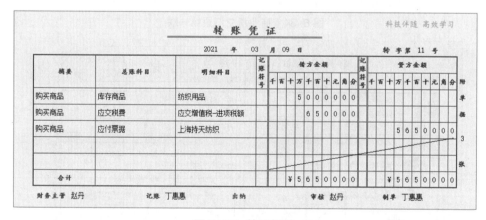

图 6-88　转账凭证

(4) 本张商业承兑汇票应于 2021 年 7 月 9 日到期，到期之前淮阴华天商贸股份有限公司应将票款足额交存银行，以备到期时支付。

(5) 2021 年 7 月 9 日，淮阴华天商贸股份有限公司出纳王晓雯收到开户银行的托收凭证第五联付款通知(见图 6-89),审核付款通知与商业承兑汇票的收款人、金额、日期等信息,审核无误后,经领导审批同意后,通知银行付款。同时登记应付票据登记簿,在对应的票据栏次登记已付款的日期(见图 6-90)。

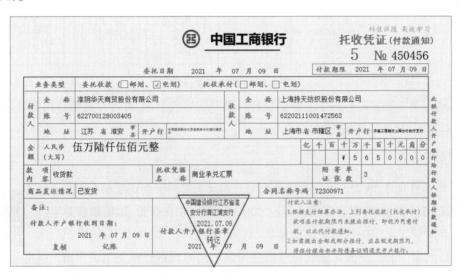

图 6-89　托收凭证第五联付款通知联

出票日期	票据种类	票据号码	收款人	用途	金额	到期日	领用人	批准人	备注
2021-3-9	商业承兑汇票	06326526	上海持天纺织股份有限公司	购货款	56 500.00	2021-7-9	李军	赵丹	2021-7-9 已付款

图 6-90　应付票据登记簿

(6)出纳王晓雯将付款通知联交制单人员,制单人员审核后填制付款凭证,并在付款凭证制单处签章。

(7)复核人员审核付款凭证及所附原始单据并在付款凭证复核处签章(见图 6-91)。

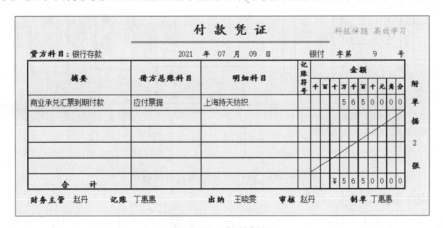

图 6-91　付款凭证

(8)出纳人员王晓雯根据付款凭证逐日逐笔登记银行存款日记账(见图 6-92),在付款凭证出纳栏处签章,并将付款凭证交由会计人员登记相关明细账及总账。

2021 年		记账凭证字号	对方科目	摘要	结算凭证		借方	贷方	借或贷	余额
月	日				种类	号码	千百十万千百十元角分	千百十万千百十元角分		千百十万千百十元角分
07	09			承前页			1 1 4 0 0 0 0 0	2 1 9 0 8 0 0 0		2 5 4 9 0 0 0 0
07	09	银付 9		商业承兑汇票到期付款				5 6 5 0 0 0 0		1 9 8 4 0 0 0 0

图 6-92 银行存款日记账

（9）出纳人员王晓雯每日终了应结出银行存款日记账的余额，并每月将银行存款日记账与银行对账单进行核对，以保证账实相符。

二、典型任务2

2021 年 3 月 8 日，淮阴华天商贸股份有限公司从上海持天纺织股份有限公司购买纺织用品 250 套，每套不含税单价 200 元，货款 50 000 元，增值税税款 6 500 元，合同规定采用银行承兑汇票结算，到期日为出票后的 4 个月，商品已于 3 月 9 日入库。淮阴华天商贸股份有限公司该如何办理银行承兑汇票申请业务和相关采购业务？

签发银行承兑汇票业务办理

1. 操作流程

银行承兑汇票付款业务办理流程如图 6-93 所示。

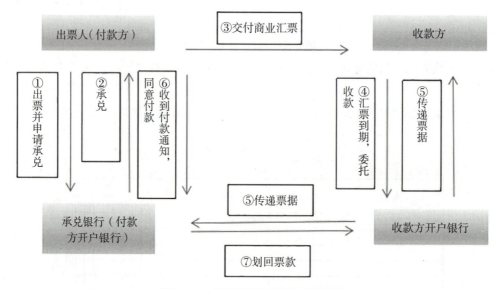

图 6-93 银行承兑汇票业务流程图

2. 具体操作步骤

（1）2021 年 3 月 9 日，淮阴华天商贸股份有限公司出纳人员王晓雯根据销售人员提交的购货合同、增值税专用发票（见图 6-83）、经采购人员签字确认的入库单、质检报告等资料填制银行承兑汇票申请书。印鉴管理人员审核后在申请人处加盖单位公章及法人代表名章。

（2）出纳人员王晓雯持银行承兑汇票申请书向开户银行提出承兑申请时，银行信贷部门对出票人的资格、资信、购销合同、发票、银行承兑汇票申请书进行认真审查，满足承兑条件的，与出票人签订承兑协议，在承兑协议中承兑银行签章处加盖承兑银行公章和法人代表（授权人）名章（见图6-94）。

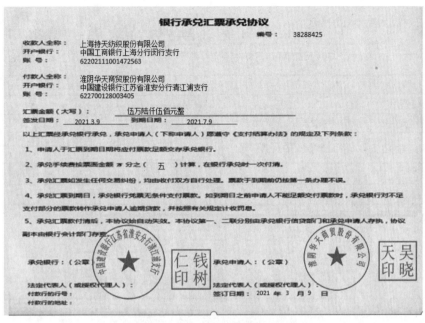

图 6-94　银行承兑汇票承兑协议

（3）出纳人员王晓雯签发一式三联的银行承兑汇票，银行预留印鉴管理人员审核后在第一联卡片联出票人签章处、第二联正联出票人签章处加盖银行预留印鉴财务专用章和法人代表（代理人）名章（见图6-95）。

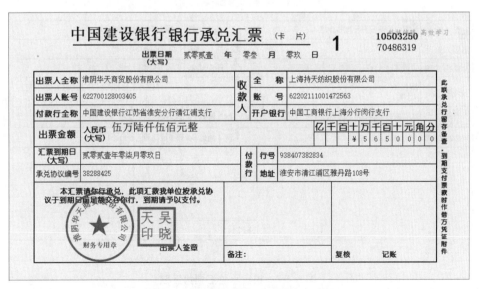

图 6-95　银行承兑汇票第一联

（4）淮阴华天商贸股份有限公司开户银行审核出纳人员王晓雯提交的银行承兑汇票，审核无误，在银行承兑汇票第二联承兑行签章处加盖汇票专用章并由授权的经办人签名或盖章。银行将承兑汇票第一联留存,第二联和第三联交淮阴华天商贸股份有限公司出纳人员王晓雯(见图 6-96 和图 6-97)。

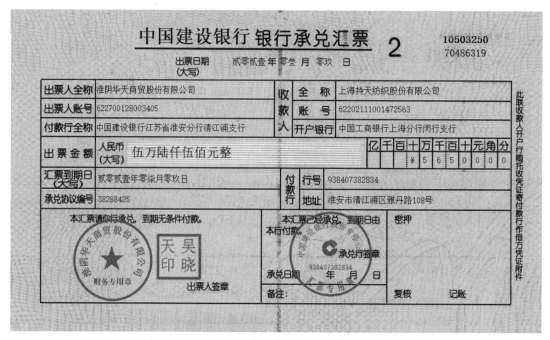

图 6-96　银行承兑汇票第二联

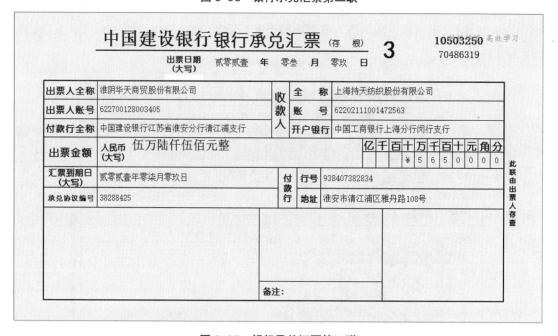

图 6-97　银行承兑汇票第三联

(5)出纳人员王晓雯将银行承兑汇票第二联交付上海持天纺织股份有限公司经办人员李军,同时登记应付票据登记簿,包括票据的种类、票据的号码、收款人、出票日期、出票金额、到期日、承兑银行、领取人、审批人(见图6-98)。

出票日期	票据种类	票据号码	收款人	用途	金额	到期日	领用人	批准人	备注
2021-3-9	银行承兑汇票	70486319	上海持天纺织股份有限公司	购货款	56 500.00	2021-7-9	李军	赵丹	

图6-98 应付票据登记簿

(6)出纳人员王晓雯将购货合同、入库单、质检报告和增值税专用发票、商业承兑汇票第三联交制单会计,制单会计审核后编制转账凭证(见图6-88)。购货合同交专人单独保管。

(7)本张银行承兑汇票应于2021年7月9日到期,到期之前淮阴华天商贸股份有限公司应将票款足额交存银行,以备到期时支付。

(8)2021年7月9日,淮阴华天商贸股份有限公司出纳人员王晓雯收到开户银行的托收凭证第五联付款通知(见图6-99),审核付款通知与银行承兑汇票的收款人、金额、日期等信息,审核无误后,经领导审批同意后,通知银行付款。同时登记应付票据登记簿,在对应的票据栏次登记已付款的日期(见图6-100)。

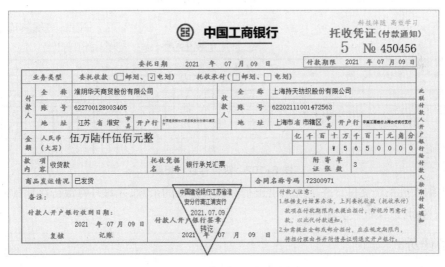

图6-99 托收凭证付款通知联

出票日期	票据种类	票据号码	收款人	用途	金额	到期日	领用人	批准人	备注
2021-3-9	银行承兑汇票	70486319	上海持天纺织股份有限公司	购货款	56 500.00	2021-7-9	李军	赵丹	2021-7-9已付款

图6-100 应付票据登记簿

银行承兑汇票到期时,付款人无力支付款项,应由承兑银行支付票款,并将代付款项转为付款人的贷款。

(9)出纳王晓雯将付款通知联交制单人员,制单人员审核后填制付款凭证,将原始单据粘贴在付款凭证后,并在付款凭证制单处签章。

(10)复核人员审核付款凭证及所附原始单据并在付款凭证复核处签章(见图6-101)。

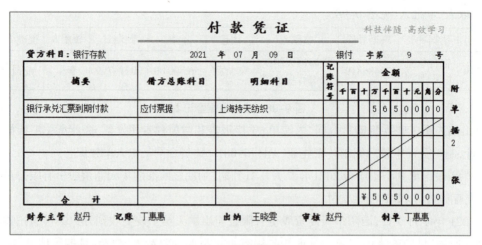

图 6-101　付款凭证

(11) 出纳人员王晓雯根据付款凭证逐日逐笔登记银行存款日记账(见图 6-102),在付款凭证出纳栏处签章,并将付款凭证交由会计人员登记相关明细账及总账。

图 6-102　银行存款日记账

(12) 出纳人员王晓雯每日终了应结出银行存款日记账的余额,并每月将银行存款日记账与银行对账单进行核对,以保证账实相符。

三、典型任务3

2021年6月8日,北京春秋商贸有限公司销售给淮阴华天商贸股份有限公司家电20套,每套不含税单价10 000元,货款200 000元,增值税税款26 000元,合同规定以商业承兑汇票结算。北京春秋商贸有限公司开具了一张出票日为2021年6月8日、到期日为出票后的3个月的商业承兑汇票,淮阴华天商贸股份有限公司于2021年6月11日承兑付款。北京春秋商贸有限公司如何办理商业承兑汇票进账业务和相关销售业务?

商业承兑汇票（收款人签发）

1. 操作流程

商业承兑汇票收款业务办理流程如图 6-82 所示。

2. 具体操作步骤

(1) 北京春秋商贸有限公司会计人员根据销售部门的开票通知开具增值税专用发票,金额为226 000元,交由发票专用章管理人员审核后在发票联和抵扣联销货单位盖章处盖章,然后将发票联和抵扣联交给淮阴华天商贸股份有限公司采购人员(见图6-103)。

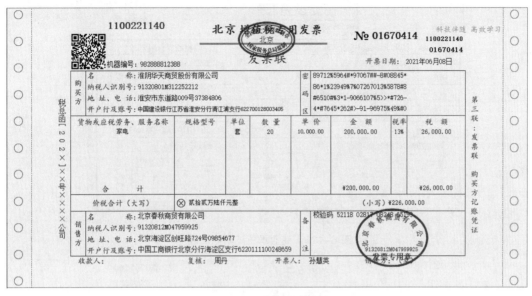

图6-103 增值税专用发票

(2)北京春秋商贸有限公司出纳人员孙慧英开具商业承兑汇票,出票日为2021年6月8日,到期日是2021年9月8日,金额为226 000元。出纳人员将开具的商业承兑汇票交由印鉴保管人员加盖财务专用章和法人代表名章(见图6-104至图6-106)。

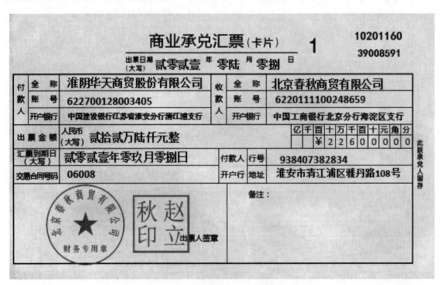

图6-104 商业承兑汇票第一联

(3)销售部门出具出库单给淮阴华天商贸股份有限公司采购人员到仓库提货,并将商业承兑汇票第一、第二联交淮阴华天商贸股份有限公司采购人员带回公司在承兑人签章处签章。

(4)2021年6月11日,北京春秋商贸有限公司收到淮阴华天商贸股份有限公司已承兑的商业承兑汇票(见图6-107)。

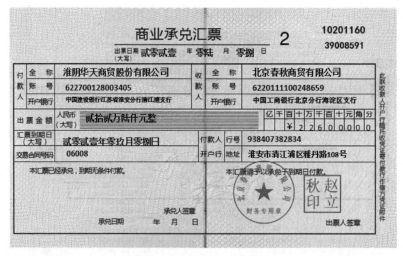

图 6-105 商业承兑汇票第二联

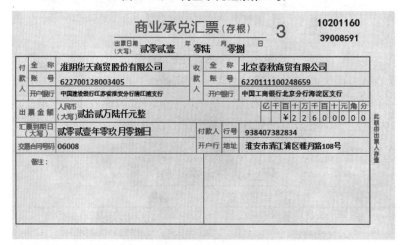

图 6-106 商业承兑汇票第三联

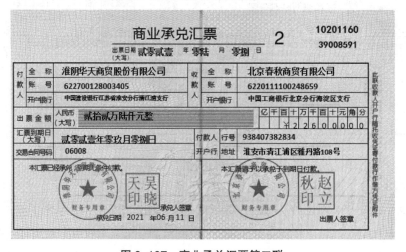

图 6-107 商业承兑汇票第二联

(5) 出纳人员孙慧英将已承兑的商业承兑汇票复印一联，将原件存保险柜保管，并登记应收票据登记簿。内容包括票据的种类、票据的号码、付款人、出票日期、出票金额、到期日。

(6) 出纳人员将商业承兑汇票复印件、增值税专用发票记账联等原始凭证传递给制证会计，制证人员审核后填制转账凭证，将原始单据粘贴在转账凭证后，并在转账凭证制单处签章（见图6-108）。销售合同交专人单独保管。

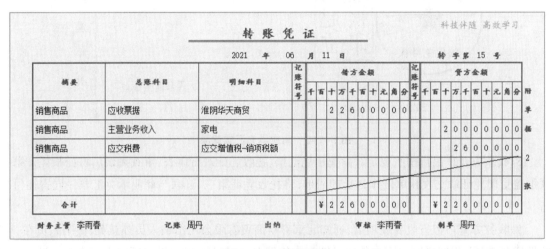

图6-108　转账凭证

(7) 2021年9月8日，在商业承兑汇票到期时，出纳孙慧英填制一式五联托收凭证，托收凭证上托收凭据的名称写商业承兑汇票（见图6-109）。在商业承兑汇票背面背书人签章处加盖单位预留印鉴财务专用章及法人代表（代理人）名章，并注明"委托收款"字样，被背书人处填写托收行名称（见图6-110）。将商业承兑汇票和托收凭证一并交其开户银行，办理托收手续。

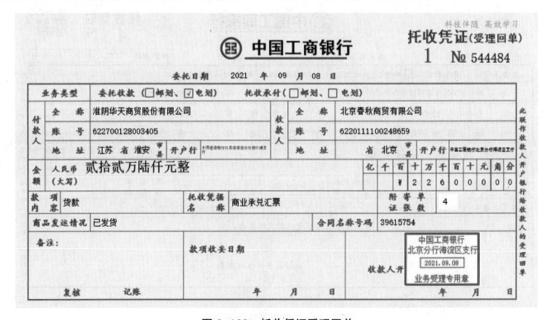

图6-109　托收凭证受理回单

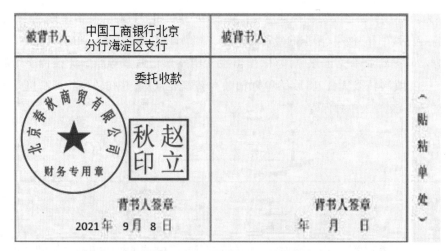

图6-110 商业承兑汇票背面

（8）收款方开户银行按照规定对商业承兑汇票、托收凭证进行审查，审查无误后将托收凭证第一联加盖受理凭证章交收款单位作为受理回单，将托收凭证第三、五联与商业承兑汇票一同寄往付款行。

（9）收款方开户银行收妥款项后，通知北京春秋商贸有限公司出纳人员孙慧英，出纳人员在"应收票据备查簿"相应栏次登记收款的日期和金额情况，并将托收凭证第四联收账通知（见图6-111）传递给制证会计填制收款凭证。制证会计将原始单据粘贴在收款凭证后，并在收款凭证制单处签章。

（10）复核人员审核收款凭证及所附原始单据并在收款凭证复核处签章（见图6-112）。

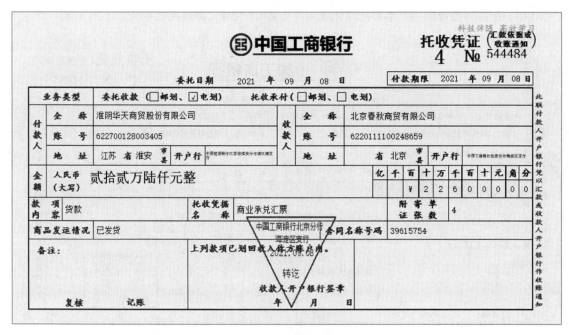

图6-111 托收凭证收账通知

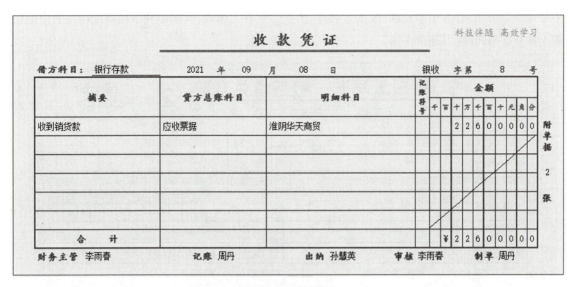

图 6-112　收款凭证

(11) 出纳人员根据收款凭证逐日逐笔登记银行存款日记账(见图 6-113),在收款凭证出纳栏处签章,并将收款凭证交由会计人员登记相关明细账及总账。

图 6-113　银行存款日记账

(12) 出纳人员每日终了应结出银行存款日记账的余额,并每月将银行存款日记账与银行对账单进行核对,以保证账实相符。

四、典型任务4

2021 年 8 月 25 日,淮阴衡久商贸有限公司销售给北京春秋商贸有限公司纺织用品 500 套,每套不含税单价 300 元,货款 150 000 元,增值税税款 19 500 元,合同规定以银行承兑汇票结算。北京春秋商贸有限公司开具了一张出票日为 2021 年 8 月 25 日、到期日为出票后的 2 个月的银行承兑汇票采购商品。淮阴衡久商贸有限公司如何办理银行承兑汇票进账业务和相关销售业务?

1. 操作流程

银行承兑汇票收款业务办理流程如图 6-93 所示。

2. 具体操作步骤

(1) 淮阴衡久商贸有限公司出纳人员柯兰根据销售合同审核北京春秋商贸有限公司开具并承兑的一张银行承兑汇票(见图 6-114),审核的内容包括:①收款人是否为本单位;②银行承兑汇票是否在提示付款期内;③必须记载的事项是否齐全;④出票人印章、承兑人印章是否清晰并符合规定,大小写金额是否相同;⑤出票日期、收款人名称、出票金额有无涂改,其他记载事项有涂改是否由原记载人签章证明;⑥背书是否连续。

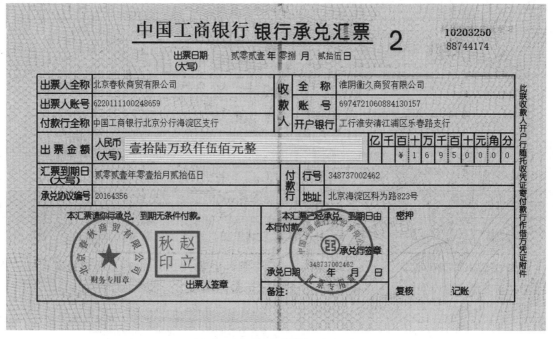

图 6-114 银行承兑汇票第二联

（2）出纳人员柯兰根据销售部门的开票通知开具增值税专用发票,金额为 169 500 元,交由发票专用章管理人员审核后在发票联和抵扣联销货单位盖章处盖章(见图 6-115),然后将发票联和抵扣联交给北京春秋商贸有限公司采购人员,销售部门出具出库单给北京春秋商贸有限公司采购人员到仓库提货。

图 6-115 增值税专用发票

(3)出纳人员柯兰将银行承兑汇票复印一联,将原件存保险柜保管,并登记应收票据登记簿。内容包括票据的种类、票据的号码、付款人、出票日期、出票金额、到期日。

(4)出纳人员柯兰将银行承兑汇票复印件、增值税专用发票记账联等原始凭证传递给制证会计,制证人员审核后填制转账凭证,将原始单据粘贴在转账凭证后,并在转账凭证制单处签章(见图6-116)。销售合同交专人单独保管。

图6-116 转账凭证

(5)2021年10月25日,在银行承兑汇票到期时,出纳柯兰填制一式五联托收凭证,托收凭证上托收凭据的名称写银行承兑汇票。在银行承兑汇票背面背书人签章处加盖单位预留印鉴财务专用章及法人代表(代理人)名章,并注明"委托收款"字样,被背书人处填写托收行名称(见图6-117)。将银行承兑汇票和托收凭证一并交其开户银行,办理托收手续。

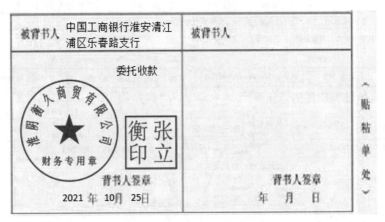

图6-117 银行承兑汇票背面

(6)收款方开户银行按照规定对银行承兑汇票、托收凭证进行审查,审查无误后将托收凭证第一联加盖受理凭证章交收款单位作为受理回单(见图6-118),将托收凭证第三、五联与银行承兑汇票一同寄往付款行。

(7)收款方开户银行收妥款项后,通知淮阴衡久商贸有限公司出纳人员柯兰,出纳人员在"应收票据备查簿"相应栏次登记收款的日期和金额情况,并将托收凭证第四联收账通知(见图6-119)传递给制证会计填制收款凭证。制证会计将原始单据粘贴在收款凭证后,并在收款凭证制单处签章。

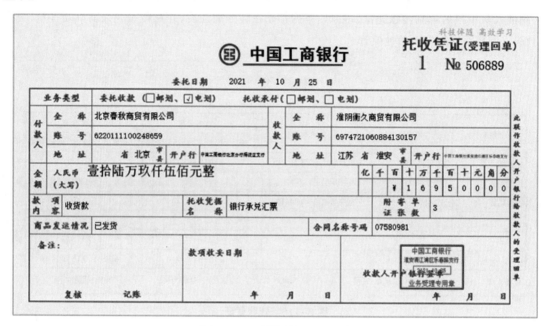

图6-118 托收凭证受理回单

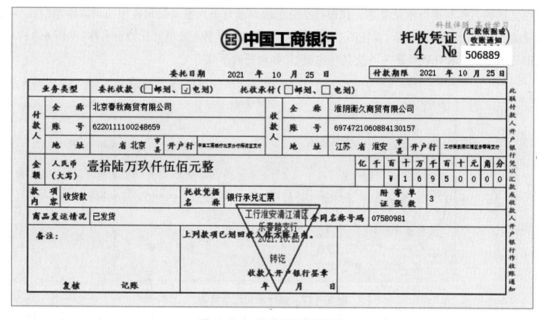

图6-119 托收凭证收账通知

(8)复核人员审核收款凭证及所附原始单据并在收款凭证复核处签章(见图6-120)。

(9)出纳人员柯兰根据收款凭证逐日逐笔登记银行存款日记账(见图6-121),在收款凭证出纳栏处签章,并将收款凭证交由会计人员登记相关明细账及总账。

图 6-120　收款凭证

图 6-121　银行存款日记账

(10)出纳人员柯兰每日终了应结出银行存款日记账的余额,并每月将银行存款日记账与银行对账单进行核对,以保证账实相符。

> 任务拓展

1. 商业汇票贴现概念

商业汇票贴现是指商业汇票的持票人在汇票到期日前,为了取得资金,贴付一定利息将票据权利转让给银行的票据行为,是持票人向银行融通资金的一种方式。贴付的利息是企业提前使用未到期资金而付出的代价。

2. 贴现凭证填制

持票人持未到期的商业汇票向银行申请贴现时,应当根据商业汇票填制一式五联贴现凭证。第一联,银行作贴现借方凭证,又代申请书(见图 6-122);第二联,银行作持票人账户贷方凭证(见图 6-123);第三联,银行作贴现利息贷方凭证(见图 6-124);第四联,是银行给持票人的收款通知(见图 6-125);第五联,由银行会计部门按到期日排列保管,到期日作贴现贷方凭证(见图 6-126)。

商业汇票的贴现

贴现凭证简介

贴现凭证（代申请书） ①

填写日期　　年　　月　　日　　　第　　号

贴现汇票	种类		号码	申请人	名称	
	出票日	年　月　日			账号	
	到期日	年　月　日			开户银行	
汇票承兑人（或银行）	名称		账号		开户银行	
汇票金额（即贴现金额）	人民币（大写）					千百十万千百十元角分
贴现率每月	‰	贴现利息	千百十万千百十元角分	实付贴现金额		千百十万千百十元角分
兹根据《银行结算办法》的规定，附送承兑汇票申请贴现，请审核。 此致 ______（贴现银行） 申请人盖章	银行审批	负责人　信贷员				科目（借）______ 对方科目（贷）______ 复核　记账

此联银行作贴现借方凭证

图 6-122　贴现凭证第一联

贴现凭证（贷方凭证） ②

填写日期　　年　　月　　日　　　第　　号

贴现汇票	种类		号码	申请人	名称	
	出票日	年　月　日			账号	
	到期日	年　月　日			开户银行	
汇票承兑人（或银行）	名称		账号		开户银行	
汇票金额（即贴现金额）	人民币（大写）					千百十万千百十元角分
贴现率每月	‰	贴现利息	千百十万千百十元角分	实付贴现金额		千百十万千百十元角分
备注：						科目（贷）______ 对方科目（借）______ 复核　记账

此联银行作贴现申请人账户贷方凭证

图 6-123　贴现凭证第二联

贴现凭证（贷方凭证） ③

填写日期　　年　　月　　日　　　第　　号

贴现汇票	种类		号码	申请人	名称	
	出票日	年　月　日			账号	
	到期日	年　月　日			开户银行	
汇票承兑人（或银行）	名称		账号		开户银行	
汇票金额（即贴现金额）	人民币（大写）					千百十万千百十元角分
贴现率每月	‰	贴现利息	千百十万千百十元角分	实付贴现金额		千百十万千百十元角分
备注：						科目（贷）______ 对方科目（借）______ 复核　记账

此联银行作贴现利息贷方凭证

图 6-124　贴现凭证第三联

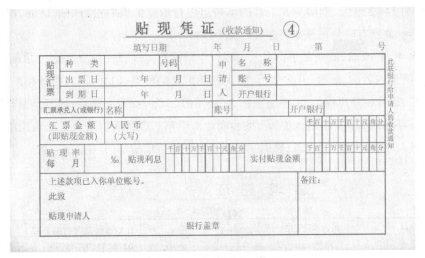

图 6-125 贴现凭证第四联

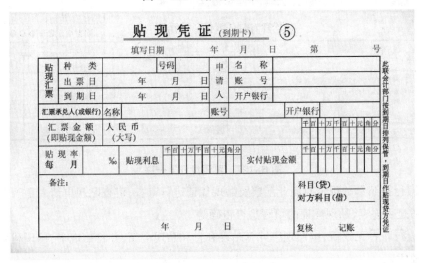

图 6-126 贴现凭证第五联

3. 贴现金额计算

商业汇票贴现金额的计算分为 4 个步骤:①计算票据到期值;②计算贴现天数;③计算贴现利息;④计算贴现金额。

(1)计算票据到期值,商业汇票按票据到期后是否要支付利息可分为带息票据和不带息票据。

带息票据的到期值等于面值加上利息,利息 = 面值 × 票面年利率 ÷12(或 360)× 票据期限。不带息票据的到期值就等于其面值。

(2)计算贴现天数,按贴现日至到期日实际经历的天数计算,且算头不算尾,或算尾不算头。

(3)计算贴现利息,贴现利息 = 到期值 × 年贴现率 ÷360× 贴现天数。

(4)计算贴现金额,贴现金额 = 到期值 – 贴现利息。

4. 商业汇票贴现任务实施

2021 年 8 月 19 日,北京春秋商贸有限公司将持有的淮阴振华鞋帽有限公司 2021 年 7 月 13

日签发、金额为 146 250 元、期限为 5 个月的不带息银行承兑汇票向银行申请贴现，银行贴现率为 4.8%。北京春秋商贸有限公司该如何办理贴现手续？

(1)2021 年 8 月 19 日，商业汇票持有人向银行申请贴现，应填制一式五联的“贴现凭证”。内容包括：贴现申请人的名称、账号、开户银行，贴现商业汇票的种类、出票日、到期日和汇票号码，汇票承兑人的名称、账号和开户银行，汇票金额的大、小写等。填完贴现凭证后，银行预留印鉴管理人员审核后在第一联贴现凭证“申请人签单”处和商业汇票第二联背面背书人处加盖预留银行印鉴财务专用章和法人代表(代理人)名章，然后一并送交开户银行信贷部门(见图 6-127)。

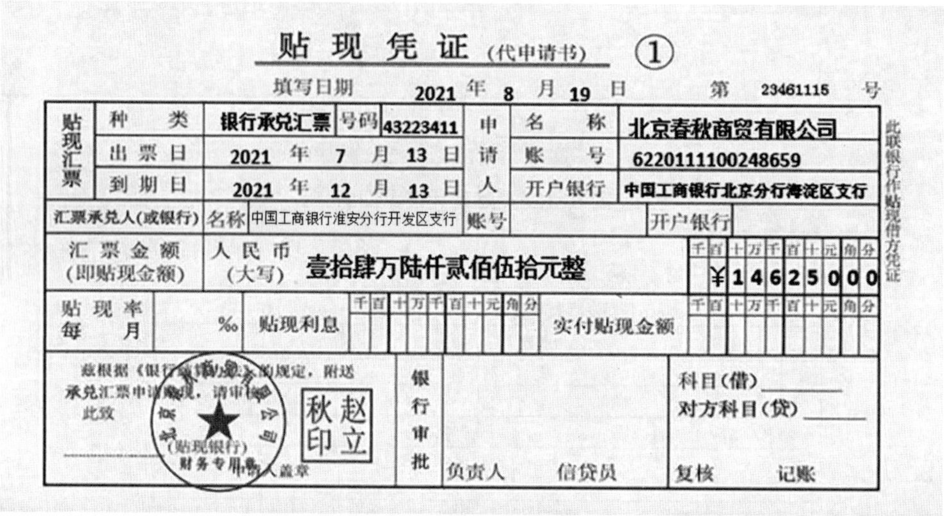
贴现凭证 (代申请书) ①

填写日期 2021 年 8 月 19 日　　第 23461115 号

贴现汇票	种类	银行承兑汇票　号码 43223411	申请人	名称	北京春秋商贸有限公司
	出票日	2021 年 7 月 13 日		账号	6220111100248659
	到期日	2021 年 12 月 13 日		开户银行	中国工商银行北京分行海淀区支行
汇票承兑人(或银行)	名称	中国工商银行淮安分行开发区支行	账号		开户银行
汇票金额(即贴现金额)	人民币(大写)	壹拾肆万陆仟贰佰伍拾元整			¥14625000
贴现率 每月	%	贴现利息		实付贴现金额	

兹根据《银行结算办法》的规定，附送承兑汇票申请贴现，请审核。此致　申请人盖章

银行审批　负责人　信贷员

科目(借)　对方科目(贷)　复核　记账

此联银行作贴现借方凭证

图 6-127 贴现凭证第一联

(2)开户银行按照有关规定对商业汇票及贴现凭证进行审查，审查贴现申请人是否在本行开户、商业汇票背书是否连续、贴现凭证的填写是否正确等。

(3)开户银行审查无误后，按贴现率计算贴现利息和贴现金额，并将贴现率、贴现利息、实付贴现金额填入贴现凭证。

①计算票据到期值。北京春秋商贸有限公司持有不带息银行承兑汇票，到期值为 146 250 元。

②计算贴现天数。北京春秋商贸有限公司持有的不带息银行承兑汇票出票日是 2021 年 7 月 13 日，到期日应为 2021 年 12 月 13 日，贴现日为 2021 年 8 月 19 日，贴现天数是(12+30+31+30+13)天= 116 天。

③计算贴现利息。北京春秋商贸有限公司持有的不带息银行承兑汇票贴现利息＝146 250 × 4.8% ÷ 12 ÷ 30 × 116 元= 2 262 元。

④计算贴现金额，北京春秋商贸有限公司持有的不带息银行承兑汇票贴现金额＝(146 250—2 262)元= 143 988 元。

(4)银行在贴现凭证第一联“银行审批”栏内签银行负责人和信贷员印章(见图 6-128)。将实付贴现金额转入贴现单位账户，贴现凭证第四联加盖“转讫”章后交给贴现单位作为收账通知(见图 6-129)。

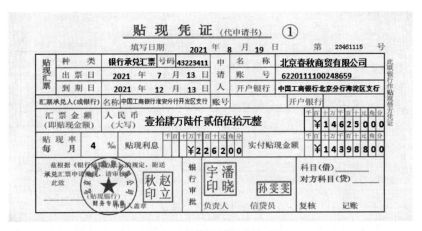

图 6-128 贴现凭证第一联

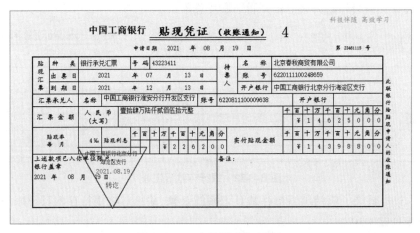

图 6-129 贴现凭证收账通知

(5)北京春秋商贸有限公司出纳人员孙慧英将开户银行传回的贴现凭证第四联传递给制证会计,同时在"应收票据备查簿"对应栏内登记贴现的日期和金额情况。

(6)制证人员审核后填制记账凭证,将原始单据粘贴在记账凭证后,并在记账凭证制单处签章。

(7)复核人员审核记账凭证及所附原始单据并在记账凭证复核处签章(见图 6-130 和图 6-131)。

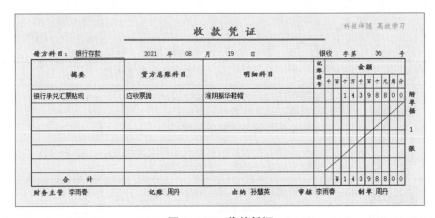

图 6-130 收款凭证

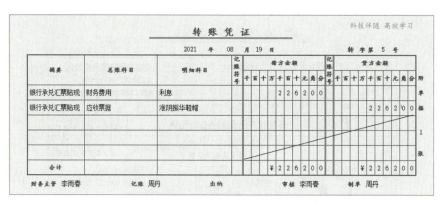

图 6-131　转账凭证

（8）出纳人员根据收款凭证逐日逐笔登记银行存款日记账（见图 6-132），在收款凭证出纳栏处签章，并将收款凭证交由会计人员登记相关明细账及总账。

图 6-132　银行存款日记账

（9）出纳人员每日终了应结出银行存款日记账的余额，并每月将银行存款日记账与银行对账单进行核对，以保证账实相符。

任务五　委托收款业务办理

> 任务目标

工作任务		委托收款业务办理
学习目标	知识目标	1.熟悉委托收款的概念及法律规定； 2.掌握委托收款收款业务办理； 3.掌握委托收款付款业务办理
	技能目标	1.能够采用委托收款结算方式办理收款业务； 2.能够办理委托收款方式下的付款业务
	思政目标	1.建立委托收款操作流程标准化意识； 2.培养严谨的工作态度

任务导入

2021年11月8日,淮阴振华鞋帽有限公司向上海持天纺织股份有限公司采购原材料,货款113 000元,商品已发出,委托开户银行收款,采用邮划方式,合同编号为20211108。

任务准备

一、委托收款的概念、种类和法律规定

1. 委托收款的概念

委托收款是指收款人委托银行向付款人收取款项的结算方式。委托收款主要适用于销售商品、提供劳务的款项结算,债券等的到期收款以及电费、电话费等公用事业费的收取,同城和异地都可以使用。其业务流程如图6-133所示。

委托收款
商品交易

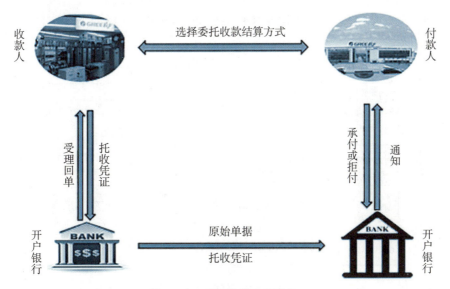

图 6-133 委托收款业务流程

2. 委托收款的种类

委托收款的划款方式有两种:一是邮寄,二是电划。邮寄是指以邮寄方式由收款人开户银行向付款人开户银行转送委托收款凭证、提供收款依据的方式;电划是以电报方式由收款人开户银行向付款人开户银行转送委托收款凭证、提供收款依据的方式。委托收款凭证有5个联次,分别为:

第一联:受理回单,此联是收款单位开户银行同意办理托收的证明,收款人开户银行盖银行受理章,表示同意办理委托收款(见图6-134)。

第二联:收款人开户银行原始凭证,是收款单位开户银行为收款人收到款时作为增加银行存款的凭证,办理托收时,委托单位也就是收款单位在收款人签章处加盖预留银行印鉴章(见图6-135)。

第三联:付款单位开户银行原始凭证,是付款单位开户银行为付款人付款后作为银行存款减少的凭证,办理业务时,收款人开户银行在签章处盖收款人开户银行受理章并交给付款人开户银行(见图6-136)。

托收凭证（受理回单）　　1

委托日期　年　月　日

业务类型	委托收款（□邮划、□电划）　托收承付（□邮划、□电划）				
付款人	全称		收款人	全称	
	账号			账号	
	地址	省　市县　开户行		地址	省　市县　开户行
金额	人民币（大写）				亿 千 百 十 万 千 百 十 元 角 分
款项内容		托收凭据名称		附寄单证张数	
商品发运情况			合同名称号码		
备注： 复核　记账		年　月　日		收款人开户银行签章 年　月　日	

此联作收款人开户银行给收款人的受理回单

图 6-134　托收凭证第一联

托收凭证（贷方凭证）　　2

委托日期　年　月　日

业务类型	委托收款（□邮划、□电划）　托收承付（□邮划、□电划）				
付款人	全称		收款人	全称	
	账号			账号	
	地址	省　市县　开户行		地址	省　市县　开户行
金额	人民币（大写）				亿 千 百 十 万 千 百 十 元 角 分
款项内容		托收凭据名称		附寄单证张数	
商品发运情况			合同名称号码		
备注： 收款人开户银行收到日期： 年　月　日		上列款项随附有关债务证明，请予办理。 收款人签章		复核：　记账：	

此联收款人开户银行作贷方凭证

图 6-135　托收凭证第二联

托收凭证（借方凭证）　　3

委托日期　年　月　日　　付款期限　年　月　日

业务类型	委托收款（□邮划、□电划）　托收承付（□邮划、□电划）				
付款人	全称		收款人	全称	
	账号			账号	
	地址	省　市县　开户行		地址	省　市县　开户行
金额	人民币（大写）				亿 千 百 十 万 千 百 十 元 角 分
款项内容		托收凭据名称		附寄单证张数	
商品发运情况			合同名称号码		
备注： 付款人开户银行收到日期： 年　月　日		收款人开户银行签章 年　月　日		复核：　记账：	

此联付款人开户银行作借方凭证

图 6-136　托收凭证第三联

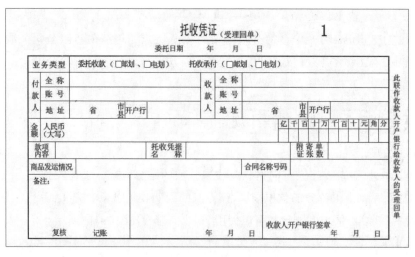

第四联:收账通知联,是收到款时收款单位开户银行给收款单位的通知,此联加盖收款人开户银行转讫章(见图6-137)。请大家注意各联次银行盖章的区别,这里的转讫章证明款项已经存入收款人账户。

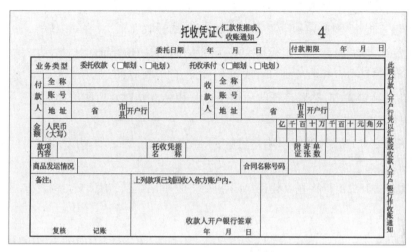

图6-137 托收凭证第四联

第五联:付款通知联,是付款时付款单位开户银行给付款单位的通知。托收款项付出时付款单位开户银行在付款人开户银行签章处加盖付讫章,说明款项已经从付款人账户划出(见图6-138)。

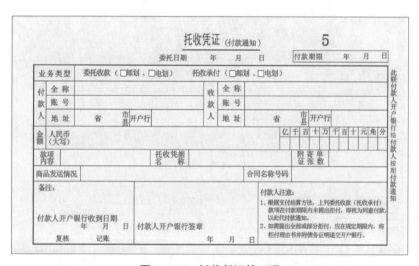

图6-138 托收凭证第五联

3. 委托收款结算方式的法律规定

(1)以银行为付款人的,银行应在当日将款项主动支付给收款人;

(2)以单位为付款人的,银行通知付款人后,付款人应于接到通知当日书面通知银行付款;

(3)银行在办理划款时,付款人存款账户不能足额支付的,应通过被委托银行向收款人发出未付款项通知书;

委托收款银行承兑
汇票业务办理

(4)付款人审查有关债务证明后,对收款人委托收取的款项需要拒绝付款的,有权提出拒绝付款。

二、委托收款结算的业务流程

第一步:收款方提供商品或劳务给采购方,使用委托收款结算方式,销售方首先向其开户银行提出委托收款申请,填写一式五联的托收凭证,并在第二联签预留银行印鉴章,然后向其开户银行提交委托申请和相关原始凭证。

第二步:开户银行审查托收凭证和相关原始凭证,同意托收的,在第一联盖上业务受理章,交给销售方,然后将托收凭证第三联和第五联以及所附原始凭证寄给采购方开户银行。

第三步:采购方开户银行通知采购方付款,采购方同意付款的,采购方开户银行将托收款划给销售方开户银行。

第四步:销售方开户银行将托收凭证第四联收账通知联盖上转讫章交给销售方,完成托收业务。

委托收款商业承兑汇票业务办理

任务实施

一、典型任务1

2021年11月8日,淮阴振华鞋帽有限公司向上海持天纺织股份有限公司采购原材料,货款113 000元,商品已发出,委托开户银行收款,采用邮划方式,合同编号为20211108。原始凭证如图6-139至图6-141所示。

图6-139 销售单

图6-140 增值税专用发票抵扣联

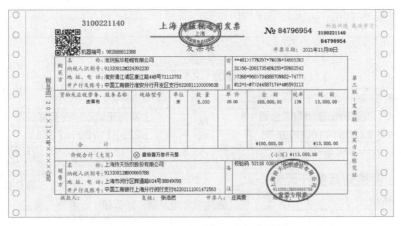

图 6-141　增值税专用发票发票联

1. 收款方的操作流程

收款方的操作流程如表 6-1 所示。

表 6-1　收款方的操作流程

序号	操作步骤	角色	注意事项
1	根据原始凭证填写托收凭证	出纳	
2	在托收凭证第二联签章	出纳、财务经理	签预留银行印鉴章
3	向开户银行提交托收凭证及附件	出纳	
4	审查托收凭证和附件	银行柜员	
5	同意托收	银行柜员	在第一联签"业务受理"章
6	收到划款	银行柜员	
7	通知收款单位收款情况	银行柜员	在第四联签"转讫"章

2. 收款方具体操作步骤

(1) 出纳审核发票、销售单等原始凭证并填写托收凭证(见图 6-142)；

图 6-142　托收凭证第一联

(2)出纳在托收凭证的第二联签单位预留银行印鉴章(见图6-143);

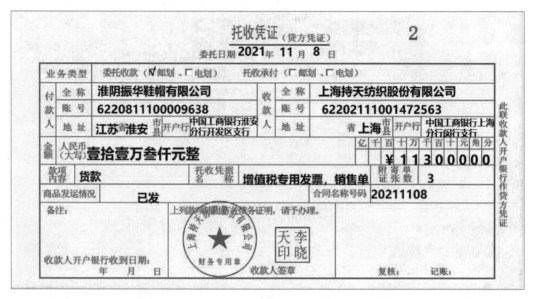

图6-143 托收凭证第二联

(3)出纳将一式五联的托收凭证、发票等原始凭证一起交付开户银行;

(4)开户银行审查托收凭证填制的正确性和原始凭证的一致性,同意托收的,在第一联加盖"业务受理"章交给出纳带回(见图6-144);

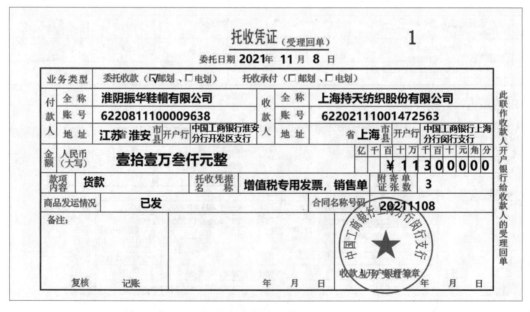

图6-144 托收凭证受理回单

(5)出纳将托收凭证第一联交给制单会计编制记账凭证;

(6)出纳收到银行转来的托收凭证第四联收账通知联,交制单会计编制记账凭证(见图6-145);

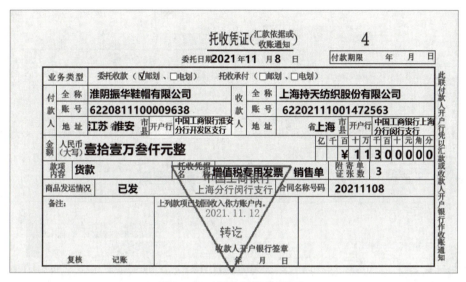

图 6-145 托收凭证收账通知

(7) 出纳根据稽核过的记账凭证登记银行存款日记账。

二、典型任务2（接上例）

2021年11月12日，淮阴振华鞋帽有限公司收到开户银行转来的付款通知，事由为上海持天纺织股份有限公司托收2021年11月8日的采购原材料款，共计￥113 000.00，商品已收到，同意付款。

1. 付款人操作流程

付款人操作流程如表6-2所示。

表6-2 付款人操作流程

序号	操作步骤	角色	注意事项
1	出纳接到付款通知	出纳	
2	出纳审核发票、销售单、入库单	出纳	
3	出纳填制异地委托收款处理单	出纳	
4	出纳通知开户银行承付款项	出纳	
5	开户银行划款并签章	银行柜员	在托收凭证第五联签"转讫"章
6	出纳收到托收凭证第五联	出纳	

2. 付款人具体操作步骤

(1) 出纳接到银行付款通知及所附的发票、销售单等原始凭证；

(2) 出纳核对发票、销售单、入库单；

(3) 出纳填写异地委托收款处理单并报批；

(4) 出纳通知开户银行付款；

(5) 开户银行检查企业账户余额并划款；

(6) 开户银行在托收凭证第五联付款通知联加盖"转讫"章(见图6-146)；

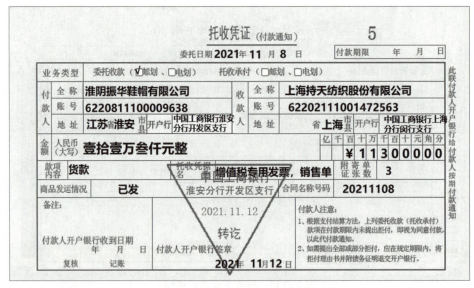

图 6-146　托收凭证付款通知

(7) 出纳取回付款通知联；

(8) 出纳将付款通知交制单会计编制记账凭证；

(9) 出纳根据稽核过的记账凭证登记银行存款日记账。

任务六　托收承付业务办理

任务目标

工作任务		托收承付业务办理
学习目标	知识目标	1. 熟悉托收承付的概念及法律规定； 2. 掌握托收承付收款业务办理； 3. 掌握托收承付付款业务办理
	技能目标	1. 能够采用托收承付结算方式办理收款业务； 2. 能够办理托收承付方式下的付款业务
	思政目标	1. 建立托收承付操作流程标准化意识； 2. 培养严谨的工作态度

任务导入

2021年4月28日，淮阴华天商贸股份有限公司向上海持天纺织股份有限公司销售空调一批，货款56 500元，运费500元，共计57 000元，货已发出，连同运费办理托收承付结算手续，合同规定采用验货付款，合同号码为20210428，采用邮划方式。

一、托收承付的概念、种类及法律规定

1. 托收承付的概念

托收承付是根据购销合同由收款人发货后委托银行向异地付款人收取款项,由付款人向银行承认付款的结算方式。托收承付主要用于异地结算,对使用托收承付结算的主体、内容及托收金额都有严格限制:

(1)使用托收承付结算方式的结算主体,其单位性质只能是国有企业、供销合作社以及经营管理较好,并经开户银行审查同意的城乡集体所有制工业企业;

(2)办理托收承付结算的款项必须是商品交易及因商品交易而产生的劳务供应款项,代销、寄销、赊销性质的商品款项,不得办理托收承付结算;

(3)托收承付结算的金额起点为10 000元,新华书店系统的结算金额起点为1 000元。

其业务流程如图6-147所示。

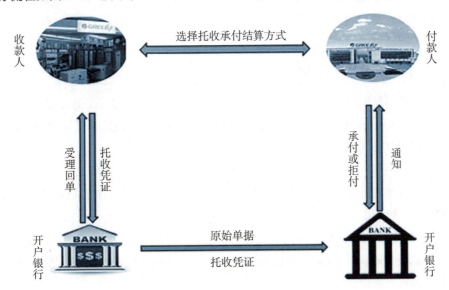

图6-147 托收承付业务流程

2. 托收承付的种类

托收承付与委托收款类似,均使用托收凭证办理托收手续(托收凭证的用途和各联次的用法在前面已经介绍,这里不再赘述)。托收承付的划款方式分为两种:

(1)邮寄:是以邮寄方式由收款人开户银行向付款人开户银行转送托收凭证、提供收款依据的方式。

(2)电划:是以电报方式由收款人开户银行向付款人开户银行转送托收凭证、提供收款依据的方式。

3. 托收承付结算的法律规定

(1)收付双方使用托收承付结算必须签有符合法律规定的购销合同,并在合同上注明使用托收承付结算方式。

(2)收款方办理托收,必须具有商品确已发运的证件。

①验单付款。验单付款的承付期为3天(承付期内遇法定休假日顺延),从付款人开户银行发出承付通知的次日算起。

例如:付款人开户银行6月2日通知付款人付款,从开户银行发出通知次日,即6月3日起算,6月5日即为承付期,如果碰到法定休假日,则可以顺延至工作日。付款人在承付期内,未向银行表示拒绝付款,银行即视作承付,并在承付期满的次日(法定休假日顺延)上午银行开始营业时,将款项主动从付款人的账户内按照收款人指定的划款方式划给收款人。

托收承付
拒付理由书

②验货付款。验货付款的承付期为10天,从运输部门向付款人发出提货通知的次日起算。

例如:运输部门6月2日向付款人发出提货通知,从运输部门发出通知的次日,即6月3日起算,6月12日即为承付期,如果遇到法定休假日,则可以顺延至工作日。付款人收到提货通知后,应立即向开户银行交验提货通知提示付款,如果付款人在第10日,即6月12日仍然没有通知开户银行的,开户银行即视作已经验货,于10天期满的次日上午,即6月13日银行开始营业时,将款项划给收款人。采用验货付款的,收款人必须在托收凭证上加盖明显的"验货付款"戳记。

二、托收承付结算的业务流程

第一步:双方签订购销合同,并在合同中约定采用托收承付结算方式,销售方首先发运货物,办妥发运手续,然后向其开户银行提出托收货款申请,填写一式五联的托收凭证,并在第二联签预留银行印鉴章,向其开户银行提交委托申请和相关原始凭证。

第二步:开户银行审查托收凭证、购销合同及相关原始凭证,符合托收条件的,办理托收手续,在托收凭证第一联加盖业务受理章,交回销售方,然后将托收凭证第三联和第五联以及所附原始凭证寄给采购方开户银行。

第三步:采购方开户银行在接到相关凭证后,即通知采购方相关付款事宜,采购方根据合同约定采用验单付款或者验货付款,单据或货物在核验无误后即可通知开户银行付款,采购方开户银行将托收款划给销售方开户银行。

第四步:销售方开户银行将托收凭证第四联收账通知联盖上转讫章交给销售方,完成托收业务。

> 任务实施

一、典型任务1

2021年4月28日,淮阴华天商贸股份有限公司向上海持天纺织股份有限公司销售空调一批,货款56 500元,运费500元,共计57 000元,货已发出,连同运费办理托收承付结算手续,合同规定采用验货付款,合同号码为20210428,采用邮划方式。原始凭证如图6-148至图6-151所示。

托收承付结算方式
业务办理

项目六 银行结算业务办理

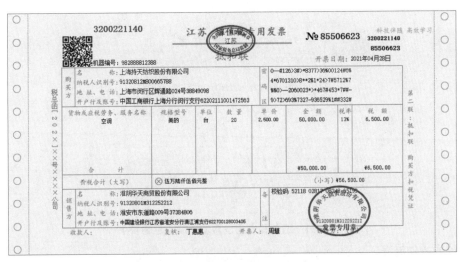

图 6-148　增值税专用发票抵扣联（货款）

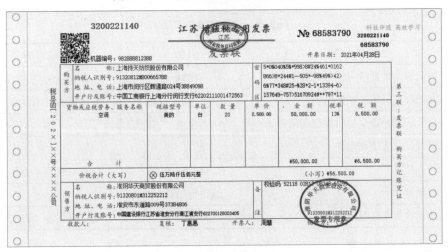

图 6-149　增值税专用发票发票联（货款）

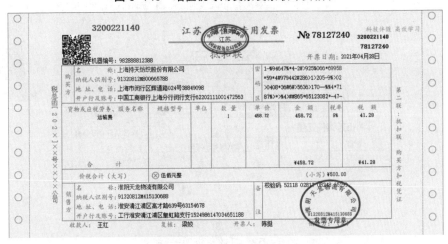

图 6-150　增值税专用发票抵扣联（运输费）

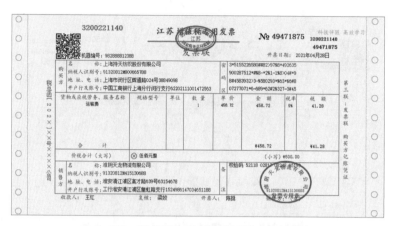

图 6-151 增值税专用发票发票联（运输费）

1. 收款方操作流程

收款方操作流程如表 6-3 所示。

表 6-3 收款方操作流程

序号	操作步骤	角色	注意事项
1	根据原始凭证填写托收凭证	出纳	
2	在托收凭证第二联签章	出纳、财务经理	签预留银行印鉴章
3	向开户银行提交托收凭证及附件	出纳	
4	审查托收凭证和附件	银行柜员	
5	同意托收	银行柜员	在第一联签"业务受理"章
6	收到划款	银行柜员	
7	通知收款单位收款情况	银行柜员	在第四联签"转讫"章

2. 收款方具体操作步骤

(1)出纳审核购销合同、发票、出库单、运单等原始凭证并填写托收凭证(见图 6-152)；

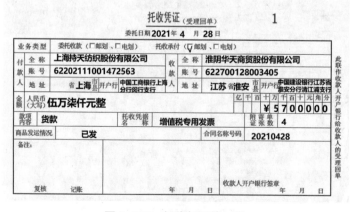

托收凭证的简介

图 6-152 托收凭证第一联

(2)出纳在托收凭证的第二联签单位预留银行印鉴章(见图 6-153)；

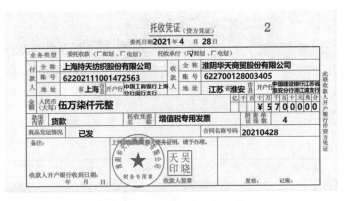

图 6-153 托收凭证第二联

(3) 出纳将一式五联的托收凭证、发票等原始凭证一起交付开户银行；

(4) 开户银行审查托收凭证填制的正确性和原始凭证的一致性，同意托收的，在第一联加盖"业务受理"章交给出纳带回（见图 6-154）；

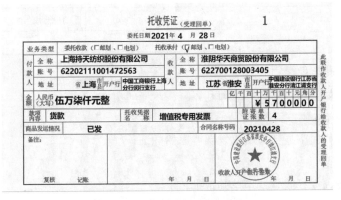

图 6-154 托收凭证受理回单

(5) 出纳将托收凭证第一联交给制单会计编制记账凭证；

(6) 出纳收到银行转来的托收凭证第四联收账通知联，交制单会计编制记账凭证（见图 6-155）；

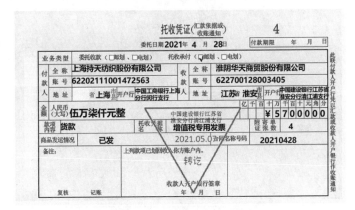

图 6-155 托收凭证收账通知

(7) 出纳根据稽核过的记账凭证登记银行存款日记账。

二、典型任务2（接上例）

2021年5月5日，上海持天纺织股份有限公司收到开户银行转来的付款通知，事由为淮阴华天商贸股份有限公司托收2021年4月28日空调销售款，共计￥57 000.00，商品已验收，同意付款。

1. 付款人操作流程

付款人操作流程如表6-4所示。

表6-4　付款人操作流程

序号	操作步骤	角色	注意事项
1	接到验货、付款通知	出纳、质检部	
2	出纳审核发票	出纳	
3	出纳通知质检部验货	出纳	
4	出纳填制异地委托收款处理单	出纳	
5	出纳通知开户银行承付款项	出纳	
6	开户银行划款并签章	银行柜员	在托收凭证第五联签"转讫"章
7	出纳收到托收凭证第五联	出纳	

2. 付款人具体操作步骤

（1）企业收到货运部门发来的到货通知；

（2）质检部门验货；

（3）出纳接到银行付款通知及所附发票等原始凭证；

（4）出纳核对发票；

（5）出纳填写异地委托收款处理单并报批；

（6）出纳通知开户银行付款；

（7）开户银行检查企业账户余额并划款；

（8）开户银行在托收凭证第五联付款通知联加盖"转讫"章（见图6-156）；

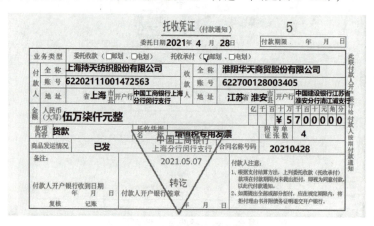

图6-156　托收凭证付款通知

（9）出纳取回付款通知联；

(10) 出纳将付款通知交制单会计编制记账凭证；

(11) 出纳根据稽核过的记账凭证登记银行存款日记账。

任务七　汇兑业务办理

▎任务目标

工作任务		汇兑业务办理
学习目标	知识目标	1. 熟悉汇兑的概念及法律规定； 2. 掌握汇兑付款业务办理； 3. 掌握汇兑收款业务办理
	技能目标	1. 能够采用汇兑结算方式办理付款业务； 2. 能够办理汇兑方式下的收款业务
	思政目标	1. 建立汇兑操作流程标准化意识； 2. 培养严谨的工作态度

▎任务导入

2021 年 6 月 30 日，淮阴振华鞋帽有限公司向上海持天纺织股份有限公司支付预付货款 8 000 元，以普通电汇方式结算。

▎任务准备

一、汇兑的概念、种类、适用范围及法律规定

1. 汇兑的概念

汇兑是汇款人委托银行将其款项支付给收款人的结算方式。其业务流程如图 6-157 所示。

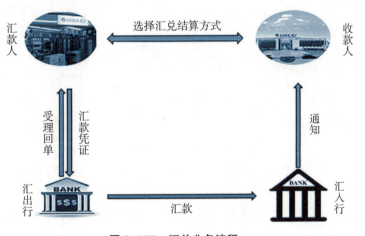

图 6-157　汇兑业务流程

2. 汇兑的种类

根据划转款项的不同方法以及传递方式的不同，汇兑可以分为信汇和电汇两种。

（1）信汇。信汇是付款人向银行提出申请，同时交存一定金额及手续费，汇出行将信汇委托书以邮寄方式寄给汇入行，授权汇入行向收款人解付一定金额的一种汇兑结算方式。信汇凭证有4个联次：

信汇凭证的填制

①第一联：回单联，为汇出行给汇款人的回单（见图6-158）。

图 6-158　信汇凭证第一联

②第二联：借方凭证联，为汇出行编制记账凭证后附的原始凭证（见图6-159）。

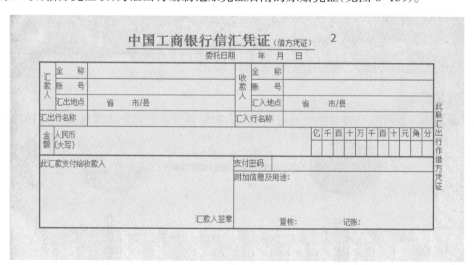

图 6-159　信汇凭证第二联

③第三联：贷方凭证联，作为汇款依据，是汇入行编制记账凭证后附的原始凭证（见图6-160）。

④第四联：收账通知联，作为收款人编制记账凭证后附的原始凭证（见图6-161）。

电汇业务办理

(2)电汇。电汇是付款人将一定款项交存汇款银行,汇款银行通过电报或电传给目的地的分行或代理行(汇入行),指示汇入行向收款人支付一定金额的一种汇款方式。电汇凭证有3个联次:

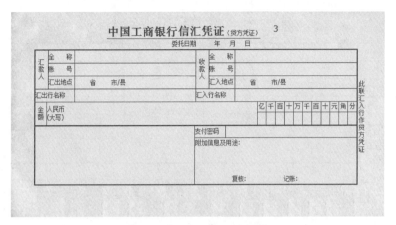

图 6-160　信汇凭证第三联

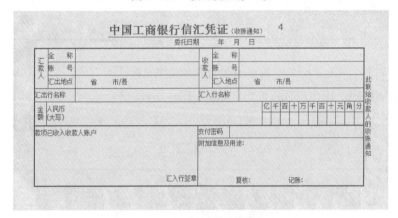

图 6-161　信汇凭证第四联

①第一联:回单联,付款人编制记账凭证后附的原始凭证(见图6-162)。

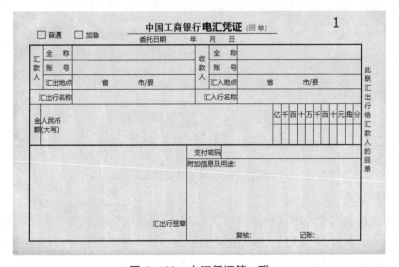

图 6-162　电汇凭证第一联

②第二联:借方凭证,汇出行编制记账凭证后附的原始凭证(见图6-163)。

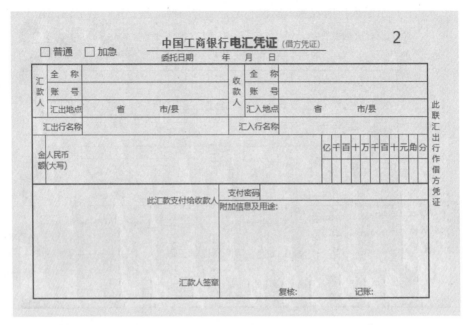

图6-163　电汇凭证第二联

③第三联:汇款依据,汇出行凭以汇出汇款(见图6-164)。

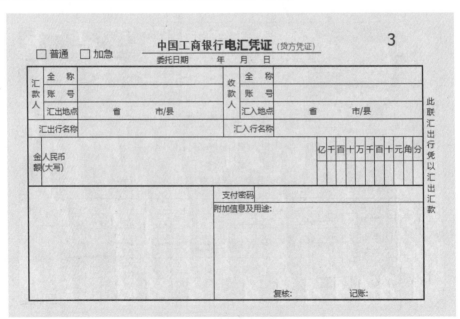

图6-164　电汇凭证第三联

3.汇兑的适用范围

汇兑结算属于汇款人主动付款的一种结算方式,广泛运用于先汇款后发货的交易。它对于异地上下级之间的资金调剂、清理旧欠、在异地采购地银行开立临时存款账户以及往来款项的结算都非常方便。单位和个人的各种款项的结算均可使用汇兑结算方式。

4. 汇兑的法律规定

与汇兑结算有关的法律规定涉及以下几个方面：

(1) 留行待取。留行待取是指汇款人需要派人到汇入银行领取汇款时，除在收款人栏写明取款人的姓名外，还应在账号或住址栏内注明"留行待取"字样。留行待取的汇款，需要指定具体收款人领取汇款的，应注明收款人的单位名称。

(2) 支取现金。支取现金是指个体经济户和个人需要在汇入银行支取现金的，应在信、电汇凭证上汇款金额大写栏先填写"现金"字样，接着再紧靠其后填写汇款金额大写。

(3) 不得转汇。转汇是指将原汇款人汇来的款项经原汇入银行进行的二次汇出。如果汇款人确定不得转汇的，应在备注栏内注明"不得转汇"字样。

(4) 转汇。汇款人因汇入地没有所需商品等原因需要转汇时，需以待取款通知和有关证件，请求汇入银行重新办理信、电汇手续，将款项汇往其他地方。按照规定，转汇的收款人和汇款用途必须是原汇款的收款人和汇款用途。汇入银行办理转汇手续，在汇兑凭证上加盖"转汇"戳记。第三联信汇凭证备注栏注明"不得转汇"的，汇入银行不予办理转汇。

(5) 退汇。发生退汇，需按以下情况执行：

①汇款人因故对汇出的款项要求退汇，如果汇款是直接汇给收款单位的存款账户入账的，退汇由汇出单位自行联系，银行不予介入。

②如果汇款不是直接汇往收款单位存款账户汇兑入账的，由汇款单位备公函或持本人身份证件连同原信、电汇凭证回单交汇出行申请退汇，由汇出银行通知汇入银行，经汇入银行查实汇款确未解付，方可办理退汇。

③如果汇入银行接到退汇通知前汇款已经解付收款人账户或被支取，则由汇款人与收款人自行联系退款手续。

④如果汇款被收款单位拒绝接受的，由汇入银行立即办理退汇。汇款超过两个月，收款人尚未来汇入银行办理取款手续或在规定期限内汇入银行已寄出通知但由于收款人地址迁移或其他原因致使该笔汇款无人受领时，汇入银行主动办理退汇。

二、汇兑结算的业务流程

第一步：双方签订购销合同，在合同中约定预付货款并以汇兑方式支付，出纳根据合同约定填写汇兑凭证，并在第二联签预留银行印鉴章，向其开户银行提交汇兑申请。

第二步：开户银行审查凭证并查询付款人账户余额，账户余额大于汇款金额的，办理汇出手续，在汇兑凭证第一联加盖转讫章，交回付款人，然后将信汇凭证第三联邮寄给收款人开户银行。

第三步：付款人取回汇兑凭证汇兑联办理记账手续并登记相关账簿。

第四步：收款人开户银行在接到相关凭证后，即检查货款到账情况，属实的，即通知收款人收到货款，并向收款人出具电子回单。

第五步：收款人收到电子回单办理入账手续并登记相关账簿。

> 任务实施

一、典型任务1

2021年6月30日,淮阴振华鞋帽有限公司向上海持天纺织股份有限公司支付预付货款8 000元,以普通电汇方式结算。原始凭证如图6-165所示。

淮阴振华鞋帽有限公司 付款申请单

申请部门:供应部 2021 年 06 月 30 日

摘要	预付货款			合同编号	85399844
合同金额				已付金额	
付款金额	人民币(大写)捌仟元整			¥	8,000.00
付款方式	□现金 □网银转账	□转账支票 ☑电汇	□银行汇票 □银行本票	□银行承兑汇票 □其他	用款日期 2021-06-30
收款单位	上海持天纺织股份有限公司			领款人	张浩然

总经理:赵晓华   财务部经理:李振东   部门经理: 经办人:张浩然

图 6-165 付款申请单

1. 付款方操作流程

付款方操作流程如表 6-5 所示。

表 6-5 付款方操作流程

序号	操作步骤	角色	注意事项
1	根据付款申请单填写汇兑凭证	出纳	
2	在汇兑凭证第二联签章	出纳、财务经理	签预留银行印鉴章
3	向开户银行提交汇兑凭证及附件	出纳	
4	审查汇兑凭证和附件	银行柜员	
5	开户银行查询余额,办理汇出手续	银行柜员	在第一联签"转讫"章
6	划款	银行柜员	

2. 付款方具体操作步骤

(1)出纳审核付款申请单、销售合同等原始凭证并填写电汇凭证(见图 6-166);

(2)出纳在电汇凭证的第二联签单位预留银行印鉴章(见图 6-167);

(3)出纳将一式三联的电汇凭证等原始凭证一起交付开户银行;

(4)开户银行审查汇兑凭证填制的正确性和原始凭证的一致性,查询付款方的账户余额,余额大于汇款金额的,同意汇出,在第一联加盖"转讫"章交给出纳带回(见图 6-168);

(5)出纳将电汇凭证第一联交给制单会计编制记账凭证;

(6)出纳根据审核过的记账凭证登记银行存款日记账。

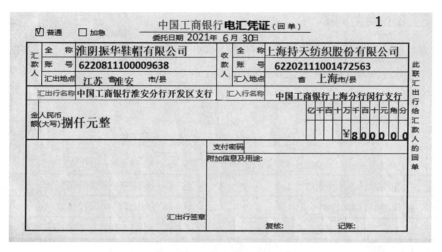

图 6-166 电汇凭证第一联

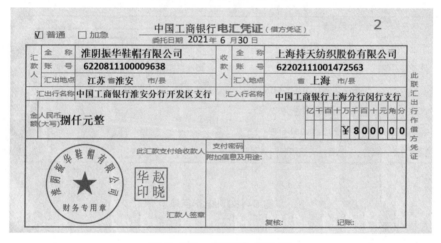

图 6-167 电汇凭证第二联

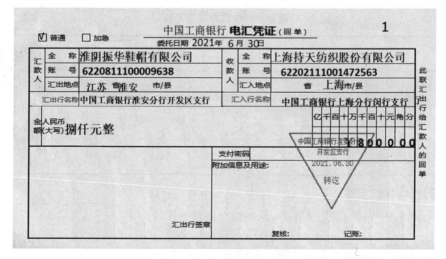

图 6-168 电汇凭证回单

二、典型任务2（接上例）

2021年6月30日，上海持天纺织股份有限公司接到开户银行转来的电子回单，系淮阴振华鞋帽有限公司的预付货款8 000元。电子回单如图6-169所示。

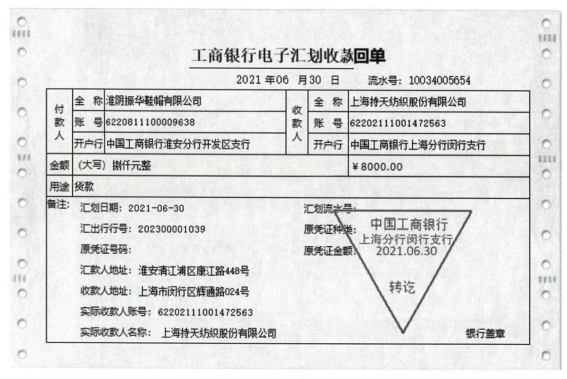

图6-169　电子回单

1. 收款方操作流程

收款方操作流程如表6-6所示。

表6-6　收款方操作流程

序号	操作步骤	角色	注意事项
1	审查电子回单具体内容	出纳	与购销合同核对
2	将电子回单传递给制单会计	出纳、财务经理	
3	登记银行存款日记账	出纳	

2. 收款方具体操作步骤

(1)出纳收到汇入行转来的电子回单，与销售合同核对；

(2)确认电子回单信息后，将电子回单传递给制单会计；

(3)出纳根据稽核后的记账凭证登记银行存款日记账。

项目六 银行结算业务办理

☆ **项目内容结构**

课后习题

一、单选题

1. 票据的基本当事人为(　　)。
   A. 出票人　　　B. 承兑人　　　C. 背书人　　　D. 保证人
2. 我国《票据法》规定的票据行为不包括(　　)。
   A. 出票　　　B. 承兑　　　C. 付款　　　D. 背书
3. 下列各项中,不属于票据行为的是(　　)。
   A. 出票人签发票据并将其交付给收款人的行为

B. 票据遗失向银行挂失止付的行为

C. 汇票付款人承诺在汇票到期日支付汇票金额并签章的行为

D. 票据债务人以外的人在票据上记载有关事项并签章的行为

4. 下列各项中,不能行使票据追索权的是(　　)。

　　A. 收款人　　　　B. 承兑人　　　　C. 保证人　　　　D. 背书人

5. 下列有关票据的表述中,不正确的是(　　)。

A. 票据是由出票人依法签发的有价证券

B. 票据所记载的金额由出票人自行支付或委托付款人支付

C. 票据均有付款提示期限

D. 任何票据均可以用于办理结算或提取现金

6. 下列关于支票的表述中,不正确的是(　　)。

A. 单位和个人在同一票据交换区域的各种款项结算均可使用支票

B. 转账支票在票据交换区域可以背书转让

C. 转账支票主要办理转账,特殊情况下也可支取现金

D. 支票的金额和收款人名称未补记前不得提示付款

7. 银行审核支票付款的依据是支票出票人的(　　)。

　　A. 电话号码　　　B. 身份证　　　　C. 支票存根　　　D. 预留银行签章

8. 某企业在其银行存款不足 10 000 元的情况下,向业务单位开出一张 15 000 元的转账支票,银行可对其处以(　　)元的罚款。

　　A.500　　　　　B.300　　　　　C.750　　　　　D.1 000

9. 根据《支付结算办法》的规定,签发票据时,可以更改的项目是(　　)。

　　A. 出票日期　　　B. 收款人名称　　C. 票据金额　　　D. 用途

10. 根据《支付结算办法》的规定,有金额起点限制的结算方式是(　　)。

　　A. 托收承付　　　B. 汇兑　　　　　C. 商业汇票　　　D. 银行汇票

11. 下列不符合支票管理规定的是(　　)。

A. 现金支票既可以提取现金,也可以办理转账

B. 不得出租、出借支票

C. 转账支票只能用于转账,不能支取现金

D. 支票金额必须在付款单位的存款余额内

12. 下列票据无效的是(　　)。

　　A. 票据大小写金额不一致　　　　　　B. 更改出票人

　　C. 更改付款人　　　　　　　　　　　D. 更改票据的用途

13. 单位在票据上的签章行为是(　　)。

　　A. 签名　　　　　B. 盖章　　　　　C. 签名加盖章　　D. 签名或盖章

14. 下列不属于支票必须记载的事项是(　　)。

　　A. 收款人　　　　B. 出票日期　　　C. 付款人名称　　D. 出票人签章

15. 下列选项中不属于支票基本当事人的是( )。
    A. 付款人　　　　B. 出票人　　　　C. 背书人　　　　D. 收款人
16. 票据的金额和收款人名称可由出票人授权补记的为( )。
    A. 银行汇票　　　B. 商业汇票　　　C. 支票　　　　　D. 银行本票
17. 支票的提示付款期限为自出票日起( )。
    A.10 天　　　　　B. 5 天　　　　　C.1 个月　　　　 D.2 个月
18. 根据我国《票据法》的规定,现金支票与转账支票的关系是( )。
    A. 现金支票可以转账,转账支票不能支取现金
    B. 现金支票在特殊情况下可以转账
    C. 现金支票只能支取现金,转账支票只用于转账
    D. 转账支票可以支取现金,现金支票不能转账
19. 甲公司 3 月 15 日银行存款账户余额 20 万元。3 月 16 日,一材料供应商上门到甲公司催要金额为 50 万元的材料款。财务人员为了将其"打发走",就向该供应商开出了一张 50 万元的转账支票。根据规定,甲公司开出的这张转账支票属于( )。
    A. 远期支票　　　B. 空头支票　　　C. 伪造支票　　　D. 编造支票
20. 银行汇票的付款人为( )。
    A. 银行汇票的申请人　　　　　　　B. 代理付款银行
    C. 出票银行　　　　　　　　　　　D. 申请人的开户银行
21. 银行汇票持票人向银行提示付款时,必须同时提交银行汇票和( )。
    A. 支款凭证　　　B. 进账单　　　　C. 个人身份证　　D. 解讫通知
22. 银行汇票的提示付款期限为自出票日起( )。
    A.2 个月　　　　 B.1 个月　　　　 C.10 天　　　　　D.6 个月
23. 下列票据可以背书转让的为( )。
    A. 现金支票　　　　　　　　　　　B. 注明"现金"字样的银行汇票
    C. 银行汇票　　　　　　　　　　　D. 注明"现金"字样的银行本票
24. 提示付款期限为自出票日起 10 日的票据是( )。
    A. 支票　　　　　B. 银行汇票　　　C. 银行本票　　　D. 商业承兑汇票
25. 汇票付款人承诺在汇票到期日支付汇票金额并盖章的行为称为( )。
    A. 出票　　　　　B. 承兑　　　　　C. 背书　　　　　D. 保证
26. 出票银行签发的、由其在见票时按照实际结算金额无条件支付给收款人或者持票人的票据是( )。
    A. 银行本票　　　B. 银行汇票　　　C. 支票　　　　　D. 商业汇票
27. 由出票人签发、委托付款人在指定日期无条件支付确定的金额给收款人或者持票人的结算方式是( )。
    A. 银行汇票　　　B. 银行本票　　　C. 支票　　　　　D. 商业汇票
28. 以下只能用于同城结算的是( )。

A. 汇兑结算 B. 银行汇票结算
C. 商业汇票结算 D. 银行本票结算

29. 银行本票的提示付款期限,自出票日起计算,最长不得超过( )。
A.6 个月 B.3 个月 C.2 个月 D.1 个月

30. 下列不属于银行本票必须记载的事项是( )。
A. 付款人名称 B. 出票日期 C. 出票人签章 D. 收款人

31. 商业汇票的付款期限,最长不得超过( )。
A.1 个月 B.2 个月 C.6 个月 D.1 年

32. 企业申请使用银行承兑汇票时,应向其承兑银行按票面金额的( )交纳手续费。
A. 万分之一 B. 万分之五 C. 千分之一 D. 千分之五

33. 汇兑结算方式适用于( )之间的各种款项结算。
A. 异地 B. 同城、异地均可
C. 同城 D. 企业自主在同城、异地中选择一种

34. ( )可以办理现金汇兑。
A. 汇款人为单位 B. 收款人为单位
C. 汇款人和收款人均为个人 D. 汇款人和收款人均为单位

35. 托收承付结算方式下,验货付款的承付期为( )。
A.3 天 B.5 天 C.10 天 D.30 天

36. 下列各项中必须有经济合同的结算方式是( )。
A. 委托收款 B. 托收承付 C. 支票 D. 汇兑

37. 持票人持现金支票向出票人开户行提示付款的( )。
A. 需作委托收款背书,需在收款人签章处签章
B. 不需作委托收款背书,需在收款人签章处签章
C. 不需作委托收款背书,不需在收款人签章处签章
D. 需作委托收款背书,不需在收款人签章处签章

38. 托收承付结算方式中,验货付款的承付期( )。
A. 从运输部门向付款人发出提货通知的次日算起
B. 从运输部门向收款人发出提货通知的次日算起
C. 从付款人开户行向付款人发出付款通知的次日算起
D. 从付款人开户行发出承付通知的次日算起

39. 下列选项属于有效票据的是( )。
A. 更改签发日期的票据
B. 更改收款单位名称的票据
C. 出票日期使用中文大写,但未按要求规范填写的票据
D. 中文大写金额和阿拉伯数字金额不一致的票据

40. 托收承付验单付款的承付期为( ),从付款人开户行发出承付通知的次日算起。

A.7 天　　　　　　B.3 天　　　　　　C.10 天　　　　　　D.1 个月

41. 托收承付逾期付款天数从承付期满日算起,每日按逾期付款金额的( )计算逾期付款赔偿金。

　　A.1%　　　　　B.5%　　　　　C.0.5‰　　　　　D.5‰

42. 银行本票适用于( )范围内各种款项的支付。

　　A. 同城本系统　　　　　　　　　B. 同城和异地
　　C. 异地　　　　　　　　　　　　D. 同一票据交换区域

43. 银行可为( )签发现金银行汇票。

　　A. 申请人为个人　　　　　　　　B. 收款人为个人
　　C. 申请人为个人,收款人为单位　　D. 申请人为个人,收款人为个人

44. 银行汇票的背书转让( )。

　　A. 以出票金额为准　　　　　　　B. 以不超过出票金额的实际结算金额为准
　　C. 以实际结算金额为准　　　　　D. 以不超过出票金额为准

45. 银行承兑汇票的付款期限最长不得超过( )。

　　A.9 个月　　　　B.6 个月　　　　C.3 个月　　　　D.1 个月

46. 商业承兑汇票的出票人为( )。

　　A. 付款人　　　　B. 收款人　　　　C. 付款人或收款人　　　　D. 承兑人

47. 商业承兑汇票的付款人开户行办理付款时,如付款人账户余额不足支付的,应向持票人开户行寄交( )和有关单证。

　　A. 退票理由书　　　　　　　　　B. 支付结算通知/查询查复书
　　C. 未付票款通知书　　　　　　　D. 拒绝付款理由书

48. 银行承兑汇票到期,承兑申请人账户无款或不足支付承兑汇票金额部分,应转入该承兑申请人的逾期贷款,每日按( )计收利息。

　　A.0.5%　　　　B.1%　　　　C.2%　　　　D.5%

49. 以下可以办理贴现的票据是( )。

　　A. 银行汇票　　　B. 银行本票　　　C. 商业汇票　　　D. 支票

50. 以下( )可办理托收承付结算。

　　A. 代销商品的款项
　　B. 赊销商品的款项
　　C. 寄销商品的款项
　　D. 商品交易以及因商品交易而产生的劳务供应的款项

51. 付款人在承付期内,对于( ),不可以向银行提出全部或部分拒绝付款。

　　A. 未签订购销合同的款项
　　B. 验单付款时,发现所列货物品种与合同不符
　　C. 无足够资金支付的款项
　　D. 货款已支付的款项或计算有误的款项

52. 由出票人签发的,委托办理支票存款业务的银行在见票时无条件支付确定的金额给收款人或者持票人的票据是( )。

    A. 银行汇票   B. 银行本票   C. 汇票   D. 支票

53. 下列关于商业汇票的说法中,正确的是( )。

    A. 商业汇票的付款人只可以为承兑人

    B. 商业汇票的出票人为付款人

    C. 商业汇票提示付款期限为自汇票到期日6个月

    D. 商业汇票提示付款期限为自汇票到期日起10日

54. 一张支票的票面金额为15万元,5月10日到期。持票人向银行提示付款时,发现付款人的银行账户余额为10万元。根据《支付结算办法》的有关规定,银行对付款人应处以的罚款数额为( )元。

    A. 10 500   B. 1 050   C. 7 500   D. 1 000

二、多选题

1. 支付结算是指单位和个人在社会经济活动中使用( )等方式进行货币给付及资金清算的行为。

    A. 票据   B. 汇兑   C. 现金   D. 托收承付

2. 下列关于办理支付结算的表述中,符合有关法律规定的为( )。

    A. 单位和银行签发票据时,名称应当记载全称,使用简称的,银行不予受理

    B. 票据和结算凭证上的签章和其他记载的事项应当真实

    C. 未使用按中国人民银行统一规定印制的票据,票据无效

    D. 填写票据和结算凭证应当规范

    E. 票据上存在变造的签章的则票据无效

3. 根据《支付结算办法》的规定,下列哪些是支付结算和资金清算的中介机构？( )

    A. 保险公司   B. 城市信用合作社

    C. 农村信用合作社   D. 银行

4. 下列关于背书的表述中,符合《支付结算办法》规定的为( )。

    A. 背书可以附有条件且所附条件具有票据效力

    B. 背书不得附有条件

    C. 未注明"现金"字样的支票仅限于其交换区域内背书

    D. 票据背书人背书后不再承担票据责任

5. 单位和个人都可以采用的结算方式有( )。

    A. 商业汇票   B. 银行本票   C. 银行汇票   D. 支票

6. 根据《票据法》规定,下列属于无效票据的有( )。

    A. 更改签发日期的票据

    B. 更改收款单位名称的票据

    C. 出票日期使用中文大写,但未按要求规范填写的票据

D. 更改中文大写金额的票据

7. 支付结算的法律特征包括( )。

A. 支付结算是一种要式行为

B. 支付结算必须依法进行

C. 支付结算实行分级管理的原则

D. 支付结算的发生取决于委托人的意志

8. 根据《票据法》规定,下列有关银行汇票的表述中,正确的有( )。

A. 填明"现金"字样的银行汇票可以提取现金

B. 填明"现金"字样的银行汇票不得背书转让

C. 填明"现金"字样的银行汇票可以背书转让

D. 填明"现金"字样和代理付款人的银行汇票丢失可以挂失止付

9. 根据《票据法》的规定,本票必须记载的事项有( )。

A. 出票日期 B. 收款人名称

C. 付款人名称 D. 无条件支付的委托

10. 有关银行汇票的程序描述不正确的有( )。

A. 银行汇票限于开立基本户的单位使用

B. 银行汇票的实际结算金额可以更改

C. 超过提示付款期限的银行汇票的代理付款人不受理,但持票人可以向出票银行请求付款

D. 只要收款人和申请人中有一个是个人就可以申请开具现金银行汇票

11. 出票人签发下列支票,银行应予以退票并按票面金额处以 5% 但不低于 1 000 元罚款的为( )。

A. 出票日期未使用中文大写规范填写的支票

B. 支付密码错误的支票

C. 空头支票

D. 签章与预留银行签章不符的支票

12. 下列说法错误的是( )。

A. 票据的金额不得更改 B. 票据的金额可以更改

C. 票据的收款人名称可以背书更改 D. 票据的出票日期不得更改

13. 下列票据可以背书转让的是( )。

A. 转账支票 B. 支票 C. 银行汇票 D. 商业汇票

14. 票据丧失后,可以采用的补救措施有( )。

A. 挂失止付 B. 普通诉讼 C. 公示催告 D. 民事诉讼

15. 根据《票据法》的规定,支票必须记载的事项有( )。

A. 付款人名称 B. 出票日期 C. 收款人名称 D. 无条件支付的委托

16. 下列票据不允许挂失止付的为( )。

A. 现金支票 B. 转账支票

C.银行汇票　　　　　　　　　　　　　D.未注明"现金"字样和代理付款人的银行汇票

17.《票据法》所指的票据包括(　　)。

A.商业汇票　　　B.支票　　　　　　C.股票　　　　　　D.银行汇票

18.票据的基本当事人包括(　　)。

A.出票人　　　　B.收款人　　　　　C.付款人　　　　　D.承兑人

19.票据的行为包括(　　)。

A.背书　　　　　B.出票　　　　　　C.保证　　　　　　D.抵押

20.下列各项表述中,正确的有(　　)。

A.票据行为包括出票、背书和承兑三种

B.票据所记载的金额由出票人自己支付或委托付款人支付

C.票据是出票人依法签发的有价证券

D.票据签章是票据行为生效的重要条件

21.既可以用于转账,又可用于支取现金的票据有(　　)。

A.银行汇票　　　B.银行本票　　　　C.商业汇票　　　　D.支票

22.商业承兑汇票的签发人可以是(　　)。

A.付款人　　　　B.银行　　　　　　C.收款人　　　　　D.代理付款银行

23.商业汇票付款期的确定方法有(　　)。

A.定日付款　　　　　　　　　　　　B.出票后定期付款

C.见票即付　　　　　　　　　　　　D.见票后定期付款

24.银行本票的定额本票面额有(　　)。

A.1 000元　　　B.5 000元　　　　C.10 000元　　　　D.50 000元

25.可以使用托收承付结算方式的企业包括(　　)。

A.国有企业

B.供销合作社

C.中外合资企业

D.经开户银行审查同意的城乡集体所有制工业企业

26.可支取现金的支票有(　　)。

A.现金支票　　　B.普通支票　　　　C.转账支票　　　　D.划线支票

27.单位使用票据结算时不可提现的票据有(　　)。

A.银行本票　　　B.支票　　　　　　C.商业汇票　　　　D.银行汇票

28.受结算起点金额限制的结算方式有(　　)。

A.银行汇票　　　B.银行本票　　　　C.委托收款　　　　D.托收承付

29.下列符合支票管理规定的是(　　)。

A.现金支票既可以提取现金,也可以办理转账

B.支票金额必须在付款单位的存款余额内

C.不得出租、出借支票

D. 可以签发空头支票

30. 下列关于支票的表述中,正确的是( )。
A. 单位和个人在同一票据交换区域的各种款项结算均可使用支票
B. 支票的金额和收款人名称未补记前不得提示付款
C. 普通支票既可以提取现金,也可以办理转账
D. 转账支票在票据交换区域可以背书转让

31. 甲在将一汇票背书转让给乙时,未将乙的姓名记载于被背书人栏内。乙发现后将自己的姓名填入被背书人栏内。下列关于乙填入自己姓名的行为效力的表述中,不正确的是( )。
A. 有效 B. 无效 C. 可撤销 D. 甲追认后有效

32. 某单位的出纳会计李华签发现金支票2 000元到银行提取现金,在该现金支票上的签章为( )。
A. 预留银行的该单位财务专用章
B. 经授权的出纳人员李华的印章
C. 预留银行的该单位法定代表人的印章
D. 该单位会计机构负责人的印章

33. 下列结算方式中,只能用于同城结算的是( )。
A. 银行本票 B. 支票 C. 商业汇票 D. 银行汇票

34. 下列各项票据中,银行不予受理的是( )。
A. 更改收款单位名称的票据
B. 更改签发日期的票据
C. 使用自造简化字填写的票据
D. 中文大写金额和小写金额不一致的票据

35. 支票必须记载( )。
A. 出票人签章 B. 付款人名称 C. 确定的金额 D. 出票日期

36. 支票的( )不得更改,更改的支票无效。
A. 日期 B. 金额 C. 收款人名称 D. 付款人名称

37. 出票人不得签发( )。
A. 空头支票 B. 转账支票
C. 支付密码错误的支票 D. 与其预留银行印鉴不符的支票

38. 下列适用于委托收款结算方式的有( )。
A. 存单 B. 已承兑的银行承兑汇票
C. 已承兑的商业承兑汇票 D. 债券

39. 委托收款凭证必须记载( )。
A. 付款人名称 B. 收款人名称
C. 金额 D. 委托日期

40. 委托收款结算中的收款人可以是( )。

A. 在银行开立存款账户的单位　　　　B. 未在银行开立存款账户的个人

C. 在银行开立存款账户的个人　　　　D. 贴现银行

41. 填写委托收款凭证时(　　)。

A. 付款人为单位的,必须记载付款人开户行名称

B. 单位委托银行收取商业汇票款项的,付款人名称栏应填写商业汇票承兑人名称,收款人名称栏应填写持票人或收款人名称

C. 收款人为未在银行开立存款账户的个人,必须记载被委托银行名称

D. 收款人为单位或在银行开立存款账户的个人,必须记载收款人开户行名称

42. 收款人开户行受理委托收款凭证时,应将委托收款凭证(　　)连同有关债务证明一并寄交付款人开户行。

A. 第一联　　　B. 第二联　　　C. 第三联　　　D. 第四联

43. 下列可采用同城特约委托收款方式收费的是(　　)。

A. 水、电费

B. 中国人民银行明确可采用该结算方式收取的款项

C. 国务院规定可采用该结算方式收取的特定款项

D. 邮电费

44. 下列可办理托收承付结算的款项有(　　)。

A. 商品交易款项　　　　　　　　　B. 代销商品的款项

C. 因商品交易而产生的劳务供应的款项　　D. 寄销商品的款项

45. 托收承付凭证必须记载的事项包括(　　)。

A. 付款人名称及账号　　　　　　　B. 委托日期

C. 收款人名称及账号　　　　　　　D. 合同名称号码

46. 下列选项中,托收承付的付款人可提出拒绝付款的款项有(　　)。

A. 没有签订购销合同或购销合同未注明托收承付结算方式的款项

B. 未按合同规定的地址发货的款项

C. 未经双方事先达成协议,收款人提前交货或因逾期交货,付款人不再需要该项货物的款项

D. 代销、寄销、赊销商品的款项

47. 托收承付的付款人提出拒绝付款时,银行不得受理的情况有(　　)。

A. 不属于托收承付结算规定的拒绝付款情况

B. 超过承付期拒付的

C. 拒绝付款的手续不全

D. 应当部分拒付而提出全部拒付的

48. 本票必须记载(　　)。

A. 确定的金额　　B. 出票人签章　　C. 出票日期　　D. 收款人名称

49. 银行本票分为(　　)。

A. 定额本票　　B. 现金本票　　C. 转账本票　　D. 不定额本票

50. 银行汇票必须记载的事项有（   ）。
A. 出票金额　　　　　　　　　B. 无条件支付的承诺
C. 表明"银行汇票"的字样　　　D. 交易事项

三、判断题

1.《支付结算办法》规定，单位、个人和银行办理支付结算未使用按中国人民银行统一规定印制的票据，则票据无效。（   ）

2. 票据和结算凭证的金额必须以中文大写和阿拉伯数字同时记载，二者必须一致，否则以中文大写为准。（   ）

3. 票据和结算凭证金额以中文大写和阿拉伯数码同时记载，二者必须一致，二者不一致的票据无效；二者不一致的结算凭证，银行不予受理。（   ）

4. 票据的出票日期必须使用中文大写，如果大写日期未按要求规范书写的，银行不予受理。（   ）

5. 票据出票日期使用小写的，开户银行可予受理，但由此造成的损失由出票人自行承担。（   ）

6. 根据《支付结算办法》的规定，票据和结算凭证上的所有记载事项，任何人不得更改。（   ）

7. 持票人对票据的出票人的权利，自票据到期日起2年。（   ）

8. 票据上有变造签章的则票据无效，如有其他事项变造的，票据有效，银行应予受理。（   ）

9. 支票的提示付款期限为自出票日起1个月。（   ）

10. 未填明实际结算金额和多余金额或实际结算金额超过票面金额的，银行不予受理。（   ）

11. 支票出票人所签发的支票金额不得超过其付款时在付款人处实有的存款金额。（   ）

12. 根据《票据法》的规定，付款人承兑汇票，不得附有条件，承兑附有条件的，所附条件不具备票据上的效力。（   ）

13. 支票结算方式是指由银行签发支票从付款人账户中支付款项给收款人的一种结算方式。（   ）

14. 现金支票只能用于支取现金，不能办理转账结算。（   ）

15. 支票的持票人超过提示付款期限提示付款的，持票人开户银行不予受理，持票人做出相应说明后，付款人仍应付款。（   ）

16. 出票人签发空头支票，银行应予以退票，并按票面金额处以5%但不低于1 000元的罚款。（   ）

17. 普通支票只能转账不能提现。（   ）

18. 支票的金额、收款人名称，可以由出票人授权补记。（   ）

19. 支票在其票据交换区域内可以背书转让，但用于支取现金的支票不能背书转让。（   ）

20. 支票在同城或异地的商品交易、劳务供应及其他款项结算中均可使用，它具有方便、灵活等特点，是一种应用范围较广的结算方式。（   ）

21. 支票是由银行签发的，由存款人委托办理支票存款业务的银行在见票时无条件支付确定的金额给收款人或者持票人的票据。（   ）

22. 银行本票可以用于转账,也可以用于支取现金。( )
23. 银行本票的提示付款期为1个月。( )
24. 银行本票上必须注明收款人。( )
25. 申请人或收款人为单位的,银行不得为其签发现金银行本票。( )
26. 银行汇票和不定额银行本票的出票金额可以手写,也可以用压数机压印。( )
27. 单位和个人在异地的各种款项结算只能采用银行汇票结算方式。( )
28. 收款人和付款人及无条件委托是银行汇票特有的必须记载事项。( )
29. 我国银行汇票为定日支付票据,其提示付款期限为2个月。( )
30. 银行汇票未填明实际结算金额和多余金额或实际结算金额超出出票金额的,银行不予受理。银行汇票的实际结算金额不得更改,更改实际结算金额的银行汇票无效。( )
31. 所有银行汇票既可以转账,也可以用于支取现金。( )
32. 不论单位还是个人,支票的金额都不能超过签发时银行存款的余额。( )
33. 申请人和收款人只要有一个为个人的,银行也可以为其签发现金银行汇票。( )
34. 银行汇票的持票人超过提示付款期限未向代理付款银行提示付款,则出票银行不予付款。( )
35. 企业用银行汇票支付购货款时,应通过"应付票据"账户核算。( )
36. 根据《票据法》的规定,银行本票的出票银行为银行本票的付款人。( )
37. 根据《支付结算办法》的规定,银行汇票的提示付款期限是自出票日起3个月。( )
38. 填明"现金"字样的银行汇票不得背书转让。( )
39. 申请人和收款人均为个人的,出票银行才可以为其签发现金银行汇票。( )
40. 银行汇票的实际结算金额不得更改,更改实际结算金额的银行汇票无效。( )
41. 银行汇票是汇款人将款项存入当地银行,由汇款人签发,持往异地支取库存现金或办理转账结算的票据。( )
42. 银行承兑汇票应由在承兑银行开立存款账户的存款人签发。( )
43. 某企业4月1日签发的90天商业汇票,其到期日为7月1日。( )
44. 商业汇票的实付贴现金额按票面金额扣除贴现日至汇票到期日的利息计算。( )
45. 承兑人在异地的,贴现期的计算应另加3天的划款日期。( )
46. 商业汇票的提示付款期限,自汇票出票日起10日。( )
47. 票据的签发、取得和转让,必须具有真实的交易关系和债权债务关系。( )
48. 在银行开立存款账户的法人以及其他组织之间,必须具有真实的交易关系或债权债务关系,才能使用商业汇票。( )
49. 银行承兑汇票既可以由付款人签发,也可以由收款人签发,但商业承兑汇票只能由付款人签发。( )
50. 托收承付结算方式的金额起点是10 000元,新华书店是1 000元。( )
51. 委托收款不存在金额起点,且同城托收时多用于公用事业费用。( )
52. 对金额、出票日期、收款人名称进行更改的票据,为无效票据。( )

53. 挂失止付不是票据丧失后采取的必经措施,最终要通过申请公告或提起普通诉讼。(   )
54. 支票分为转账支票、现金支票和普通支票。(   )
55. 签发支票只能使用碳素墨水填写。(   )
56. 持票人委托开户银行收款的,应在支票背面作成委托收款背书。(   )
57. 支票超过提示付款期限提示付款的,持票人开户行不予受理,持票人可向付款人请求付款。(   )
58. 委托收款是付款人委托银行将款项支付给收款人的结算方式。(   )
59. 以银行承兑汇票办理委托收款的,委托收款凭证的付款人名称栏均应填写承兑银行名称。(   )
60. 委托收款只能办理全部付款或全部拒绝付款,不得办理部分付款。(   )
61. 使用同城特约委托收款收取公用事业费的,收付双方必须事先签订经济合同或协议,并报经中国人民银行当地分支机构批准方可使用,无须由付款人向开户行授权。(   )
62. 付款人开户行收到委托收款凭证和已承兑的商业承兑汇票,按有关规定审查后,应将委托收款凭证第五联和商业承兑汇票一并交付款人,并由付款人签收。(   )
63. 委托收款的付款人在接到开户银行通知的次日起3日内未通知开户行的,视同付款人同意付款。(   )
64. 使用同城特约委托收款结算的单位,必须是依法取得行业资格,或依法行使行政管理的有关部门。(   )
65. 收款人使用同城特约委托收款方式办理结算,必须按规定支付结算凭证工本费、手续费和邮电费。(   )
66. 使用同城特约委托收款方式办理结算的,必须由付款人向其开户银行提供对同城特约委托收款方式予以付款的书面授权。(   )
67. 收款人使用同城特约委托收款方式收款时,可以根据款项的特点使用自定的结算凭证,但必须在中国人民银行规定的印制厂家印制。(   )
68. 托收承付是根据经济合同由收款人发货后委托银行向异地付款人收取款项,由付款人向银行承认付款的结算方式。(   )
69. 贴现银行可以持未到期的商业汇票向人民银行申请转贴现。(   )
70. 托收承付结算方式分为验单付款和验货付款两种承付货款方式。(   )
71. 托收承付验单付款承付期为3天,验货付款承付期为7天。(   )
72. 使用托收承付结算方式的收、付款单位,必须是国有企业、供销合作社以及经营管理较好,经开户银行审查同意的城乡集体所有制工业企业。(   )
73. 外贸部门托收进口商品的款项,在承付期内,订货部门除因商品质量问题可以提出拒绝付款,其他情况均不得提出拒付。(   )
74. 托收承付结算方式中,付款人提出拒绝付款,银行按有关规定审查无法判明的,由收付双方自行协商处理,或向仲裁机关、人民法院申请调解或裁决。(   )
75. 付款人开户行对逾期未付的托收款项,负责进行扣款的期限为6个月。(   )

76. 对托收承付逾期未付的款项,银行负责进行扣款的期限从承付期满次日起3个月。(   )

77. 出票人记载"不得转让"字样的本票不得转让,但可办理质押。(   )

78. 转账银行本票只能在同一票据交换区域内背书转让。(   )

79. 银行汇票是出票银行签发的,由其在见票时按实际结算金额无条件支付给收款人或持票人的票据,适用于单位和个人各种款项的结算。(   )

80. 汇票分为银行汇票和银行承兑汇票。(   )

81. 银行汇票背书转让时,以出票金额为准。(   )

82. 商业汇票按出票人的不同分为银行承兑汇票和商业承兑汇票。(   )

83. 商业汇票的付款人为承兑银行。(   )

84. 商业汇票的单笔金额不得超过1万元。(   )

85. 银行承兑汇票由在银行开立账户的存款人签发,付款人为承兑银行。(   )

86. 商业承兑汇票可以在签发时向付款人提示承兑后使用,也可以在出票后先使用再向付款人提示承兑。(   )

87. 商业汇票贴现是指商业汇票的持票人将未到期的商业汇票转让给银行,银行将票面金额支付给持票人的一种融通资金行为。(   )

88. 贴现、再贴现到期不获付款的,贴现、再贴现银行可直接从申请人的存款账户收取票款。(   )

89. 使用同城特约委托收款方式收取款项的,收付双方必须签订经济合同或协议。(   )

90. 企业用转账支票支付前欠供货单位的货款,对于该项经济业务,如果企业采用专用记账凭证,应当填制转款凭证。(   )

项目七 出纳岗位其他业务的办理

☆ **项目导读**

作为出纳人员,除了要掌握现金及银行业务的办理之外,合格出纳还需要掌握其他业务的办理,这些业务我们工作中经常会接触到。本项目主要介绍空白凭证的领购、员工工资的发放、税务登记的程序,要求各位同学能结合纳税知识的相关规定,承担纳税义务;同时,做到善始善终,办理好会计交接工作。

☆ **知识目标**

1. 了解发票领购的适用范围和方式;
2. 掌握发票领购的流程;
3. 掌握支票、汇票及其他结算票据的领购流程;
4. 了解工资的定义和支付形式;
5. 理解工资发放的相关法律法规;
6. 掌握工资发放流程;
7. 掌握税务登记、变更、注销业务办理;
8. 理解纳税零申报业务办理;
9. 掌握税款缴纳业务办理;
10. 掌握银行承兑汇票备查簿登记方法;
11. 掌握支票使用簿登记方法;
12. 熟悉出纳交接工作的内容、手续;
13. 明确出纳工作交接注意事项。

☆ **技能目标**

1. 能够正确领购发票、支票以及其他结算票据;

2. 会核对工资数据并正确发放工资;
3. 能够熟练进行税务登记、纳税申报和税款缴纳业务办理;
4. 能根据业务情况,熟练登记备查簿;
5. 会熟练填制和使用出纳工作移交表。

☆ **思政目标**

1. 具备与岗位工作相适应的沟通交流能力;
2. 按照法律规定进行业务办理,培养法律意识。

任务一　空白凭证的购买

任务目标

工作任务		空白凭证的购买
学习目标	知识目标	1. 了解发票领购的适用范围和方式; 2. 掌握发票领购的流程; 3. 掌握支票、汇票及其他结算票据的领购流程
	技能目标	能够正确领购发票、支票以及其他结算票据
	思政目标	具备与岗位工作相适应的沟通交流能力

任务导入

赵丽于2021年10月毕业后来到上海持天纺织股份有限公司工作,担任出纳。刚到公司没多久,会计李芳提出公司的增值税专用发票不多了,请赵丽尽快去当地税务机关领购。赵丽有些犯难,第一次领购发票,需要什么程序呢? 有什么是她需要提前准备的呢? 她虚心地向李芳请教,准备好相关材料后去办理了。

任务准备

一、发票的领购

发票领购是指依法办理税务登记并取得税务登记证的单位和个人(以下简称纳税人),在购销商品、提供或者接受经营服务以及从事其他经营活动中需要使用发票的,应向其生产经营所在地主管税务机关申请使用发票并办理相关购票手续。

发票简介

需要领购发票的单位和个人,应当持税务登记证件、经办人身份证明、按照国务院税务主管部门规定式样制作的发票专用章的印模等文件,向主管税务机关办理发票领购手续。主管税务机关根据领购单位和个人的经营范围和规模,确认领购发票的种类、数量以及领购方式,在5个工作日内发给发票领购簿。

1. 适用范围

(1) 依法办理税务登记的单位和个人,是法定的发票领购对象。

(2) 依法不需要办理税务登记的单位,发生临时经营业务需要使用发票的,可以凭单位介绍信和其他有效证件,到税务机关代开发票。

(3) 临时到本省、自治区、直辖市以外从事经营活动的单位或个人凭"外出经营管理证明",到经营地税务机关领购经营地的发票。

发票的领购与使用管理

2. 方式

(1) 新开业的纳税人需要领用发票的,应当填写"发票领购簿申请审批表",提出购票申请并提供经办人身份证明、单位介绍信、税务登记证件或其他有关证明以及发票专用章的印模。主管地方税务机关审核后,对资料齐全且符合规定的,发给发票领购簿,并按照发票领购簿核准的种类、数量以及购票方式,少(限)量供应,即时发放;对资料不齐全或资料不符合规定的,主管地方税务机关应当当场或者在五日内一次告知需补正的全部内容;对不属于地税发票领购对象的纳税人和不属于本行政机关职权范围的申请事项,主管地方税务机关应制作"税务行政许可不予受理决定书",并告知申请人向有关行政机关申请。

(2) 对外省、自治区、直辖市来本辖区从事临时经营活动需要领购发票的纳税人,凭生产经营所在地主管税务机关签发的"外出经营活动税收管理证明",比照上述新开业纳税人申领发票的程序和资料,向外出经营地税务机关申领"发票领购簿",并提供担保人及其担保书或者根据所领购发票的票面限额及数量缴纳不超过1万元的保证金后,方可领购发票。

(3) 需要重新启用因停业而被地方税务机关收回的未使用完的发票、发票领购簿、发票专用章、税务登记证件,纳税人应当先提出复业登记申请,经主管地方税务机关审核后发还未使用完的发票、发票领购簿、发票专用章、税务登记证等。

(4) 对于采用验旧购新、交旧购新方式领购发票的纳税人,应持发票购领簿和经办人员身份证明向主管地税机关申请领购新发票,填写购票申请并将使用完(或使用期已满)的发票存根交主管地方税务机关查验。主管地方税务机关在查验已用发票无误后即时发放。

购票申请应载明单位和个人的名称、所属行业、经济类型、需要发票的种类、名称、数量等内容,并加盖单位公章和经办人印章。

3. 已办理税务登记的单位和个人申请领购发票流程

(1) 提出购票申请。单位或个人在申请购票时,必须提出购票申请(见图7-1),在申请中载明单位和个人的名称、所属行业、经济类型、需要发票的种类、名称、数量等内容,并加盖单位公章和经办人印章。

(2) 提供有关证件。领购发票的单位或者个人必须提供税务登记证件(购买专用发票的,应当提供盖有增值税一般纳税人确认专章的税务登记证件)、经办人身份证明和其他有关证明,提供财务印章或发票专用章的印模。

纳税人识别号：				纳税人微机编号：	
纳税人名称					
法定代表人			身份证号码		
登记注册类型			联系电话		
申请理由：					
法人代表签章： 年 月 日	单位（章） 经办人 签 名：		申请人财务专用章或发票专用章印模	(印模与公章的全称必须一致)	
发票名称	联次	持票最高数量	每月最高购票数量	每次购票最高数量	
发票经办人	身份证件名称		证件号码	联系电话	
以下由税务机关填写					
发票名称	联次	持票最高数量	每月最高购票数量	每次购票最高数量	购票方式
管理股审核意见				（盖章）	
股长签名：	管理岗审核人签名：			年 月 日	
经审核合格后资料录入人员签字：			录入日期：	年 月 日	

注：1.本表一式三份，一份管理岗归档，一份送发票发售岗，一份由纳税人留存备查；
2.经审核同意后，将有关发票内容录入系统并打印在发票领购簿中；
3.此表不作为日常领购发票的依据。

图7-1 发票领购申请表

（3）持簿购买发票。购票申请经国家税务机关审查批准后，购票者应当领取国家税务机关核发的发票领购簿或者增值税专用发票领购簿，根据核定的发票种类、数量以及购票方式，到指定的国家税务机关领购发票。单位或个人购买专用发票的，还应当场在发票联和抵扣联上加盖发票专用章或财务印章等章戳。有固定生产经营场所、财务和发票管理制度健全、发票使用量较大的单位，可以申请印有本单位名称的普通发票；如普通发票式样不能满足业务需要，也可以自行设计本单位的普通发票样式,报省辖市国家税务局批准,按规定数量、时间到指定印刷厂印制。自行印制的发票应当交主管国家税务机关保管,并按前款规定办理领购手续。

二、支票、汇票及其他结算票据的购买

1. 支票的购买

企事业单位在向其开户银行购买支票时,应填写一式三联的票据和结算凭证领用单(由各银行自制),并在第一联上加盖预留银行签章,经银行核对填写正确、签章相符后,在空白凭证领用簿上注明领购日期、领购单位、支票起讫号码等,收取支票工本费和手续费后,领购人在签收登记簿上签收后,便可以领取支票。银行在出售支票的同时,还要打印支票的密码号两张,一张给领购单位,另一张留银行备查,以便办理结算时核对。

银行发售支票每个账户一般一次一本。业务量大的可以适当放宽。银行在出售时应在每张支票上加盖本行行号和存款人账号,并记录支票号码。

单位因撤销、合并或其他原因结清账户时,应将剩余未用的空白支票交回银行,切角作废。

2. 汇票的购买

企事业单位在向其开户银行购买商业承兑汇票时,应填写一式三联的票据和结算凭证领用单(由各行自制),并在第二联上加盖预留银行签章,经银行核对填写正确、签章相符、收取手续费之后,领购人在签收登记簿上签收后,便可以领用商业承兑汇票。

3. 其他结算凭证的购买

企事业单位在向其开户银行购买其他结算凭证时,应填写一式三联的票据和结算凭证领用单(由各行自制),并在第二联上加盖预留银行签章,经银行核对填写正确、签章相符、收取工本费后,便可以领用所领购的结算凭证。用现金购买的,第二联注销。

任务实施

2021年10月20日,上海持天纺织股份有限公司出纳赵丽前往上海市闵行区国家税务局领购增值税专用发票,以备日常开票使用。

1. 操作流程

操作流程如表7-1所示。

表7-1 操作流程

序号	操作步骤	角色	注意事项
1	提出购票申请	出纳	
2	提供有关证件	出纳	
3	持簿购买发票	出纳	

2. 具体操作步骤

(1)出纳赵丽提出购票申请,填写领购发票申请表,申请中载明单位名称、所属行业、经济类型、需要发票的种类、名称、数量等内容,并加盖单位公章和经办人印章。(企业名称:上海持天纺织股

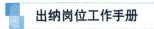

份有限公司。社会信用代码:91320812M800665788。法定代表人:李晓天。)

(2)出纳赵丽提供有关证件,向税务局提供盖有增值税一般纳税人确认专章的税务登记证件、她本人的身份证件,提供财务印章或发票专用章的印模。

(3)上海市闵行区国家税务局对上海持天纺织股份有限公司的领购申请及有关证件进行审核,根据公司的经营规模和范围,确认领购的种类、数量以及领购方式,发给赵丽增值税专用发票领购簿。赵丽凭领购簿向国家税务局领购发票,并当场在发票联和抵扣联上加盖发票专用章章戳。

任务二　员工工资的发放

任务目标

工作任务		员工工资的发放
学习目标	知识目标	1. 了解工资的定义和支付形式; 2. 理解工资发放的相关法律法规; 3. 掌握工资发放流程
	技能目标	能够按照法律法规和公司规章制度发放员工工资
	思政目标	具备与岗位工作相适应的沟通交流能力

任务导入

每个月10日,又到了淮阴振华鞋帽有限公司发放工资的时候。杨宝芝是上个月刚刚来到这家公司工作的,她很期待新公司的第一笔工资,迫不及待地和同事讨论了起来。我们身为企业的员工,每个月都会领到一笔薪资,那么发放工资这件事情是由会计来做还是出纳来做呢?准确来说会计是负责工资的核对的,出纳是发工资的,本任务学习员工工资的发放。

任务准备

一、工资的定义

工资是工钱的一种类型,即员工的薪资,是固定工作关系里的员工所得的薪酬,是雇主或者法定用人单位依据法律规定或行业规定,或根据与员工之间的约定,以货币形式对员工的劳动所支付的报酬,是劳务报酬(劳酬)中的一种主要形式。《中华人民共和国劳动法》第五十条明确规定:"工资应当以货币形式按月支付给劳动者本人。"《工资支付暂行规定》第五条规定:"工资应当以法定货币支付。不得以实物及有价证券替代货币支付。"

工资可以以时薪、月薪、年薪等不同形式计算。在中国,由用人单位承担或者支付给员工的下列费用不属于工资:①社会保险费;②劳动保护费;③福利费;④解除劳动关系时支付的一次性补偿费;⑤计划生育费用;⑥其他不属于工资的费用。在政治经济学中,工资本质上是劳动力的价值或价格,工资是生产成本的重要部分。法定最少数额的工资叫最低工资,工资也有税前工资、税后工资、奖励工资等各种划分。

二、工资发放程序

签收人事部传来的工资明细表→验算工资表→验算个人所得税→审核无误后拷盘→银行代发工资款付出→打印工资明细表→编制记账凭证;

每月约定支付工资日前填写付款审批单→财务部长审批→连同工资软盘交出纳岗划款,保证约定日期到账;

从系统中拷出月度工资表→由人事部按相关要求编制 Excel 正式工资表→打印工资明细表→开具扣款收据→凭正式工资表汇总表、出纳传来的银行付款支票存根编制记账凭证。

三、出纳工资核算的工作内容

1. 执行工资计划,监督工资使用

根据批准的工资计划,会同劳动人事部门,严格按照规定掌握工资和奖金的支付,分析工资计划的执行情况。对于违反工资政策,滥发津贴、奖金的,要予以制止并向领导和有关部门报告。

2. 审核工资单据,发放工资奖金

根据实有职工人数、工资等级和工资标准,审核工资奖金计算表,办理代扣款项(包括计算个人所得税、住房公积金、医疗保险金、失业保险金等),计算实发工资。按照车间和部门归类,编制工资、奖金汇总表,填制记账凭证,经审核后,会同有关人员提取现金,组织发放。发放的工资和奖金,必须由领款人签名或盖章。发放完毕后,要及时将工资和奖金计算表附在记账凭证后或单独装订成册,并注明记账凭证编号,妥善保管。

3. 负责工资核算,提供工资数据

按照工资总额的组成和工资的领取对象,进行明细核算。根据管理部门的要求,编制有关工资总额报表。

4. 发放工资

公司出纳只要将全部员工的姓名、银行卡号和工资金额打印件送达公司的开户银行,开户银行的工作人员会从公司的银行账户上把钱转移到每一位员工的银行卡里的。

《工资支付暂行规定》第六条规定:"用人单位应将工资支付给劳动者本人。劳动者本人因故不能领取工资时,可由其亲属或委托他人代领。用人单位可委托银行代发工资。用人单位必须书面记录支付劳动者工资的数额、时间、领取者的姓名以及签字,并保存两年以上备查。用人单位在支付工资时应向劳动者提供一份其个人的工资清单。"第七条规定:"工资必须在用人单位与劳动者约定的日期支付。如遇节假日或休息日,则应提前在最近的工作日支付。工资至少每月支付一次,实行周、日、小时工资制的可按周、日、小时支付工资。"

任务实施

任务实施如表7-2所示。

表7-2 任务实施

序号	操作步骤	角色	注意事项
1	工资支付形式	出纳	
2	工资发放程序	出纳	
3	工资核算的内容	出纳	

杨宝芝查询了自己的银行账户，领到了自己来到新公司的第一笔工资，她也去人事部门询问并查到了工资明细，这让她更有动力继续认真工作了。她也从同事的口中得知，这家公司的福利待遇一直很好，工资按时发放，从不拖欠员工工资，这让她对自己未来的生活充满了希望。

任务三　税款缴纳

任务目标

工作任务		税款缴纳
学习目标	知识目标	1.掌握税务登记、变更、注销业务办理； 2.理解纳税零申报业务办理； 3.掌握税款缴纳业务办理
	技能目标	能够熟练进行税务登记、纳税申报和税款缴纳业务办理
	思政目标	能根据企业发生的具体经济业务情形进行纳税申报，能根据纳税申报情况进行税款缴纳

任务导入

淮阴华天商贸股份有限公司于2019年5月10日领取工商营业执照，5月30日正式开业。该公司主要从事商品贸易经营，下设办公室、生产部、销售部、市场部、物流部和售后服务部。该公司的申请注册地为淮安市清江浦区，生产经营地址为淮安市清江浦区雅丹路108号。该公司的开户银行和账号为建设银行6227001280034××，社会信用代码91320801M3122522××。该公司的法人代表为吴晓天，身份证号码为3208021964060800××；财务负责人为赵丹，身份证号3208021972032200××。李敏作为员工要去为公司办理开业税务登记，她需要递交哪些材料才能办理呢？

项目七
出纳岗位其他业务的办理

> 任务准备

一、开业税务登记

按照《中华人民共和国税收征收管理法》(以下简称《税收征收管理法》)及其实施细则和《税务登记管理办法》的有关规定,除国家机关、个人(自然人)和无固定生产、经营场所的流动性农村小商贩外,纳税人都应当申报办理税务登记。国家机关所属事业单位有经营行为,取得应税收入、财产、所得的,也应当办理税务登记。开业税务登记流程如图7-2所示。

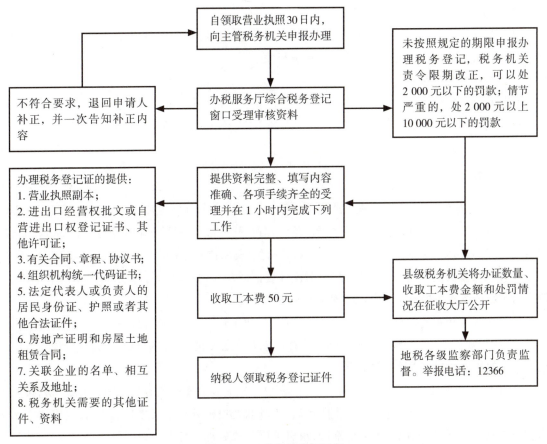

图7-2 开业税务登记流程

1. 办理开业税务登记的时间和地点

纳税人自工商部门领取营业执照或经有关部门批准后,应在30日内向主管税务机关领取和填报"税务登记表",办理税务登记。

纳税企业和事业单位跨县(市)、区设立的分支机构和从事生产经营的场所,除总机构向当地主管税务机关申报办理税务登记外,分支机构还应当向其所在地主管国家税务机关申报办理税务登记。有固定生产经营场所的个体工商户,向经营地主管税务机关申报办理税务登记;流动经营的个体工商户,向户籍所在地主管税务机关申报办理税务登记。

2. 办理开业税务登记的操作程序

(1)纳税人提出书面申请报告,并提供有关证件和资料。

①营业执照或其他核准执业证件。

②有关合同、章程、协议书。

③法定代表人或业主居民身份证、护照或者其他证明身份的合法证件。

④组织机构统一代码证书。

⑤属于享受税收优惠政策的企业,应当提供相应的证明、资料。

⑥其他需要提供的有关证件、资料,由省、自治区、直辖市税务机关确定。

(2)填写税务登记表。

纳税人领取税务登记表或注册登记表后,按照规定的内容逐项填写,并加盖企业印章,经法定代表人签字后将税务登记表报送主管国家税务机关。

(3)领取税务登记证件。

纳税人报送的税务登记表和提供的有关证件、资料,经主管国家税务机关审核后,报有关国家税务机关批准予以登记的,应当按照规定的期限到主管国家税务机关领取税务登记证及其副本,并按规定缴付工本管理费。

二、变更税务登记

(1)纳税人改变名称、法定代表人或者业主姓名、经济类型、经济性质、住所或者经营地点(不涉及改变主管国家税务机关)、生产经营范围、经营方式、开户银行及账号等内容的,纳税人应当自工商行政管理机关办理变更登记之日起30日内,持有关证件,如营业执照、变更登记的有关证明文件、国家税务机关发放的原税务登记证件(包括税务登记证及其副本、税务登记表等其他有关证件)向原主管国家税务机关提出变更登记书面申请报告。

纳税人按照规定不需要在工商行政管理机关办理注册登记的,应当自税务登记内容实际发生变化之日起30日内,或者自有关机关批准或者宣布变更之日起30日内,持有关证件向原主管国家税务机关提出变更登记书面申请报告。

(2)纳税人办理变更登记时,应当向主管国家税务机关领取变更税务登记表,一式三份,按照表式内容逐项如实填写,加盖企业或业主印章后,于领取变更税务登记表之日起10日内报送主管国家税务机关,经主管国家税务机关核准后,报有关国家税务机关批准予以变更的,应当按照规定的期限到主管国家税务机关领取填发的税务登记证等有关证件,并按规定缴付工本管理费。

三、注销税务登记

1. 注销税务登记的对象和时间

(1)纳税人发生破产、解散、撤销以及其他依法应当终止履行纳税义务的,应当在向工商行政管理机关办理注销登记前,持有关证件向原主管国家税务机关提出注销税务登记书面申请报告;未办理工商登记的应当自有关机关批准或者宣布终止之日起15日内,持有关证件向原主管国家税务机关提出注销税务登记书面申请报告。

(2)纳税人因变动经营地点、住所而涉及改变主管国家税务机关的,应当在向工商行政管理机关或其他机关申报办理变更或者注销工商登记前,或者在经营地点、住所变动之前申报办理注销税务登记,同时纳税人应当自迁达地工商行政管理机关办理工商登记之日起 30 日内或者在迁达地成为纳税人之日起 30 日内重新办理税务登记。其程序和手续比照开业登记办理。

(3)纳税人被工商行政管理机关吊销营业执照的,应当自营业执照被吊销之日起 15 日内,向原主管国家税务机关提出注销税务登记书面申请报告。

2. 注销登记的要求

纳税人在办理注销税务登记前,应当向原主管国家税务机关缴清应纳税款、滞纳金、罚款,缴销原主管国家税务机关核发的税务登记证和其他税务证件、未使用的发票、发票领购簿、发票专用章,以及税收缴款书和国家税务机关核发的其他证件。

3. 注销登记的手续

纳税人办理注销税务登记时,应当向主管国家税务机关领取注销税务登记表,一式三份,并根据表内的内容逐项如实填写,加盖企业印章后于领取注销税务登记表之日起 10 日内报送主管国家税务机关,经主管国家税务机关核准后,报有关国家税务机关批准予以注销。

四、零申报

纳税人和扣缴义务人在有效期间内,没有取得应税收入或所得,没有应缴税款发生,或者已办理税务登记但未开始经营或开业期间没有经营收入的纳税人,除已办理停业审批手续的以外,必须按规定的纳税申报进行零申报。纳税人进行零申报,应在申报期内向主管国家税务机关正常报送纳税申报表及有关资料,并在纳税申报表上注明"零"或"无收入"字样。

五、税款缴纳

1. 税款缴纳方式

纳税人应当按照主管国家税务机关确定的征收方式缴纳税款。

(1)自核自缴。生产经营规模较大、财务制度健全、会计核算准确、一贯依法纳税的企业,经主管国家税务机关批准,依照税法规定,自行计算应纳税款,自行填写、审核纳税申报表及税收缴款书,到开户银行解缴应纳税款,并按规定向主管国家税务机关办理纳税申报,并报送纳税资料和财务会计报表。

税款缴纳方式

(2)申报核实缴纳。生产经营正常,财务制度基本健全,账册、凭证完整,会计核算较准确的企业,依照税法规定计算应纳税款,自行填写纳税申报表,按照规定向主管国家税务机关办理纳税申报,并报送纳税资料和财务会计报表,经主管国家税务机关审核,并填开税收缴款书,按规定期限到开户银行缴纳税款。

(3)申报查定缴纳。财务制度不够健全、账簿凭证不完备的固定业户,应当如实向主管国家税务机关办理纳税申报,并提供其生产能力、原材料、能源消耗情况及生产经营情况等,经主管国家税务机关审查测定或实地查验后,填开税收缴款书或者完税证,按规定期限到开户银行或者税务机关缴纳税款。

（4）定额申报缴纳。生产经营规模较小、确无建账能力或者账证不健全、不能提供准确纳税资料的固定业户，按照国家税务机关核定的营业（销售）额和征收率，按规定期限向主管国家税务机关申报缴纳税款。

2. 税款缴纳时间

缴纳时间是税法规定纳税人向国家缴纳税款的时间期限。缴纳时间是根据纳税人的生产经营规模和各个税种的不同特点确定的，包括纳税计算期和税款缴库期。纳税计算期一般可分为按次计算和按期计算。按次计算，是以纳税人从事生产经营活动的次数为纳税计算期，一般适用于行为目的税和财产税，以及对临时经营者课税。按期计算，是以纳税人发生纳税义务的一定时间期限作为纳税计算期，一般适用于流转税和所得税。税款缴库期是指纳税计算期满后，纳税人缴纳税款的法定期限。纳税人未按规定期限缴纳税款的，税务机关除责令限期缴纳外，从滞纳税款之日起，按日加收滞纳税款0.5‰的滞纳金。

3. 延期缴纳

（1）纳税人未按规定期限缴纳税款的，扣缴义务人、代征人未按规定期限解缴税款的，除按税务机关确定的期限缴纳或者解缴税款外，还应从滞纳税款之日起，按日计算缴纳滞纳税款2‰的滞纳金。

（2）在国家税务机关办理税务登记的纳税人因有特殊困难，不能按期缴纳税款的，可以向主管国家税务机关申请延期缴纳税款，但最长不得超过3个月。纳税人申请延期缴纳税款，必须在规定的纳税期限之前，向主管国家税务机关提出书面申请，领取延期纳税审批表，说明原因，经主管国家税务机关报县以上国家税务局核准后，在批准的延期内缓缴税款；未经核准的，仍应在规定的纳税期限内缴纳税款。

4. 扣缴、代征税款

（1）除税法规定的扣缴义务人外，有关单位或者个人对国家税务机关委托代征零星分散的税收，应当予以配合，并接受国家税务机关核发的委托代征证书。

（2）扣缴义务人扣缴税款或者代征人代征税款时，纳税人拒绝缴纳税款的，或者因故不能扣缴、代征税款的，应当及时报告主管国家税务机关处理。

（3）扣缴义务人或者代征人的手续费由主管国家税务机关按规定比例提取发给，不得从代扣代收或者代征税款中坐支。

5. 税款补缴与退还

（1）因纳税人、扣缴义务人计算错误等失误，未缴或者少缴税款，数额在10万元以内的，自税款所属期起3年内发现的，应当立即向主管国家税务机关补缴税款；数额在10万元以上的，自税款所属期起在10年内发现的，应当立即向主管国家税务机关补缴税款。因国家税务机关责任致使纳税人、扣缴义务人未缴或者少缴税款，自税款所属期起3年内发现的，应当立即向主管国家税务机关补缴税款，但不缴滞纳金。

税款征收方式

（2）纳税人超过应纳税额向国家税务机关缴纳的税款，自结算缴纳税款之日起3年内发现的，可以向主管国家税务机关提出退还税款书面申请报告,经国家税务机关核实后,予以退还。

(3) 纳税人享受出口退税及其他退税优惠政策的,应当按照规定向主管国家税务机关申请办理退税。

任务实施

任务实施如表 7-3 所示。

表 7-3 任务实施

序号	操作步骤	角色	注意事项
1	开业税务登记	出纳	
2	变更税务登记	出纳	
3	注销税务登记	出纳	
4	零申报业务	出纳	
5	税款缴纳	出纳	

李敏提前咨询专业人士和查询文件,办理相关业务并熟悉了各类税务登记的流程。最近公司又准备更改名称,她又有了新任务了,不过这次,她很清楚公司需要办理的变更税务登记流程了。老板也将后面公司的纳税申报以及税款缴纳工作交给了她,她感到自身责任重大,必须要好好准备起来了。

任务四　备查簿登记

任务目标

工作任务		备查簿登记
学习目标	知识目标	1. 掌握银行承兑汇票备查簿登记; 2. 掌握现金支票使用簿登记; 3. 掌握支票登记簿登记
	技能目标	能够正确登记银行承兑汇票备查簿和支票登记簿
	思政目标	具备与岗位工作相适应的业务能力

任务导入

2021 年 8 月,某高职院校会计专业大三学生蔡民进入上海持天纺织股份有限公司实习,公司安排他跟随公司出纳庄英雯学习。这天,公司员工赵梅出差预借差旅费,出纳庄英雯请示领导后准备用现金支票来支付,遂填写"现金支票领用登记簿"领用现金支票。蔡民很好奇,仔细地观看了整个填写过程,并咨询了庄英雯,蔡民感觉自己的技能又加强了。

出纳岗位工作手册

> 任务准备

一、银行承兑汇票备查簿

银行承兑汇票是由付款人委托银行开具的一种延期支付票据,票据到期银行具有见票即付的义务;票据最长期限为六个月,票据期限内可以进行背书转让。

由于有银行担保,所以银行对委托开具银行承兑汇票的单位有一定要求,一般情况下会要求企业存入票据金额等值的保证金至票据到期时解付。

银行承兑汇票备查登记表包括单位名称、汇票基本信息、汇票来源和汇票去向等内容(见图7-3)。企业通过备查簿登记企业银行承兑汇票取得、保管、使用记录,便于对银行承兑汇票的管理及跟踪查询。

单位:

序号	汇票基本信息					汇票来源					汇票去向			
	票号	出票行	出票日	到期日	金额	单位	收票日	存票日	经手人	证明人	出票日	去向	经手人	证明人
1														
2														
3														
4														
5														
6														
7														
8														
9														
10														

图7-3 银行承兑汇票备查簿

二、现金支票领用登记簿

现金支票是专门制作的用于支取现金的一种支票,由存款人签发用于到银行为本单位提取现金,也可以签发给其他单位和个人用来办理结算或者委托银行代为支付现金给收款人。现金支票领用登记簿包括日期、编号、摘要、金额、领用人、审批人等内容(见图7-4)。

日期	购入支票号码	使用支票号码	领用人	金额	用途	备注

图7-4 现金支票领用登记簿

三、支票领用登记簿

支票是出票人签发的,委托办理支票存款业务的银行或者其他金融机构在见票时无条件支付确定的金额给收款人或者持票人的票据。

(1) 支票领用登记簿一般应包括领用日期、支票号码、领用人、用途、收款单位、限额、批准人、销号等内容(见图 7-5)。领用人领用支票时要在登记簿"领用人"栏签名或盖章;领用人将支票的存根或未使用的支票交回时,应在登记簿"销号"栏销号并注明销号日期。

序号	支票号码	签发日期	金额	收款单位	用途	领用人	开票人	收回日期	备注
1									
2									
3									
4									
5									
6									
7									
8									
9									
10									
11									
12									
13									
14									
15									
16									
17									
18									
19									
20									

图 7-5　支票领用登记簿

(2) 支票领用及报销程序:

①领取转账支票,要根据用款计划填写"支票领用审批单",注明用途、金额,由部门或项目负责人批准签字,再到财务处领取支票。

②支票领用部门要填写"支票领用登记簿",财务部门对使用的支票要按号登记、定期核对、及时注销。财务部门对签发错误的支票应加盖"作废"章并与存根一并保存,逾期未用支票要及时收回。

③支票领用部门要根据需用时间领取支票,支票从签发日算起,有效期限为 10 天,到期日遇节假日顺延。财务部门在签发转账支票时,必须填写日期、用途和封签额度,尽量填写收款单位和转账金额。

④支票报销时必须由部门或项目负责人和经办人在发票上签字,未按规定用途使用支票的,财务处不予办理票据报销手续。

支票领用登记簿不必每年更换,作废的支票要在登记簿中标明作废,每次买回来支票,都要在登记簿中写清支票号码,按流水号记下,不必每个月都分页,只需写清领取日期就可以了。对于作废的支票,要把右上角支票号码剪下来,贴在登记簿上,剩下的就可以扔掉了。

任务实施

2021 年 9 月 15 日,上海持天纺织股份有限公司销售部门支付北京春秋商贸有限公司采购款 20 000 元,销售人员赵梅到财务处领取支票,出纳签发转账支票。

1. 操作流程

操作流程如表 7-4 所示。

表 7-4　操作流程

序号	操作步骤	角色	注意事项
1	填写支票领用审批单	赵梅、部门负责人	
2	查询基本存款账户余额	出纳	
3	填写支票领用登记簿	赵梅、出纳	
4	填写支票并签章	出纳、财务经理	
5	领取支票	赵梅	
6	填制付款凭证	制证会计	
7	登记银行存款日记账	出纳	

2. 具体操作步骤

(1) 销售人员赵梅填写支票领用审批单，申请领用转账支票用于支付采购款，并报销售经理批准；

(2) 出纳查询基本存款账户余额；

(3) 出纳向财务经理申请签发转账支票，财务经理予以批准，销售人员赵梅填写支票领用登记簿申请领用转账支票；

(4) 出纳签发转账支票，并报财务主管签章；

(5) 赵梅领取转账支票；

(6) 出纳将转账支票存根联传给制证会计填制付款凭证；

(7) 出纳根据审核无误的付款凭证登记银行存款日记账。

任务五　出纳工作交接

任务目标

工作任务		出纳工作交接
学习目标	知识目标	1. 熟悉出纳交接工作的内容、手续； 2. 明确出纳工作交接注意事项
	技能目标	会熟练填制和使用出纳工作移交表
	思政目标	根据出纳交接工作的内容是否全面、交接是否完备、出纳工作移交清册的编制是否详尽做出综合评定，提升综合素质

项目七　出纳岗位其他业务的办理

> **任务导入**
>
> 李华于2021年6月大学毕业后应聘来到北京春秋商贸有限公司,经培训后将接手出纳工作,需要与原出纳陈美办理交接工作。单位主管会计工作的负责人王亮将监督出纳工作移交的全过程。李华和陈美分别需要做哪些工作呢？出纳需要注意哪些事项呢？

> **任务准备**

一、出纳工作交接前的准备工作

为了使出纳工作移交清楚,防止遗漏,保证出纳交接工作顺利进行,出纳人员在办理交接手续前,必须做好以下准备工作：

(1)将出纳日记账登记完毕,并在最后一笔余额后加盖名章。

(2)出纳日记账与库存现金、银行存款总账核对相符,现金账面余额与实际库存现金核对一致,银行存款账面余额与银行对账单核对无误。如有不符,要找出原因,弄清问题所在,并加以解决,务必在移交前做到相符。

出纳的工作交接

(3)在出纳启用表上填写移交日期,并加盖名章。

(4)整理应移交的各种资料,对未了事项要写出书面说明。

(5)编制"移交清册"。移交清册的内容包括：列明支票张数及支票号码,现金金额及票面额,发票张数及号码,账簿名称及册数,印鉴和其他物品的具体名称和数量。

实行会计电算化的单位,从事出纳工作的移交人还应当在移交清册中列明会计软件及密码、会计软件数据磁盘(磁带等)及有关资料、实物等内容。

二、出纳工作交接的内容

出纳工作交接的内容涉及出纳人员经手的会计资料、工作机具、密码印鉴、工作物品等,既有实物又有文件,其中还有一些涉及资金安全的密码、密钥等。由于各单位的具体情况不同,所以,出纳工作交接的具体内容也不可能完全一样。但是,从大的方面来看,出纳工作的交接应包括以下一些基本内容：

(1)会计凭证(原始凭证、记账凭证)、会计账簿(现金日记账、银行存款日记账等)、相关报表(出纳报告等)。

(2)现金、银行存款、金银珠宝、有价证券和其他一切公有物品。

(3)用于银行结算的各种票据、票证、支票簿等。

(4)各种发票、收款收据,包括空白发票、空白收据以及已用或作废的发票或收据的存根联等。

(5)印章,包括财务专用章、预留银行印鉴以及"现金收讫""现金付讫""银行收讫""银行付讫"等业务专用章。

(6)各种文件资料和其他业务资料,如银行对账单,应由出纳人员保管的合同、协议等。

(7)办公室、办公桌与保险工具的钥匙,以及各种密码。

(8)本部门保管的各种档案资料和公用会计工具、器具等。

(9)经办未了的事项。

(10)实行会计电算化的,还应包括会计软件及密码、磁盘、磁带等有关电算化的资料和实物。

三、出纳工作交接的手续

出纳工作的交接必须在规定的期限内,向接交人移交清楚。办理交接手续时,一般应由本单位领导监督进行。具体交接时,监交人必须在场。监交人主要负责监督双方认真交接和履行交接手续,协调交接工作。

移交人在办理移交时,要按移交清册逐项移交,接交人应认真按移交清册逐项核对点收。

(1)现金、有价证券,要根据出纳日记账和备查账簿余额进行点收。有价证券必须与会计账簿记录保持一致,如不一致,移交人必须限期查清。

(2)会计凭证、会计账簿等会计资料必须完整无缺。尤其在账簿交接时,接交人应着重核对账账、账物是否一致,核对无误后,交接双方应在账簿的"经管人员一览表"上签章,并注明交接的年、月、日。

(3)"银行存款"账户余额要与银行对账单核对,如不一致,应当编制银行存款余额调节表调节相符。如经调整,余额仍然不符,应及时查明原因,明确责任。银行存款余额调节表是为核对银行存款日记账和银行对账单是否一致而编制的表格。

(4)移交人经管的票据、印章和其他实物必须交接清楚。

(5)保险柜密码、重要工作台、室的钥匙,应先按实际情况进行交接,待交接完毕后,要重新更换保险柜密码和重要工作台、室的锁具。

(6)实行会计电算化的单位,定期采用计算机打印现金日记账、银行存款日记账和有价证券明细账的,在不能满页打印时,不可在实际操作状态下进行交接,而应将账页打印出来,装订成册,再进行交接。

(7)移交时,应对工作计划和待办事项交代清楚。移交人移交工作计划时,要由移交人详细地介绍计划执行情况以及在日后执行过程中可能出现的问题,以便接交人接管后能够顺利地开展工作。移交待办事项时,移交人应将处理方法和有关注意事项向接交人交代清楚,以保证工作的延续性。

(8)交接完毕,交接双方和监交人要在移交清册上签名或盖章。移交清册一般一式三份,交双方各执一份,存档一份。在移交清册上必须填明单位名称、交接日期、交接双方和监交人的职务和姓名,以及移交清册页数、份数和其他需要说明的问题和意见。

若出纳交接工作较为复杂,可先按交接的内容编制各类移交表(见图7-6至图7-10)。交接完毕后,进行整理并编制移交清册。

币别:人民币		移交日期: 年 月 日		单位:元
币别	数量	移交金额	接交金额	备注
100元				
50元				
20元				
10元				
5元				
……	……	……	……	……
1角				
合计				

单位领导人:　　　　　移交人:　　　　　监交人:　　　　　接管人:

图7-6　企业库存现金移交表

币别：人民币　　　　　　移交日期：　年　月　日　　　　　　　　单位：元

开户银行	账号	币种	期限	账面数	实有数	备注
……	……	……	……	……	……	……
合计						

附件及说明：
(1) 账面数为银行存款日记账金额。实有数为对账单金额。
(2) 银行存款余额调节表1份。
(3) 银行印鉴卡片1张。

单位领导人：　　　　移交人：　　　　监交人：　　　　接管人：

图7-7　企业银行存款移交表

移交日期：　年　月　日

名称	购入日期	单位	数量	面值	到期日	备注
……	……	……	……	……	……	……
合计						

单位领导人：　　　　移交人：　　　　监交人：　　　　接管人：

图7-8　企业有价证券及贵重物品移交表

移交日期：　年　月　日

名称	年度	数量	起止日期	备注
现金日记账			年　月　日至　年　月　日	
银行存款日记账				
收据领用登记簿				
支票领用登记簿				
收据				
现金支票				
转账支票				
合计				

单位领导人：　　　　移交人：　　　　监交人：　　　　接管人：

图7-9　企业核算资料移交表

移交日期：　年　月　日

名称	型号	购入日期	单位	数量	备注
		年　月			
……	……	……	……	……	……
合计					

单位领导人：　　　　移交人：　　　　监交人：　　　　接管人：

图7-10　企业物品移交表

四、出纳交接应注意的事项

(1)出纳人员进行交接时,一般应由会计主管人员监交,必要时,还可请上级领导监交。

(2)监交过程中,如果移交人交代不清,或者接交人故意刁难,监交人员应及时处理裁决。移交人不做交代或者交代不清的,不得离职,否则监交人和单位领导人均应负连带责任。

(3)移交时,交接双方人员一定要当面点清、点数、核对,不得由别人代替。

(4)交接完成后,接管的出纳人员应及时向开立账户的银行办理更换出纳人员印鉴的手续,检查保险柜的使用是否正常、妥善,保管现金、有价证券、贵重物品、公章等的条件和周围环境是否齐全,如不够妥善、安全,要立即采取改善措施。

(5)接管的出纳人员应继续使用移交的账簿,不得自行另立新账,以保持会计记录的连续性。对于移交的银行存折和未用的支票,应继续使用,不要把它们搁置、浪费,以免单位遭到损失。

(6)交接完成后,移交人应对自己经办的已经移交的资料的合法性、真实性承担法律责任,不能因为资料已经移交而推脱责任。

交接最重要的两点:

(1)移交人与接管人要办清手续。

(2)交接过程中要有专人负责监交,交接要求进行财产清理,做到账账核对、账款核对,交接清楚后填妥移交清册,由交、接、监三方签字盖章。

出纳暂时离岗的工作交接

任务实施

任务实施如表7-5所示。

表7-5 任务实施

序号	操作步骤	角色	注意事项
1	出纳工作交接前的准备工作	出纳	
2	出纳工作交接的内容	出纳	
3	出纳工作交接的手续	出纳	
4	出纳交接应注意的事项	出纳	

李华和陈美在王亮的监督下顺利进行了出纳工作的交接。李华熟悉了出纳人员工作交接的内容,明确了做好出纳交接工作的主要事项,她深深地感到出纳岗位的责任,也激起了做好出纳工作的热情。李华向同行出纳请教了其他财务方面的问题,她深深感受到书本上的知识真的跟现实工作对接上了,她非常期待未来的工作!

项目七 出纳岗位其他业务的办理

☆ **项目内容结构**

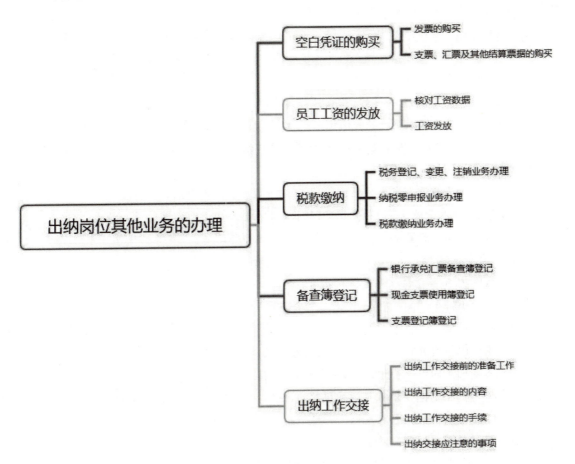

一、单选题

1. 从事生产、经营的纳税人领取工商营业执照的,应当自领取营业执照之日起( )内申报办理税务登记,税务机关核发税务登记证及副本。

　　A.15 日　　　　　B.30 日　　　　　C.60 日　　　　　D.90 日

2. 从事生产、经营的纳税人外出经营,自其在同一县(市)实际经营或提供劳务之日起,在连续的 12 个月内累计超过( )的,应当自期满之日起( )内,向生产、经营所在地税务机关申报办理税务登记,税务机关核发临时税务登记证及副本。( )

　　A.90 天;15 日　　　　　　　　　　B.90 天;30 日

　　C.180 天;60 日　　　　　　　　　D.180 天;30 日

3. 纳税人被工商行政管理机关吊销营业执照或者被其他机关予以撤销登记的,应当自(　　)起15日内,向原税务机关申报办理注销税务登记。

A. 有关机关批准之日　　　　　　B. 营业执照被吊销或者被撤销登记之日

C. 纳税人发生违法行为之日　　　D. 纳税人被宣告终止纳税义务之日

4. 关于纳税申报,下列表述不正确的是(　　)。

A. 纳税人享受减税、免税待遇的,在减税、免税期间应当按照规定办理纳税申报

B. 实行定期定额方式缴纳税款的纳税人,可以实行简易申报、简并征期等申报纳税方式

C. 纳税人、扣缴义务人因不可抗力,不能按期办理纳税申报或者报送代扣代缴、代收代缴税款报告表的,可以延期办理

D. 如果纳税人当期没有发生纳税义务,则可以不用办理纳税申报

5. 根据《税收征收管理法》的相关规定,税收征收管理的首要环节是(　　)。

A. 企业进行工商注册登记　　　　B. 税务登记

C. 账簿、凭证管理　　　　　　　D. 纳税申报

6. 下列选项中,不属于税收保全措施范围的是(　　)。

A. 纳税人的小轿车

B. 纳税人的别墅

C. 纳税人的配偶所有的,价值15 000元的钻石戒指

D. 纳税人新购置的价值4 500元的台式电脑

7. 纳税人有特殊困难,不能按期缴纳税款的,经(　　)批准,可以延期缴纳税款,但最长不得超过(　　)。(　　)

A. 县以上税务局(分局);3个月

B. 省、自治区、直辖市国家税务局、地方税务局;6个月

C. 省、自治区、直辖市国家税务局、地方税务局;3个月

D. 县以上税务局(分局);10个月

8. 下列各项中,符合《税收征收管理法》延期缴纳税款规定的是(　　)。

A. 延期期限最长不得超过3个月,同一笔税款不得滚动审批

B. 延期期限最长不得超过6个月,同一笔税款不得滚动审批

C. 延期期限最长不得超过6个月,同一笔税款经审批可再延期一次

D. 延期期限最长不得超过3个月,同一笔税款经审批可再延期一次

9. 根据《税收征收管理法》及其实施细则的规定,欠缴税款数额较大的纳税人在处分其不动产或者大额资产之前,应当向税务机关报告。欠缴税款数额较大是指欠缴税款在(　　)。

A. 3万元以上　　　　　　　　　B. 5万元以上

C. 10万元以上　　　　　　　　 D. 20万元以上

10. 税务机关采取税收保全措施的期限,一般不得超过6个月,重大案件需要延长的,应报经批准。有权批准的税务机关是(　　)。

A. 县级税务局　　　　　　　　　B. 市级税务局

C. 省级税务局　　　　　　　　　　D. 国家税务总局

11. 从事生产经营的纳税人、扣缴义务人，必须将采用的财务、会计制度和具体的财务、会计处理方法，按税务机关的规定，自领取（　　　）之日起15日内，及时报送主管税务机关备案。

A. 营业执照　　　　　　　　　　　B. 税务登记证

C. 法人代码　　　　　　　　　　　D. 银行开户许可证

12. 以下哪种税不属于流转税？（　　　）

A. 增值税　　　B. 资源税　　　C. 营业税　　　D. 消费税

13. 增值税专用发票比普通发票多（　　　）。

A. 存根联　　　B. 发票联　　　C. 抵扣联　　　D. 车船使用税

二、多选题

1. 下列各项中，不需要办理税务登记的有（　　　）。

A. 国家机关　　　　　　　　　　　B. 除个体工商户以外的个人

C. 个体工商户　　　　　　　　　　D. 无固定经营场所的流动性农村小商贩

2. 下列各项中，属于纳税人在申报办理税务登记时，根据不同情况向税务机关提供的资料和证明的有（　　　）。

A. 工商营业执照　　　　　　　　　B. 有关合同、章程、协议书

C. 组织机构统一代码证书　　　　　D. 业主的居民身份证

3. 下列关于纳税人申请减免税的做法，正确的有（　　　）。

A. 应向主管税务机关提出书面申请

B. 按规定附送有关资料

C. 可以由主管税务机关层报有权审批的税务机关审批

D. 不得直接向有权审批的税务机关提出申请

4. 下列关于税务机关实施税收保全措施的表述中，正确的有（　　　）。

A. 只有在事实全部查清，取得充分证据的前提下才能进行

B. 税收保全措施仅限于从事生产、经营的纳税人

C. 冻结纳税人的存款时，其数额要以相当于纳税人应纳税款的数额为限

D. 个人及其抚养家属维持生活必需的住房和用品，不在税收保全措施的范围之内

5. 根据《税收征收管理法》的规定，下列项目中属于适用税收强制执行措施的条件有（　　　）。

A. 税收强制执行措施必须发生在责令期满之后

B. 仅适用于从事生产经营的纳税人

C. 采取税收强制措施前，应当报经县以上税务局（分局）局长批准

D. 对逾期不履行法定义务的纳税人等管理相对人必须告诫在先，执行在后

6. 下列发票需要进行缴销的有（　　　）。

A. 用票单位或个人超过规定的使用期限而未用的发票

B. 用票单位或个人因某种原因暂时停业或歇业的

C. 用票单位或个人有严重违反税务管理和发票管理行为的

D. 单位里所有未用的支票在每年年末都应进行缴销

7. 以下哪些税种属于共享税？（　　）

   A. 增值税　　　　　　　　B. 土地增值税

   C. 个人所得税　　　　　　D. 车船使用税

8. 下列关于发票开具、使用、取得的说法正确的有(　　)。

   A. 纳税人经营电子商务可以不开具或取得发票

   B. 禁止携带、邮寄或者运输空白发票出入境

   C. 北京某单位销售货物给上海，可将空白发票带到上海填开

   D. 开具发票要加盖发票专用章或财务专用章

三、判断题

1. 根据《税收征收管理法》规定，税务机关是发票的主管机关，负责发票的印刷、领购、开具、保管、缴销的管理和监督。(　　)

2. 对无固定经营场所或财务制度不健全的纳税人申请领购发票，主管税务机关有权要求其提供担保人，不能提供担保人的，可以视其情况，要求提供保证金，并限期缴销发票。(　　)

参考文献

[1] 孙世臣. 出纳实务[M]. 北京：科学出版社，2014.
[2] 费玄淑，郝德鸿. 出纳实务[M]. 北京：北京交通大学出版社，2010.
[3] 王建军，丁艳. 出纳实务[M]. 上海：上海交通大学出版社，2016.
[4] 盛天松，唐文霞. 出纳实务项目化教程[M]. 南昌：江西高校出版社，2019.
[5] 史建军，杜珊. 出纳实务[M]. 镇江：江苏大学出版社，2017.
[6] 高翠莲. 出纳业务操作[M]. 3版. 北京：高等教育出版社，2017.
[7] 王淑秀，秦常娥. 出纳实务[M]. 西安：西北工业大学出版社，2014.